El hábito de invertir

IMPULSA

Nick Maggiulli

El hábito de invertir (Just Keep Buying)

La fórmula infalible para ahorrar
y ganar dinero

Traducción de Álex Guàrdia Berdiell

IMPULSA

Título original: *Just Keep Buying. Proven Ways to Save Money and Build Your Wealth*

Publicado originalmente en el Reino Unido por Harriman House Ltd, 2022
www.harriman-house.com

Primera edición: noviembre de 2025

Ediciones Península,
Diagonal 662-664
08034 Barcelona
edicionespeninsula@planeta.es
www.edicionespeninsula.com

REALIZACIÓN PLANETA - fotocomposición
Impresión y encuadernación: Rotoprint
Depósito legal: B. 19.493-2025
ISBN: 978-84-1100-434-3

Printed in Spain - Impreso en España

PEFC Certificado
Este libro procede de bosques gestionados de forma sostenible
PEFC
PEFC/14-38-00305
www.pefc.es

Índice

Segunda parte
LA INVERSIÓN

Cómo usar este libro

He escrito este libro intentando optimizar vuestro tiempo. Aunque podéis leerlo en orden, tal vez os resulte más útil ir saltando a los capítulos que mejor encajen con la fase en la que estéis de vuestro viaje a la riqueza.

El libro se divide en dos apartados: el ahorro y la inversión. El ahorro engloba todos los aspectos que influyen en el ahorro de dinero: cuánto ahorrar, cómo ahorrar más, cómo gastar sin sentiros culpables, etcétera. La inversión aborda las numerosas facetas que afectan al uso del dinero: por qué invertir, en qué invertir, con qué frecuencia y muchas cosas más.

Si he escrito el libro de este modo, ha sido para que el lector pueda encontrar enseguida la información que necesite y pueda usarla. Si no necesitáis ayuda para ahorrar dinero, saltaos ese capítulo. No me sabrá mal, de verdad. Prefiero que saquéis algo de provecho antes que dejéis el libro de lado.

Por último, para los que busquen un resumen rápido de las ideas principales y los consejos prácticos, los encontraréis al final del libro, en la conclusión.

Introducción

Mi difunto abuelo era adicto a las carreras de caballos. Cuando yo era pequeño, solía llevarme a la feria del condado de Los Ángeles a contemplar purasangres como Magnificent Marks o Jail Break mientras galopaban por el hipódromo. Más tarde supe que lo que a mí se me antojaba como una forma trivial de entretenimiento era, en verdad, una pugna vital para mi abuelo.

Su adicción empezó con las carreras de caballos, pero poco a poco progresó hasta las cartas. El *blackjack*, el *baccarat*, el *pai gow*..., jugaba a todo lo que se os pueda ocurrir. De algunos juegos yo nunca había oído hablar, pero mi abuelo los conocía bien. Y también dominaba las apuestas: 25 dólares por mano; 50 dólares; a veces 75. Cantidades considerables de dinero que despilfarraba jugando a las cartas.

Debéis entender que en ese momento mi abuelo estaba jubilado y vivía con su madre, mi bisabuela. La comida y el alojamiento iban a cargo de ella. Cuando él se jubiló a los 55 años, empezó a recibir 1.000 dólares al mes de pensión. Al cabo de siete años empezó a percibir otros 1.200 de la Seguridad Social.

Pero pese a cobrar 2.200 dólares al mes y no tener apenas gastos, en mayo de 2019 murió sin ningún bien a su nombre. Se lo pulió todo apostando durante sus 26 años de jubilación.

Pero ¿qué habría pasado si mi abuelo hubiera cogido solamente la mitad de su pensión mensual (dinero que de todas formas iba a perder apostando) y lo hubiera invertido en Bolsa? ¿Qué habría pasado entonces?

Pues que habría muerto como millonario.

Habría podido seguir jugando durante toda su jubilación con la mitad de su dinero y, aun así, se habría hecho rico gracias al crecimiento de la otra mitad invertida en acciones.

Y eso que una parte importante de sus inversiones se habría producido durante una de las peores décadas para los mercados de Estados Unidos: la primera de los 2000. Habría dado lo mismo. Invirtiendo su dinero mes a mes, mi abuelo podría haber compensado sus peores hábitos económicos y haberse hecho de oro. Y aunque seguramente tú no tengas una adicción grave al juego, siguiendo esta filosofía también puedes generar riqueza.

Unos años antes de la muerte de mi abuelo, di con esta idea casi por accidente. Una idea que consiste solo en tres palabras. Una idea que te podría hacer rico.

Tú. Sigue. Comprando.

He aquí el mantra que me cambió la vida.

De pequeño, yo no conocía ningún concepto acerca de la riqueza ni sobre cómo acrecentarla. No sabía que el verano también podía dar pie a un verbo: «Yo veraneo en los Hamptons». No sabía qué eran los dividendos. Por el amor de Dios, ¡si hasta pensaba que el Sizzler y el Red Lobster eran restaurantes de lujo!

Y aunque mis padres eran muy trabajadores, los dos dejaron la universidad y no aprendieron nunca a invertir. Por consiguiente, yo tampoco aprendí. Lo cierto es que hasta que no fui a la universidad, no entendí de veras lo que era una acción.

Pero lo que aprendí sobre la inversión no bastó para resolver mis problemas económicos. A pesar de recibir una excelente educación, mi vida financiera tras la universidad fue una constante de incertidumbre y estrés. Cuestionaba casi todas las decisiones financieras que tomaba.

¿En qué debo invertir?

¿Estoy ahorrando lo suficiente?

¿Debo comprar ahora o esperar?

Fui un neurótico con el dinero hasta más o menos los 25 años. Entonces se suponía que yo ya era un adulto hecho y derecho que había iniciado su carrera y tenía el control sobre su vida. Pero seguía sin ser capaz de acallar esa vocecita que me hablaba desde el fondo de mi mente. Mis dudas con el dinero me atormentaban.

Así que empecé a leer todo lo que encontraba sobre economía e inversión. Me metía en foros de internet, leía cada carta de Berkshire Hathaway a sus accionistas y escudriñaba las notas al pie de inextricables libros sobre historia financiera. Todo eso me ayudó, pero seguía sin tener claros los siguientes pasos.

Hasta que a principios de 2017 decidí empezar un blog sobre finanzas personales e inversión. Me iba a obligar a encontrar la verdad.

Poco después vi un vídeo de YouTube de Casey Neistat que lo cambió todo.

El vídeo, titulado *3 words that got me to 3 MILLION SUBS*, hablaba sobre cómo Neistat había conseguido ampliar su canal hasta llegar a los tres millones de suscriptores gracias al consejo de solo tres palabras del *youtuber* Roman Atwood: «Tú, sigue subiendo». Neistat se refería a cómo labrarse un público en la plataforma, pero en ese lema yo vislumbré de inmediato la conexión con las inversiones y la riqueza.

Antes de ver ese vídeo, estuve unas semanas analizando la Bolsa de Estados Unidos y descubrí una gran verdad. Para generar riqueza, no importaba cuándo compraras las acciones: la clave era que compraras sin parar. Daba igual que su cotización fuera alta o baja. Daba igual si estabas en un mercado alcista (de toros) o bajista (de osos). Lo único relevante era que siguieras comprando.

De unir ese hallazgo con el consejo de Neistat en YouTube, nació el lema de «Tú sigue comprando».* Es una filosofía que puede transformar tu economía... si te prestas a ello.

Yo me refiero a la compra continua de un variado abanico de activos rentables. Cuando digo activos rentables, aludo a esos bienes que esperas que te sigan reportando ingresos en

* *Just Keep Buying* —título original de la obra en inglés— remite al lema que Nick Maggiulli ha adoptado como filosofía de vida. Para el autor, en el ámbito de la inversión y las finanzas personales solo hay un camino posible: «Tú sigue comprando». Esta consigna, que aparece de forma recurrente en el libro, resume su enfoque y da nombre al método que propone. En esta edición en español, hemos optado por titular el libro *El hábito de invertir*. A lo largo del texto, se hace referencia tanto al título en español como al nombre del método, según el contexto. *(N. del e.)*

un futuro más lejano, aunque esos ingresos no se te paguen directamente a ti. Hablamos de acciones, bonos, bienes raíces y una infinidad de cosas más. No obstante, los detalles concretos de la estrategia no son importantes.

No se trata de cuándo, cuánto ni qué comprar: la clave es seguir comprando. La idea parece simple porque lo es. Debes acostumbrarte a invertir el dinero igual que tienes la costumbre de pagar el alquiler o la hipoteca. Invierte igual que compras comida: a menudo.

A nivel formal, esta filosofía se conoce como coste medio de adquisición (DCA, por sus siglas en inglés) e implica la adquisición periódica de un activo a lo largo del tiempo. La única diferencia entre el DCA y mi teoría («Tú sigue comprando») es que la segunda estrategia lleva integrada la motivación psicológica.

Es un método de inversión agresivo que te permitirá generar riqueza con facilidad. Imagínatelo como una bola de nieve que cae colina abajo. Tú invierte y verás como la bola va creciendo.

De hecho, seguir comprando es más fácil hoy que en ningún otro momento de la historia.

¿Por qué?

Pues porque si hubieras aplicado este consejo hace un par de décadas, habrías tenido que hacer frente a cuantiosas comisiones y a costes de transacción. En los noventa, cada movimiento costaba 8 dólares, así que la estrategia de seguir comprando enseguida habría resultado demasiado cara.

Pero las cosas han cambiado. Ahora que muchas plataformas de inversión ofrecen movimientos gratis, que la propiedad fraccionada de las acciones cada vez es más común y que hay opciones asequibles para diversificar tu cartera, la estrategia de seguir comprando tiene mayor ventaja que nunca.

Hoy puedes comprar una sola acción en un fondo indexado al S&P 500 y todos los empleados de las grandes sociedades norteamericanas empezarán a trabajar a destajo para hacerte más rico.[1] Y si compras en fondos de índices internacionales, el resto del mundo (o la mayoría) también trabajará para ti.

Por una cantidad simbólica, puedes hacerte con un pedacito del crecimiento económico futuro de buena parte de la civilización humana. El crecimiento económico que te permitirá acumular riqueza durante décadas. Y no es solo mi opinión, es un hecho respaldado por cien años de datos que trascienden lugares y clases de activos.

Evidentemente, *El hábito de invertir* es solo el inicio de tu trayectoria financiera. Pese a su simplicidad, sé que no es suficiente para responder a todas las preguntas que te irán surgiendo y por esa razón he escrito este libro.

En las páginas que siguen voy a responder a algunas de las preguntas más frecuentes sobre finanzas personales e inversión. Cada capítulo aborda un tema en profundidad y da consejos prácticos para empezar a aplicarlos inmediatamente en la gestión de tu dinero.

Pero lo más importante es que las respuestas a estas preguntas se basarán en datos y hechos, no en creencias ni conjeturas. Eso quiere decir que algunas de mis conclusiones contradicen la corriente general del asesoramiento financiero. Algunas pueden incluso pasmarte.

Por ejemplo, en las siguientes páginas voy a exponer:

- Por qué necesitas ahorrar menos de lo que crees.
- Por qué tener deudas en la tarjeta de crédito no siempre es negativo.
- Por qué no es buena idea ahorrar dinero y esperar a comprar cuando los valores caigan.
- Por qué no deberías comprar acciones sueltas y por qué eso no tiene nada que ver con el bajo rendimiento.
- Por qué una gran corrección del mercado suele ser una buena oportunidad para comprar.

Y mucho más.

Mi objetivo no es ser polémico, sino usar los datos para buscar la verdad, sea cual sea.

A fin de cuentas, este es un libro que presenta los métodos probados para ahorrar y aumentar tu riqueza. Si sigues las estrategias que doy, te enseñaré a tomar mejores decisiones y disfrutar de una vida más acomodada.

Empezaremos preguntando: «¿Por dónde deberías comenzar?». En el primer capítulo voy a explicar si deberías poner el acento en el ahorro o en la inversión, en función de tu situación financiera actual.

1

¿Por dónde deberías comenzar?

Por qué ahorrar es de pobres; invertir, de ricos

Cuando tenía 23 años, yo pensaba que sabía cómo hacerme rico: pagar pocas comisiones, diversificar e invertir a largo plazo. Era el consejo que había oído una y mil veces de leyendas de la inversión como Warren Buffett, William Bernstein y el difunto Jack Bogle. Si bien no era un mal consejo, económicamente me llevó a anteponer todo lo que no debía anteponer como recién graduado.

Aunque en ese momento solo tenía 1.000 dólares en mi plan de pensiones, el siguiente año dediqué cientos de horas a analizar las decisiones de inversión que iba tomando. Tenía hojas de cálculo de Excel llenas de proyecciones sobre el patrimonio neto y la rentabilidad esperada. Cada día consultaba el saldo que tenía en mi cuenta. Cuestionaba mi elección de activos hasta límites que rayaban en la neurosis.

¿Debía invertir el 15 por ciento de mi capital en bonos? ¿O un 20 por ciento? ¿O por qué no un 10?

Tenía un follón que para qué. Dicen que la obsesión es para los jóvenes. Yo la viví en mis carnes.

Pero a pesar de mi intensa obcecación en las inversiones, no dedicaba ni un segundo a analizar mis ingresos ni mis gastos. Salía con frecuencia a cenar con mis compañeros de trabajo, los invitaba a rondas y rondas de copas y luego pedía un Uber para volver a casa. Gastarme 100 dólares en una noche en San Francisco, donde entonces vivía, era pan comido.

Fijaos en lo absurdo de mi comportamiento. Con apenas 1.000 dólares de activos de inversión a mi nombre, un extraordinario 10 por ciento de rentabilidad anual apenas me habría reportado 100 dólares en 12 meses. Y, aun así, ¡yo estaba despilfarrando con regularidad esos mismos 100 dólares cada vez que salía con mis amigos! Con una cena, unas copas y el taxi, echaba a perder la rentabilidad de la inversión de todo un año (¡y eso en un año bueno!).

Renunciar a una sola noche de fiesta en San Francisco me habría generado la misma cantidad de dinero que un año de inversión. ¿Veis por qué mis prioridades financieras eran una sinrazón? Ni todos los Buffett, Bogle y Bernstein del mundo habrían cambiado nada.

Comparad esta situación con alguien que tiene 10 millones de dólares en activos de inversión. Si su cartera cayera un 10 por ciento, perdería 1 millón. ¿Creéis que podría ahorrar 1 millón en un año? Es muy improbable. A menos que tuviera unos ingresos altísimos, su ahorro anual no podría competir con la fluctuación regular de su cartera de inversión. Por eso, quien tiene 10 millones de dólares debe reflexionar mucho más sobre sus decisiones de inversión que quien tiene solo 1.000 dólares.

Estos ejemplos ponen de manifiesto que tu prioridad depende de tu situación financiera. Si no tienes mucho dinero invertido, deberías centrarte en ahorrar más (y luego invertirlo). Pero si ya tienes una cartera digna, deberías dedicar más tiempo a sopesar los pormenores de tu plan de inversión.

Dicho llanamente: ahorrar es de pobres, e invertir, de ricos.

No os toméis esta frase al pie de la letra. Yo uso los conceptos *pobres* y *ricos* en un sentido tan absoluto como relativo. Por ejemplo, cuando salía de fiesta por San Francisco justo después de graduarme, no era nada pobre en términos absolutos, pero sí lo era en comparación con mi futuro yo.

Con esta mentalidad es mucho más sencillo entender por qué ahorrar es de pobres, e invertir, de ricos.

Si lo hubiera sabido a los 23, habría dedicado más tiempo a trabajar en mi porvenir profesional y a engrosar mis ingresos, en vez de cuestionar mis decisiones de inversión. Una vez llenadas las arcas, podría haber acabado de perfeccionar mi cartera.

¿Cómo sabes qué lugar ocupas en lo que yo llamo el continuo ahorro-inversión? Este sencillo cálculo te ayudará a determinarlo.

Primero, calcula cuánto dinero esperas poder ahorrar el año que viene sin dificultades. Digo *sin dificultades* porque debería ser algo perfectamente asumible. Nos referiremos a esa cantidad como «previsión de ahorro». Por ejemplo, si esperas poder ahorrar 1.000 dólares al mes, tu previsión de ahorros sería de 12.000 dólares al año.

Luego, calcula cuánto esperas que crezcan tus inversiones el año que viene (en efectivo). Por ejemplo, si tienes 10.000 dólares en activos de inversión y tu pronóstico es que crezcan un 10 por ciento, eso significa que esperas un crecimiento de inversión de 1.000 dólares. Nos referiremos a esa cantidad como «previsión de crecimiento de la inversión».

Por último, compara esas dos cifras. ¿Cuál es mayor, la previsión de ahorro o la previsión de crecimiento de la inversión?

Si la previsión de ahorro es mayor, debes centrarte más en ahorrar y aumentar tu inversión. Pero si la previsión de crecimiento de la inversión es mayor, empieza a reflexionar más sobre cómo invertir lo que ya tienes. Si las cifras son parecidas, deberías hacer ambas cosas.

Estés donde estés ahora mismo en tu trayectoria financiera, tu prioridad debería ser pasar del ahorro a la inversión a medida que envejezcas. Por ejemplo, piensa en una persona que va a trabajar 40 años ahorrando 10.000 dólares al año y percibiendo un 5 por ciento de rentabilidad anual.

El primer año, invertirá 10.000 dólares y ganará 500 por su inversión. En ese instante, la aportación anual de los ahorros a la riqueza (10.000 dólares) será 20 veces superior a la aportación de la inversión (500 dólares).

Pero avancemos 30 años. En ese instante, la persona tendrá 623.227 dólares de patrimonio total y al año siguiente generará 31.161 dólares con esa cantidad (si aplicamos la misma rentabilidad anual del 5 por ciento). Entonces, la aportación de los ahorros a la riqueza (10.000 dólares) será tres veces inferior a la aportación de la inversión (31.161 dólares).

Puedes ver esta transición en el siguiente gráfico, donde se muestra la variación anual de la riqueza desglosada por su origen.

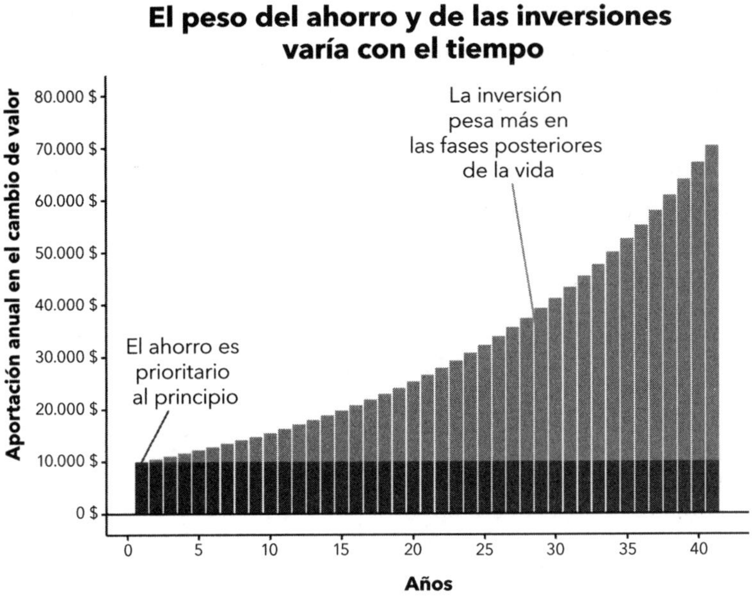

Como podéis ver, en las primeras décadas en que se trabaja, la mayor parte de la aportación anual a la riqueza proviene del ahorro (barra gris oscuro). No obstante, en las últimas décadas, la inversión (barra gris claro) contribuye mucho más al crecimiento anual.

Este cambio es tan pronunciado que, al concluir la vida laboral, casi el 70 por ciento de la riqueza total se extrae de las ganancias de la inversión, ¡no del ahorro!

Por eso, el continuo ahorro-inversión es tan importante para dilucidar de dónde sacarás más rentabilidad financiera actualmente.

Para quienes ocupan los extremos, es obvio: si no posees activos de inversión, debes anteponer el ahorro y, si estás jubilado y ya no puedes trabajar, deberías poner el acento en tus inversiones.

Para el resto, saber qué anteponer es más complicado. Por eso, este libro tiene dos partes. La primera trata del ahorro (la primera fase del continuo ahorro-inversión) y la segunda trata de la inversión.

Para empezar, vamos a echar un vistazo a la mejor forma de pensar en el ahorro.

Primera parte

EL AHORRO

2

¿Cuánto deberías ahorrar?

Probablemente menos de lo que crees

Si alguna vez vais a pescar al sur de Alaska, veréis cientos de truchas Dolly Varden en las cristalinas aguas de sus ríos. Gran parte del año, no habrá mucho alimento para ellas, pero a principios de verano llegan los salmones.

Desde el momento en que las truchas detectan a sus presas repletas de huevos, entran en un frenesí voraz que les deja el estómago a reventar.

«Los huevos las vuelven locas —comenta Jonny Armstrong, investigador del programa de conservación David H. Smith de la Universidad de Wyoming—. Se hartan de comer huevos. La lucha con los salmones las deja extenuadas y llenas de arañazos.»

Una vez que se van los salmones, muchas truchas se quedan atrás a pesar de no tener una fuente de alimentación fiable. «Si calculas la energía que gastan y la cantidad de alimento que hay en la cuenca del río durante gran parte del año, no deberían poder sobrevivir allí durante doce meses —dice Armstrong—, pero sobreviven.»

¿Cómo aguantan las truchas en esas condiciones? Armstrong y su compañero Morgan Bond han descubierto que, cuando la comida escasea, las truchas reducen su tracto digestivo para usar menos energía. Cuando llegan los salmones, sus órganos digestivos duplican su tamaño normal.[2]

En biología, este concepto se denomina «plasticidad fenotípica». Se trata de la habilidad de un organismo de cambiar su fisiología para responder a las condiciones ambientales. Esta plasticidad fenotípica no solo es útil para comprender cómo las plantas, las aves y los peces cambian en función del entorno, sino que también puede servir para calcular cuánto dinero deberías ahorrar.

El problema de la mayoría de los consejos para ahorrar

Cuando escribes en Google «cuánto debería ahorrar», el buscador arroja más de 150.000 resultados. Si echas un vistazo a los diez primeros, encontrarás consejos del estilo de:

«Ahorrar el 20 por ciento de tus ingresos.»

«Ahorrar el 10 por ciento de tus ingresos, pero ir subiendo hasta el 20 y luego hasta el 30 por ciento.»

«A los 30 años, tener ahorrado lo mismo que ingresas en un año; a los 35, el doble; a los 40, el triple.»

Todos los artículos parten de los mismos supuestos erróneos. En primer lugar, asumen que los ingresos son relativamente estables. En segundo lugar, asumen que la gente de todos los poderes adquisitivos tiene la capacidad de ahorrar al mismo ritmo. Investigaciones académicas han refutado ambos supuestos.

Para empezar, los datos del instituto Panel Study of Income Dynamics sugieren que los ingresos cada vez son menos estables. Investigaciones basadas en esos datos apuntan a que, entre 1968 y 2005, «aumentó entre un 25 y un 50 por ciento la tendencia estimada de volatilidad en la renta de las familias».[3]

Teniendo en cuenta el cambio gradual de los hogares, es lógico. Pasar de tener solo una fuente de ingresos a tener dos implica que la familia típica ya no debe preocuparse porque uno de sus miembros pierda el trabajo, sino porque ambos lo pierdan.

En segundo lugar, el factor más determinante en la tasa de ahorro de una persona es su nivel de ingresos. Los estudios financieros han corroborado ampliamente esta idea.

Por poner un ejemplo, investigadores del Consejo de la Reserva Federal y de la Oficina Nacional de Investigación Económica han estimado que los asalariados por debajo del percentil 20 ahorran un 1 por ciento de sus ingresos cada año, mientras que los asalariados por encima del percentil 80 ahorran un 24 por ciento de sus ingresos anuales.

Además, sus cálculos demuestran que el 5 por ciento de la gente que más cobra ahorra un 37 por ciento al año, mientras que el 1 por ciento de gente que más ingresa ahorra un 51 por ciento.[4]

Al hilo de esto, dos economistas de la Universidad de California en Berkeley descubrieron que la tasa de ahorro había estado claramente correlacionada con la riqueza en todas las décadas de la historia de Estados Unidos entre 1910 y 2010, con la excepción de la década de los treinta.[5]

Por eso, las reglas de oro que instan a «ahorrar el 20 por ciento de tus ingresos» son tan desacertadas. No solo ignoran las fluctuaciones en la renta, sino que dan por sentado que todo el mundo puede ahorrar al mismo ritmo, lo cual es empíricamente falso.

Ahí es donde intervienen las truchas Dolly Varden y la plasticidad fenotípica. En vez de consumir la misma cantidad de calorías durante todo el año, las truchas modifican su ingesta calórica (y su metabolismo) en función de la cantidad de comida que hay.

Al ahorrar dinero, nosotros deberíamos hacer lo mismo.

Cuando estemos en disposición de ahorrar más, deberíamos hacerlo, y, cuando no, deberíamos ahorrar menos. No hay que usar reglas estáticas y rígidas, porque nuestras propias finanzas personales casi nunca lo son.

Yo lo viví en mis propias carnes: cuando me mudé de Boston a Nueva York, el primer año mi tasa de ahorro cayó de un 40 por ciento a solo un 4 por ciento. Mi capacidad para ahorrar se desplomó porque cambié de trabajo y dejé de compartir piso cuando me fui a la gran ciudad.

Si me hubiera mantenido siempre fiel a la norma de ahorrar el 20 por ciento de mis ingresos, el primer año en Nueva York habría vivido en la miseria absoluta. Y esa no es forma de vivir.

Por eso, el mejor consejo que se puede dar es: ahorra lo que puedas.

Si sigues este consejo, padecerás mucho menos estrés y, en general, serás mucho más feliz. Lo sé porque la gente ya sufre bastante por el dinero. Según la American Psychological Association, «el dinero ha sido el primer factor de estrés de los norteamericanos desde que se empezó a realizar la encuesta Stress in America™ en 2007, fuera cual fuera el contexto macroeconómico».[6]

Y uno de los factores de estrés más habituales es si uno está ahorrando lo suficiente. Como señaló Northwestern Mutual en su estudio de planificación y progreso de 2018, un 48 por ciento de los adultos norteamericanos padecen niveles «elevados» o «moderados» de estrés respecto a su nivel de ahorro.[7]

Los datos muestran claramente que a la gente le preocupa lo que ahorra. Por desgracia, el estrés por no ahorrar suficiente parece más nocivo que el hecho en sí mismo. Como confirmaron investigadores del Brookings Institute tras analizar datos de Gallup, «los efectos negativos del estrés superan los efectos positivos de la renta o la salud en general».[8]

Eso significa que ahorrar más solo te compensa si eres capaz de hacerlo sin estrés. De lo contrario, seguramente te esté haciendo más mal que bien.

Yo lo sé porque, tan pronto como dejé de ahorrar conforme a una regla arbitraria, dejé de obsesionarme por mis finanzas personales. Ahora ahorro lo que puedo y soy capaz de disfrutar de mi dinero en vez de cuestionar todas las decisiones financieras que tomo.

Si quieres vivir una transformación parecida en lo concerniente al ahorro, primero debes calcular cuánto puedes ahorrar.

Determinar cuánto podemos ahorrar

Para saber cuánto puedes ahorrar, basta con resolver esta simple ecuación:

$$\text{Ahorro} = \text{ingresos} - \text{gastos}$$

Si coges lo que ganas y le restas lo que gastas, el restante son tus ahorros. Eso quiere decir que solo necesitas conocer dos cifras para resolver la operación aritmética:

1. Tus ingresos
2. Tus gastos

Yo recomiendo calcular esas cantidades mensualmente, pues muchas entradas y salidas de dinero se producen mes a mes: el cobro de la nómina, el pago del alquiler o la hipoteca, las suscripciones, etcétera.

Por ejemplo, si te pagan 2.000 dólares netos dos veces al mes, tus ingresos mensuales son 4.000 dólares. Y si gastas 3.000 al mes, tu ahorro mensual es de 1.000 dólares.

Para la mayoría, calcular los ingresos será mucho más fácil que calcular los gastos, porque el gasto tiende a fluctuar más.

En un mundo ideal, te preguntaría en qué gastas cada dólar y cada centavo, pero sé lo difícil que es saberlo. Cada vez que leía un libro que me instaba a calcular los gastos exactos, lo ignoraba. Asumiendo que el lector hará lo mismo, lo tengo mucho más fácil.

En lugar de calcular todo lo que gastas, determina tu gasto fijo y haz una estimación con el resto. Tu gasto fijo es el gasto mensual que no cambia. Hablamos del alquiler o la hipoteca, el internet o la televisión, los servicios de suscripción, el coche, etcétera.

Tras sumar todo eso, conocerás tu gasto mensual fijo. Después, puedes calcular tus gastos variables. Por ejemplo, si vas al supermercado una vez a la semana y te gastas unos 100 dólares, tu gasto aproximado en comida es de 400 dólares al mes. Haz lo mismo con tus gastos en restaurantes, viajes y demás.

Otra táctica que me ha ayudado a calcular mis gastos variables es usar la misma tarjeta de crédito para todos ellos (los pago íntegramente al finalizar el mes). Eso irá en detrimento de tus programas de fidelización para clientes, pero te será mucho más fácil calcular tu consumo.

Elijas el método que elijas, al final de este proceso sabrás más o menos cuánto puedes ahorrar.

Yo aconsejo este método porque es facilísimo entrar en bucles mentales que te llevan a temer por no tener suficiente dinero. Por ejemplo, si les preguntas a 1.000 norteamericanos adultos cuánto dinero creen que necesitan para ser considerados ricos, te dirán 2,3 millones de dólares.[9] Pero si les haces la misma pregunta a 1.000 millonarios (hogares con más de 1 millón de dólares en activos de inversión), esa cifra aumenta hasta los 7,5 millones.[10]

Nos hacemos más ricos, pero seguimos con la sensación de no tener suficiente. Siempre pensamos que podríamos o deberíamos ahorrar más. Sin embargo, si ahondas en los datos, descubres una realidad completamente diferente: tal vez ya estés ahorrando demasiado.

Por qué no hace falta ahorrar tanto como crees

Uno de los mayores temores de los recién jubilados es quedarse sin dinero, cuando lo cierto es que hay una evidencia abrumadora que apunta a lo contrario: los jubilados apenas gastan.

Como declararon unos investigadores de la Universidad Texas Tech, «más que derrochar los ahorros durante la jubilación, muchos estudios han concluido que el valor de los activos financieros de los jubilados se mantenía estable o incluso iba en aumento».[11] Los autores del estudio demostraron que la razón por la que esto pasa es que muchos jubilados no gastan más que sus ingresos anuales de la Seguridad Social, de su pensión y de sus inversiones. Así pues, nunca venden el capital de su cartera de inversión y, por ende, su riqueza acostumbra a crecer con el tiempo.

Esto se cumple pese a las reglas de rescate mínimo requerido (RMD, por sus siglas en inglés), que en Estados Unidos obligan a los jubilados a vender una parte de sus activos invertidos. La conclusión de los investigadores es que «esto prueba que los jubilados reinvierten el dinero rescatado en otros activos financieros».

¿Qué porcentaje de jubilados vende sus activos en un año normal? Apenas uno de cada siete. Según informa el Investments & Wealth Institute, «en todos los niveles de riqueza, el 58 por ciento de los jubilados retira menos de lo que generan sus inversiones; el 26 por ciento retira lo mismo que genera su cartera, y el 14 por ciento sí que recurre a su capital».[12]

El resultado final de este comportamiento es que los herederos reciben un montón de dinero. Un estudio de United Income afirma que «el jubilado medio fallecido antes de los 70 años deja 296.000 dólares de patrimonio neto; antes de los 80, 313.000 dólares; antes de los 90, 315.000 dólares, y, antes de los 100, 238.000 dólares».[13]

Estos datos dan a entender que, para los jubilados, el miedo a quedarse sin dinero es una amenaza mayor que el propio hecho de quedarse sin blanca. Naturalmente, es posible que los futuros jubilados posean mucha menos riqueza y cobren menos que los actuales, pero tampoco parece que los datos apunten a ese escenario.

Por ejemplo, basándonos en las estadísticas de riqueza de la Reserva Federal, los *millennials* tenían más o menos la misma riqueza per cápita que los miembros de la generación

X, que tenían más o menos la misma que los de la generación del *baby boom* cuando tenían su misma edad (con el debido ajuste a la inflación).[14]

Como muestra el siguiente gráfico, la riqueza per cápita de esas generaciones sigue una trayectoria similar a lo largo del tiempo.

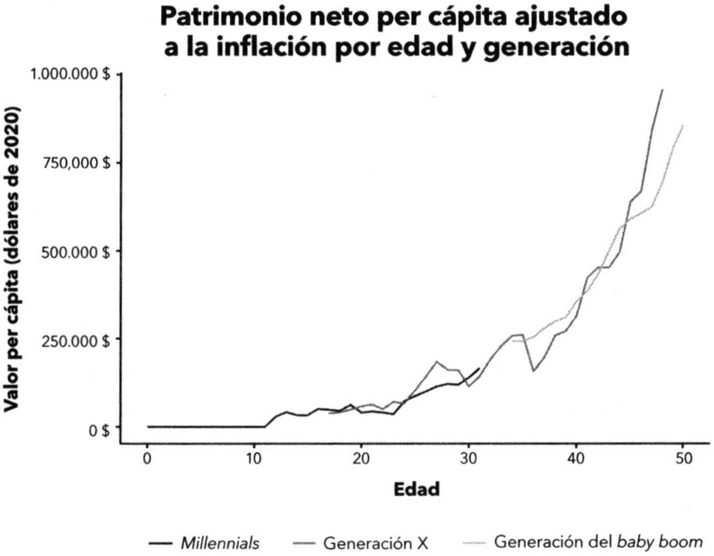

Esto prueba que, en conjunto, no parece que los *millennials* estén acumulando riqueza a un ritmo inferior que las generaciones anteriores. Es cierto que hay problemas con la distribución de esa riqueza y el monto de deuda que tienen algunos *millennials*, pero la situación general no es tan funesta como los medios la pintan normalmente.

Y en lo tocante a la Seguridad Social, las cosas tampoco van tan mal como parece. Aunque el 77 por ciento de los trabajadores cree que la Seguridad Social no velará por su bienestar cuando se jubilen, es improbable que las prestaciones desaparezcan por completo.[15]

El informe de abril de 2020 sobre el estado actuarial del fondo fiduciario de la Seguridad Social concluyó que habría suficientes ingresos para sufragar «el 79 por ciento de las aportaciones previstas» incluso después de que el fondo se quede sin dinero allá por 2035.[16]

Eso significa que los futuros jubilados deberían seguir recibiendo más o menos el 80 por ciento de las prestaciones estimadas si Estados Unidos sigue el camino actual. No es un resultado ideal, pero es mucho mejor del que muchos han imaginado.

Atendiendo a la investigación empírica, para muchos jubilados actuales y futuros, el riesgo de quedarse sin dinero sigue siendo bajo. Por eso, seguramente necesites ahorrar menos de lo que crees. Junto con el consejo de ahorrar lo que puedas, estas son las dos respuestas principales a la pregunta: «¿Cuánto debes ahorrar?».

Pero para quienes necesiten ahorrar más, pasamos al siguiente capítulo.

3

Cómo ahorrar más

La gran mentira de las finanzas personales

La sabiduría popular en salud pública atribuye el crecimiento de la obesidad en Occidente a dos factores: la dieta inadecuada y la falta de ejercicio. La teoría dice que ingerimos alimentos muy calóricos más a menudo y que, al pasar todo el día sentados, también quemamos menos calorías que nuestros ancestros, que se pasaban el día cazando y buscando comida.

Pero cuando los antropólogos estudiaron el gasto energético diario de los hadzas, una tribu de cazadores-recolectores del norte de Tanzania, se quedaron estupefactos. Es cierto que los hadzas realizaban mucha más actividad física que un occidental medio. Los hombres cazaban grandes mamíferos y talaban árboles y las mujeres recolectaban alimentos y excavaban en un suelo rocoso; por lo tanto, su estilo de vida era bastante activo.

No obstante, su ejercicio físico no se traducía en un mayor gasto diario de energía. De hecho, teniendo en cuenta la diferencia del tamaño corporal en cada grupo, se comprobó que los hadzas quemaban más o menos las mismas calorías que sus homólogos sedentarios de Estados Unidos y Europa.[17]

Lo que implica esta investigación es que el cuerpo humano ajusta su consumo total de energía en función de la actividad física. Así pues, si decides empezar a correr un kilómetro cada día, al principio quemarás más calorías, pero luego el gasto se irá moderando. Al final, tu cuerpo se adaptará al cambio de actividad física y ajustará el consumo de energía de manera acorde.

Esta adaptación es algo que lleva décadas documentándose en estudios científicos. Por ejemplo, un examen de todos los estudios sobre el ejercicio y la pérdida de grasa entre 1966 y 2000 descubrió que el aumento de la actividad física sí acentuaba la pérdida de peso a corto plazo, pero «no se observó tal correlación cuando se examinaron los resultados de los estudios a largo plazo».[18]

Eso parece indicar que, pese a los muchos beneficios documentados del ejercicio para la salud, su efecto sobre la pérdida de peso está limitado por la evolución. La actividad física puede tener un impacto moderado sobre el peso, pero los cambios en la dieta parecen más importantes.

Este debate sobre qué influye más en la pérdida de peso, si la dieta o el ejercicio, tiene su reflejo en un debate bipartidista que tiene lugar en la comunidad de las finanzas personales sobre cómo hay que ahorrar más dinero. Una parte cree que hay que ceñirse religiosamente al control del gasto, mientras que la otra asegura que hay que aumentar los ingresos.

Por ejemplo, la parte que aboga por controlar el gasto argumenta que, si te haces el café en casa en vez de comprarlo en Starbucks, puedes ahorrar hasta 1 millón de dólares en el transcurso de tu vida. En cambio, el grupo que defiende elevar los ingresos argumenta que es mucho más fácil cobrar ingresos extras con un segundo empleo que cuestionar todas tus decisiones de gasto.

Técnicamente, ambas partes esgrimen argumentos sólidos. Recuperando la ecuación del capítulo anterior, el ahorro se define como:

Ahorro = ingresos – gastos

Por consiguiente, para aumentar tus ahorros, debes ingresar más, gastar menos o hacer ambas cosas.

Pero ¿alguna de las partes tiene más razón?

Los datos así lo sugieren. Igual que sucede con el efecto del ejercicio sobre la pérdida de peso, recortar el gasto parece encontrar limitaciones inherentes a la hora de ahorrar más dinero.

Para demostrarlo, echemos un vistazo a la encuesta sobre los gastos de los consumidores, una encuesta que resume cuánto gastan los hogares estadounidenses en una serie de categorías distintas. Tras desglosar los datos en cinco grupos (quintiles) en función de la renta, vemos que reducir el gasto no es una opción factible para que muchos hogares estadounidenses puedan ahorrar.

Por ejemplo, si analizamos cuántos ingresos netos invierten en comida, vivienda, atención médica y transporte el 20 por ciento de las personas que menos cobran, es evidente que sus ingresos no son suficientes para cubrir ni siquiera sus necesidades.

Desde 1984, el 20 por ciento de las personas que menos cobran han gastado siempre más del cien por cien de su paga en esas cuatro categorías. Cabe señalar que eso no incluye el gasto en educación, indumentaria ni ningún tipo de entrete-

El 20 por ciento de las personas que menos cobran gastan más de lo que ganan en necesidades básicas

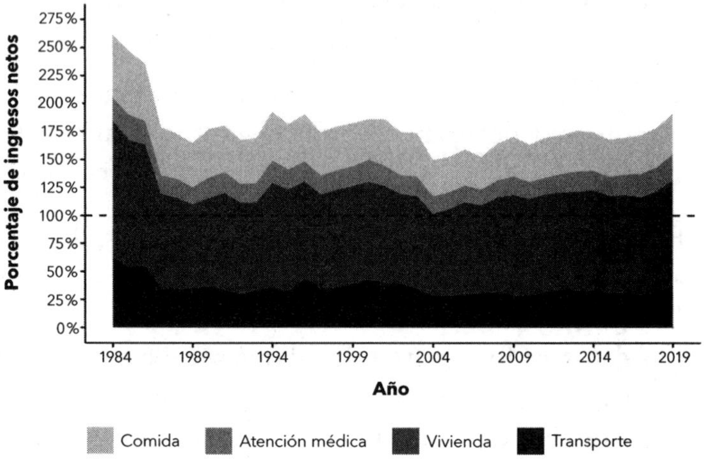

nimiento. Solo las necesidades ya se comen toda su nómina y algo más.

Teniendo en cuenta que en 2019 los ingresos netos medios del 20 por ciento de los hogares estadounidenses con menos recursos fueron de 12.236 dólares, eso significa que esas familias tenían solo unos 1.020 dólares al mes para gastar. Sin embargo, en 2019, su gasto mensual medio en comida, atención médica, vivienda y transporte fue de 1.947 dólares.

Si lo desglosamos por categorías, vemos que cada mes gastan las siguientes cantidades:

- Comida: 367 dólares
- Atención médica: 238 dólares
- Vivienda: 960 dólares
- Transporte: 382 dólares

Si crees que esas cantidades son excesivas, ¿en qué piensas que sería sensato recortar? Francamente, no le veo mucho margen.

Recuerda que esos hogares solo perciben 1.020 dólares al mes y gastan, de media, 1.947. Eso quiere decir que, para ahorrar dinero, ¡deberían recortar el gasto a la mitad! A mí no me parece realista, sobre todo si consideramos que ya gastan poco.

Pero esta lógica también sirve para los hogares que están por encima de ese 20 por ciento. Por ejemplo, si nos fijamos en el siguiente 20 por ciento de hogares que menos cobran de Estados Unidos (los del percentil 20-40), observamos una situación semejante.

Si bien en 2019 este grupo de hogares ganó 32.945 dólares netos —casi tres veces más que el quintil inferior—, también lo gastaron casi todo en necesidades.

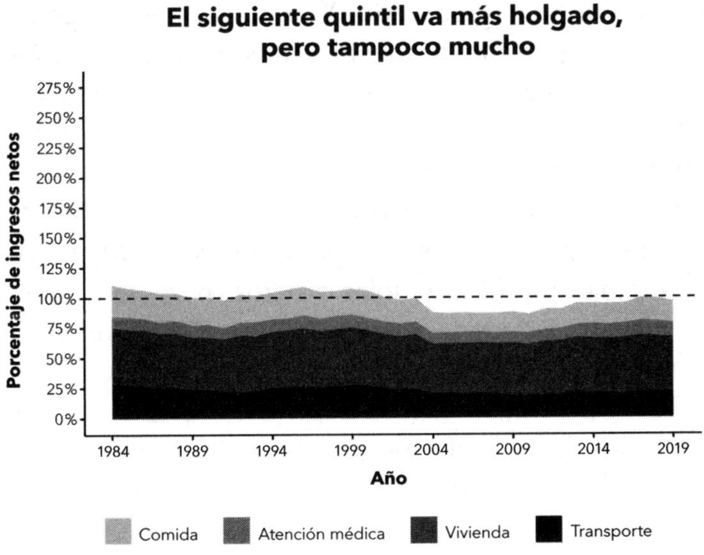

Nuevamente, el gasto en las necesidades básicas se lleva gran parte de los ingresos. No obstante, cuando nos fijamos en el nivel absoluto del gasto de esos hogares, empieza a aparecer un patrón.

Si bien los ingresos medios de los hogares del segundo quintil son casi el doble que los ingresos medios de los del primer quintil, su gasto total solo es un 40 por ciento superior. Esto refleja una idea clave en el debate entre recortar el gasto o elevar los ingresos:

Los aumentos de los ingresos
no van acompañados de aumentos
similares del gasto.

Como es obvio, quizás conozcáis a alguien con grandes ingresos que se lo gasta todo. Yo no digo que esa gente no exista. Lo importante es que los datos sugieren que esos individuos son la excepción. En conjunto, los hogares con mayores ingresos gastan un porcentaje inferior de su renta que los hogares con menos recursos.

Esto se ve con total claridad al examinar el quintil de los hogares estadounidenses con más ingresos. En 2019, esas familias ganaron 174.777 dólares netos, pero solo gastaron cerca de la mitad en necesidades básicas, como son la comida, la atención médica, la vivienda y el transporte.

En comparación con los hogares del quintil que menos ingresa, los del quintil superior gastan 3,3 veces más en necesidades básicas, ¡pese a tener ingresos netos más de 14 veces superiores!

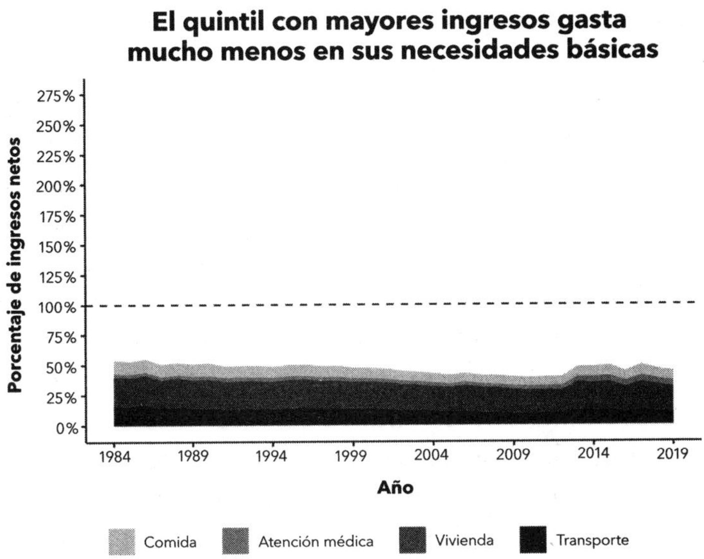

¿Por qué el gasto no sube de forma proporcional a los ingresos? Por algo que los economistas denominan «utilidad marginal decreciente». Es un término especializado de la jerga económica, pero su significado es simple. Significa que cada unidad adicional de consumo aporta menos beneficio que la unidad precedente.

Yo la llamo la ley del estómago.

Imaginaos que tenéis hambre y que os morís por comer una *pizza*. El primer pedazo que os llevéis a la boca os parecerá una delicia. Desde el primer bocado, notaréis una explosión de sabor que mandará una serie de descargas de placer directas al cerebro. Si lo comparamos con no comer *pizza*, comerse un solo trozo sienta de maravilla.

Pero entonces vais a por el segundo trozo. Seguirá siendo una gozada, pero no va a ser mejor que la sensación de pasar de cero trozos a un trozo. Y así sucesivamente al comparar el tercer pedazo de *pizza* con el segundo, etcétera.

Cada pedazo adicional te proporcionará menos placer que el anterior. Y llegará un punto en el que estarás tan saciado que comerte otro trozo te sentaría incluso mal.

Lo mismo acontece cuando gastas dinero. Tus ingresos pueden multiplicarse por 10, pero es improbable que respondas gastando 10 veces más en comida, vivienda o cualquier otra necesidad. Por más que puedas consumir mejor comida o vivir en una casa mejor, es poco factible que esos productos de alta calidad cuesten 10 veces más.

Por eso, a los hogares con más recursos les cuesta mucho menos ahorrar; comparados con los hogares con menos recursos, aquellos destinan un porcentaje menor de sus ingresos a las necesidades básicas.

Aun así, buena parte de las grandes publicaciones financieras no reconocen este hecho y siguen perpetuando la misma mentira sobre cómo ahorrar y hacerse rico.

La gran mentira de las finanzas personales

Si lees suficientes artículos sobre finanzas personales, encontrarás consejos más que suficientes para hacerte rico o jubilarte anticipadamente. Los artículos abogan por tener una mentalidad adecuada, marcarse objetivos y regirse por un sistema, pero lo que no te dicen es cómo sus autores se hicieron ricos realmente.

Si profundizas lo bastante en todos esos artículos, verás que el método real con el que esa gente se hizo rica fue percibiendo grandes ingresos, teniendo gastos irrisorios o ambas cosas.

Claro que puedes jubilarte a los 35 años si vives en una caravana.

Claro que puedes hacerte rico si trabajas en un banco de inversión durante más de una década.

Pero es imposible lograr todo eso con solo pensarlo. El hecho es que, con fondos insuficientes, de nada sirve controlar el gasto y marcarte objetivos.

Tras analizar la encuesta sobre los gastos de los consumidores de la que hemos hablado antes, me cuesta argumentar lo contrario. Es verdad que hay hogares estadounidenses que carecen de los conocimientos, los hábitos o la disciplina para mejorar su situación financiera. Seguro que conoces a gente a quien le pasa.

Pero no me cansaré de decirlo: esa gente es la excepción, no la regla. Aunque hay muchas personas con problemas financieros derivados de sus propias decisiones, hay muchas otras que tienen buenos hábitos y que simplemente carecen de ingresos suficientes para mejorar su economía.

Investigaciones empíricas de todo el mundo lo han demostrado más allá de toda duda razonable. Por ejemplo, investigadores de la London School of Economics publicaron un artículo titulado «¿Por qué la gente sigue siendo pobre?», que reflejaba cómo la falta de riqueza inicial (y no la falta de motivación ni de talento) es lo que mantiene a la gente en la pobreza.

Los investigadores demostraron esta hipótesis repartiendo riqueza al azar (por ejemplo, en forma de ganado) a granjeras de Bangladés y esperando para comprobar cómo esa transferencia de riqueza afectaba a sus futuras finanzas. Como señalaba su artículo:

> Se ha comprobado que, si el programa catapulta a las personas por encima de cierto umbral de bienes iniciales, esas personas salen de la pobreza; en caso contrario, vuelven a caer en la misma. [...] Nuestros hallazgos dan a entender que las transferencias de patrimonio grandes y puntuales que permiten a la gente asumir trabajos más productivos pueden ayudar a aliviar la pobreza persistente.[19]

Su artículo demostró claramente que mucha gente pobre sigue siéndolo no por falta de talento o de motivación, sino porque desempeñan labores mal pagadas en las que deben trabajar para sobrevivir.

En esencia, viven en un círculo vicioso de pobreza. Se trata de un círculo en el que la falta de dinero les impide acceder a la formación o el capital necesarios para desempeñar trabajos mejor pagados. Habrá quienes se muestren escépticos con estas conclusiones, pero es el mismo hallazgo que han hecho investigadores experimentales que han realizado transferencias de dincro al azar en Kenia.[20]

De ahí que la gran mentira de las finanzas personales sea que puedes hacerte rico solo con recortar el gasto.

Y los medios especializados en finanzas alimentan esta falsedad exhortándote a no gastar 5 dólares al día en café para llegar a millonario. Al mismo tiempo, sin embargo, estos mismos expertos se olvidan de mencionar que eso solo es posible si estás embolsándote un 12 por ciento de rentabilidad anual por tus inversiones (algo muy superior a la media del mercado, que oscila entre los 8 y los 10 puntos porcentuales).

E incluso si consiguieras un 12 por ciento de rentabilidad anual, deberías hacerlo invirtiendo todo tu patrimonio en acciones y manteniendo la sangre fría durante décadas. Decirlo es una cosa, pero hacerlo...

Estos son los mismos medios especializados en finanzas que escriben artículos para recomendarnos formas de ahorrar haciéndonos nuestro propio líquido lavavajillas o reutilizando el hilo dental. Lo que me saca realmente de quicio es que esos ejemplos se pregonan como pruebas de que puedes ser rico recortando el gasto.

Pensad en lo condescendiente que resulta este mensaje para el hogar medio. Ya puestos, el autor de esas publicaciones podría decir: «Si no eres económicamente libre, ¡es porque sigues comprando Fairy!».

Ya habréis intuido el gol que nos están intentando colar. Están cogiendo valores atípicos y nos los venden como lo normal. Nada más lejos de la realidad.

La manera más coherente de hacerte rico es aumentar tus ingresos e invertir en activos rentables.

Eso no quiere decir que puedas gastar a mansalva. Todo el mundo debería analizar periódicamente sus gastos para procurar que no se le esté yendo la mano con suscripciones que ni recuerda, lujos innecesarios y demás. Pero no es necesario renunciar al café con leche matutino.

Si quieres ahorrar más, la clave está en apretarte el cinturón en lo que puedas y luego procurar aumentar tus ingresos.

Cómo aumentar tus ingresos

Soy el primero en admitir que aumentar los ingresos es mucho más complicado que recortar el gasto, al menos, al principio. Pero si buscas una vía sostenible para ahorrar más y generar riqueza, esa es tu única opción.

Y la mejor manera de aumentar tus ingresos es encontrar formas de desbloquear el valor financiero que ya se esconde en tu interior. Estoy aludiendo a un concepto llamado «capital humano»: el valor de tus habilidades, tus conocimientos y tu tiempo. Tu capital humano se puede concebir como un activo que conviertes en capital financiero, es decir, en dinero.

¿Cuáles son algunas buenas formas de convertir el capital humano en capital financiero? He aquí cinco métodos que deberías considerar:

1. Vende tu tiempo y tus conocimientos
2. Vende una habilidad o un servicio
3. Enseña
4. Vende un producto
5. Progresa en la jerarquía empresarial

Cada senda tiene sus pros y sus contras que comentaremos en los siguientes apartados, pero todas pueden ser un punto de partida para aumentar tus ingresos.

1. Vende tu tiempo y tus conocimientos

Como reza el dicho, «el tiempo es oro». Por lo tanto, si necesitas cobrar más, valora la opción de vender más tiempo o más conocimientos.

Lo puedes hacer de varias formas, pero yo te recomiendo investigar cuál es la mejor forma de explotar tus habilidades. Al principio, tal vez no obtengas gran cosa, pero, a medida que cojas experiencia, podrás empezar a cobrar más a tus clientes.

La única pega de vender tu tiempo es que no es escalable. Una hora de trabajo siempre equivaldrá a una hora de sueldo. No tiene vuelta de hoja. Por lo tanto, nunca te harás de oro solo vendiendo tu tiempo.

No tiene nada de malo empezar vendiendo tu tiempo, pero, tarde o temprano, querrás ingresar dinero por algo que no te obligue a trabajar. En breve veremos cómo.

Resumen de vender tu tiempo:

- **Pros**: es fácil. Empezar es barato.
- **Contras**: el tiempo es limitado. No es escalable.

2. Vende una habilidad o un servicio

Ahora que hemos hablado de vender nuestro tiempo, el curso natural nos lleva a ofrecer una habilidad o un servicio. Vender una habilidad o un servicio consiste en aprender una destreza útil y venderla a través de una plataforma, generalmente, por internet.

Por ejemplo, podrías anunciar tus servicios de fotografía en Craigslist o hacer diseño gráfico en páginas web como Upwork. Estos son solo un par de ejemplos de los cientos de habilidades útiles que se compran y se venden cada día por internet.

Vender una habilidad o un servicio te puede generar más ingresos que vender tu tiempo, dado que puedes vender cosas que no dependen tanto de tu tiempo. Sobre todo, si consigues crear una marca en torno a tu labor y cobras tarifas más elevadas.

Por desgracia, al igual que vender tu tiempo, ofrecer una habilidad o un servicio concreto no se presta a la escalada. Debes prestar cada servicio por separado. Naturalmente, puedes contratar a otros con destrezas parecidas para que te ayuden con la carga de trabajo, pero eso conlleva dificultades adicionales.

Resumen de vender una habilidad o un servicio:

- **Pros**: se cobra más. Puedes crearte una marca.
- **Contras**: debes invertir tiempo en aprender esa habilidad o ese servicio. La escalada no es fácil.

3. Enseña

Como dijo Aristóteles, «los que saben hacer, hacen. Los que entienden, enseñan».

Enseñar, sobre todo por internet, es una de las mejores formas de generar ingresos escalables. Tanto si decides hacerlo por YouTube como si optas por una plataforma de aprendizaje como Teachable, enseñar algo útil es una excelente forma de ingresar más.

Se puede enseñar por internet a través de cursos grabados en los que el alumnado aprende a su ritmo, o bien con clases presenciales y por grupos. Aunque los primeros se pueden escalar más fácilmente, no puedes cobrar tanto como con un curso presencial.

¿Qué puedes enseñar? Cualquier cosa que la gente esté dispuesta a aprender. A escribir, a programar, a editar imágenes, etcétera.

La gracia de enseñar algo es que también te permite crear una marca que puedes vender durante años. Por desgracia, también es una de las dificultades de enseñar por internet. A menos que tu sector sea un nicho, va a haber mucha gente que ofrezca sus propios cursos. Para competir con tus rivales, deberás encontrar algo en lo que destacar.

Resumen de enseñar:

- **Pros**: es fácil de escalar.
- **Contras**: hay mucha competencia. Atraer a alumnos puede convertirse en una guerra constante.

4. Vende un producto

Si enseñar no es lo tuyo, puedes valorar crear un producto bueno para otros. La mejor forma de hacerlo es identificar un problema e idear un producto para resolverlo.

El problema puede ser de cariz emocional, mental, físico o económico. Optes por lo que optes, resolver un problema con un producto te ayuda a crear valor fácil de escalar.

¿Por qué? Pues porque solo necesitas crear tu producto una vez y podrás venderlo tantas veces como quieras. Me estoy refiriendo sobre todo a productos digitales que pueden venderse por internet de forma ilimitada con escasos costes adicionales.

La pena es que crear un producto exige una inmensa inversión inicial para desarrollarlo y todavía más esfuerzo para venderlo a otros. Los productos no son fáciles de hacer, pero, si das con uno que le guste a la gente, puedes extraer ingresos de él durante un largo tiempo.

Resumen de vender un producto:

- **Pros:** es escalable.
- **Contras:** exige una gran inversión de inicio y un gran gasto en publicidad.

5. Progresa en la jerarquía empresarial

De todas las vías para aumentar los ingresos, ascender en la jerarquía de tu empresa es la más común y también la más odiada. Mucha gente piensa que tener un trabajo de nueve a cinco es menos digno que trabajar por cuenta propia, empezar tu propio negocio o buscarte un segundo empleo.

Pero, si miras los datos, el trabajo convencional de nueve a cinco sigue siendo la manera en que la mayoría de la gente acumula riqueza. En verdad, la mejor opción que tienen muchos norteamericanos para hacerse millonarios es graduarse en la universidad como médicos, abogados, etcétera. En *El millonario de la puerta de al lado*, encontramos este fragmento que trata sobre un grupo de millonarios estudiados a finales de los noventa:

> Como colectivo, [los millonarios] gozan de una educación bastante buena. Solo uno de cada cinco no es graduado universitario. Muchos tienen títulos de posgrado o estudiaron carreras largas. Un 18 por ciento cuentan con un máster; un 8 por ciento estudiaron Derecho y un 6 por ciento, Medicina; y hay un 6 por ciento de doctorados.[21]

Los millonarios son más proclives a seguir el camino de graduarse en la universidad y dedicarse a una profesión, pero tampoco se hacen ricos de la noche a la mañana. Lo cierto es que una persona que llega por sí sola a millonaria tarda 32 años en acumular su patrimonio.[22]

Por eso, yo abogo por la vía tradicional para engrosar tus ingresos, sobre todo, si eres joven o careces de experiencia. Aunque es difícil hacerte asquerosamente rico con un trabajo convencional de oficina, aprender a cooperar con los demás y adquirir habilidades puede ser una de las mayores bendiciones para tu desarrollo profesional.

Y aunque quieras acabar montándotelo por tu cuenta, lo habitual es empezar siendo un asalariado. Eso explica que la edad típica de un emprendedor sean los 40 años.[23] A los 40, dispones de dos cosas que la mayoría de los jovenzuelos de 22 años no tienen: experiencia y dinero. Y ¿de dónde salieron esa experiencia y ese dinero? De una trayectoria tradicional, seguramente, trabajando para otros.

Resumen de progresar en la jerarquía empresarial:

- **Pros**: se aprenden cosas y se gana experiencia. Hay menos riesgo para aumentar los ingresos.

- **Contras**: no puedes controlar tu tiempo ni lo que haces.

Más allá de cómo trates de aumentar tus ingresos en el futuro, todos los métodos citados deberían interpretarse como medidas temporales. Y digo temporales porque, en última instancia, tus ingresos extras deberían servir para adquirir más bienes rentables.

Así es como sacas realmente partido de tus ahorros.

Para ahorrar todavía más, piensa como un propietario

¿Sabes quién es el jugador de la NFL más rico de la historia? ¿Tom Brady? ¿Peyton Manning? ¿John Madden? No, no y no.

Es un tipo llamado Jerry Richardson. Seguramente nunca hayas oído hablar de él. Yo tampoco le conocía. Pero es el único milmillonario que ha jugado en la NFL.

Pero ¿cómo ganó su dinero Richardson? Jugando al fútbol americano no.

Era un jugador decente. Estuvo en el equipo que se alzó con el campeonato en 1959. Pero Richardson hizo su fortuna abriendo franquicias Hardee's de comida rápida por todo Estados Unidos hasta que, en 1993, tuvo suficiente capital para fundar la franquicia de los Carolina Panthers de la NFL.

Fueron los negocios de Richardson los que le hicieron inmensamente rico, no los ingresos por su trabajo.

Quiero que concibas del mismo modo el objetivo de aumentar tus ingresos. Claro que vender tu tiempo, tus habilidades o tus productos es genial, pero no debería ser el objetivo final de tu camino a la riqueza.

El objetivo final debería ser convertirte en propietario, usar tus ingresos adicionales para adquirir más activos rentables.

Tanto si eso te obliga a invertir en tu propio negocio como en el de otro, para generar riqueza a largo plazo debes convertir tu capital humano en capital financiero.

Y, si quieres lograrlo, tienes que empezar a pensar como un propietario.

Ahora que hemos hablado de cómo ahorrar más dinero, vamos a prestar atención a cómo gastarlo sin sentirte culpable.

4

Cómo gastar sin sentirte culpable

La regla del 1 por 1 y cómo maximizar la gratificación personal

Uno de mis mejores amigos estaba estudiando en Sudamérica cuando me habló de un compañero suyo de clase, James (no es su nombre real), que vivía al margen de los precios. Al principio no entendí lo que me quería decir. «¿A qué te refieres con que vive al margen de los precios?», le pregunté. Mi amigo me lo contó:

> Cuando llegas a un restaurante y abres la carta, probablemente te fijas en dos cosas. Primero ves los platos que ofrece el restaurante, pero luego también te fijas en el precio de esos platos. Igual la diferencia de precio entre un entrante y otro no afecte a lo que finalmente decidas comer, pero al menos aceptas que el precio existe.
>
> La manera más simple de saber si vives al margen de los precios es imaginarte la sensación que tendrías si te sentaras en un restaurante con una carta sin precios.

Mi amigo también me dijo que su compañero de clase vivía al margen de esos precios. Lo que James tenía era la tarjeta de crédito de su padre.

¿La cena? La pagaba James. ¿La entrada a la discoteca? A cuenta de James. ¿Botellas para la zona vip? Regalo de James. Una vez James llegó a ofrecerse para mandar un helicóptero con el teléfono por satélite para rescatarlos a todos cuando se perdieron en una excursión de varios días al Machu Picchu. Por suerte, otros miembros del grupo le convencieron para que no lo hiciera y consiguieron orientarse y concluir la ruta sanos y salvos.

James es el ejemplo de alguien que no se siente culpable gastando su dinero. Pero yo también he conocido el otro extremo del espectro.

En San Francisco, trabajé con un chico llamado Dennis (no es su nombre verdadero) que llevaba la frugalidad un poco demasiado lejos. Una cosa que Dennis solía hacer para ahorrar dinero era engañar a la aplicación de Uber para intentar evitar sus temibles subidas de precio.

Para quienes no os acordéis, al principio Uber no daba un presupuesto de lo que costaría el trayecto, sino que ofrecía un indicador dinámico que señalaba el precio estimado. Por ejemplo, cuando la tarifa dinámica marcaba «2x», significaba que la tarifa sería el doble de la normal. Otra cosa que te exigía Uber era que indicaras tu ubicación en la aplicación. Al hacerlo, avisabas al conductor de dónde estabas, pero también estabas determinando el precio.

Dennis encontró un resquicio en la aplicación que le permitía marcar su ubicación en una zona con poca demanda, fijar el precio y, luego, cambiar el lugar de recogida para que el conductor le fuera a buscar al punto correcto. Dennis nos enseñó cómo seleccionaba un punto en medio de la bahía de San Francisco (donde nunca había muchos clientes) y luego lo cambiaba a su ubicación para ahorrarse entre 5 y 10 dólares por trayecto.

Todavía no tengo ni idea de cómo encontró aquel fallo inicial en el sistema, pero le avisé de que Uber lo arreglaría. Y, naturalmente, lo hizo.

La víspera de Año Nuevo de 2015, Dennis estaba borracho e intentó hacer ese truquillo suyo para que Uber lo llevara a casa a las dos de la madrugada. La tarifa dinámica indicaba que el precio sería 8,9 veces el normal y él se negó a pagarlo. Por desgracia, su ardid falló.

Al día siguiente, le llegó una factura de 264 dólares. Yo solo me enteré porque se lo acabó contando a toda la oficina. «Uber me ha estafado», dijo después de discutir la tarifa durante semanas. Creo que nunca me he alegrado tanto en mi vida por una desgracia ajena.

James y Dennis representan los dos polos a los que puede llegar la gente en su relación con el gasto. Por desgracia, ninguna de las dos filosofías es ideal. Aunque James gastaba su dinero sin sentirse culpable, lo hacía con frivolidad. Y aunque Dennis gestionaba bien su dinero, siempre que gastaba se sentía ansioso.

Lo triste es que gran parte de los gurús de las finanzas personales tienden a ponerse del lado de Dennis, más que del de James. Tanto si priorizan el recorte del gasto como si anteponen el aumento de los ingresos, su actitud suele girar en torno a una cosa: la culpa.

Entre Suzie Orman, que dice que comprar café es lo mismo que «derrochar 1 millón de dólares», y Gary Vaynerchuk, que cuestiona que estés esforzándote lo suficiente, la mayor parte de los consejos financieros consisten en sembrar dudas sobre tu toma de decisiones.[24]

¿Deberías comprarte ese coche?

¿Y esa ropa tan cara?

¿Y qué me dices de ese café con leche que te tomas todos los días?

Culpa. Culpa. Culpa.

Esta clase de consejos te llevan a cuestionarte a ti mismo sin parar y hacen que gastar dinero te dé ansiedad. Además, tener más dinero tampoco sirve de gran cosa para resolver este problema.

Una encuesta de 2017 de Spectrem Group concluyó que el 20 por ciento de los inversores con entre 5 y 25 millones de dólares de patrimonio no estaban seguros de tener suficiente dinero para la jubilación.[25]

Así no se puede vivir. Evidentemente, el dinero es importante, pero no debería asustaros cada vez que veis una etiqueta con su precio. Si alguna vez habéis sopesado si os podíais permitir algo incluso teniendo fondos suficientes, entonces el problema no sois vosotros, sino el marco mental que estáis usando para valorar el gasto.

Lo que necesitáis es una nueva forma de pensar en el consumo para poder tomar decisiones financieras sin preocupaciones. Para ello, yo doy dos consejos que, juntos, permiten gastar con total libertad de culpa. Son estos:

1. La regla del 1 por 1
2. Intentar maximizar la gratificación personal

1. La regla del 1 por 1

Mi primera recomendación es lo que yo llamo la regla del 1 por 1. Funciona así: cada vez que quiero derrochar en algo, debo coger la misma cantidad de dinero e invertirla.

Si quiero comprarme un par de zapatos de vestir de 400 dólares, también debo comprar 400 dólares en acciones u otros activos rentables. Así me fuerzo a sopesar otra vez las ganas que tengo de comprarme algo, porque, si no estoy dispuesto a ahorrar la misma cantidad, no me lo compro.

A mí me gusta esta regla porque elimina la culpa asociada a las compras compulsivas. Como sé que mi despilfarro irá acompañado de una inversión equivalente en activos financieros, nunca me preocupa estar gastando en exceso.

Pero ¿cómo de caro debe ser algo para ser considerado un derroche?

Pues varía para cada uno y para cada momento, pero lo que te parezca un derroche a ti, lo es a todos los efectos prácticos. Por ejemplo, cuando tenía 22 años (y era mucho menos rico), gastarme 100 dólares en un producto no esencial se me antojaba un derroche. Hoy, esa cantidad probablemente se acerque más a los 400 dólares.

Sin embargo, el valor exacto es irrelevante. Lo que importa es la sensación que obtienes cuando sopesas comprar algo. Tanto si vas a gastarte 10 dólares como 10.000, puedes usar la regla del 1 por 1 para superar ese sentimiento de culpa y disfrutar de tu patrimonio.

Pero la clave es que no necesitas invertir tus ahorros extras para que esta regla funcione. Por ejemplo, si te compras algo que vale 200 dólares, puedes donar esa misma cantidad a la beneficencia y evitar esa culpa.

Todo el dinero que te gastas en caprichos para ti se puede compensar con una donación a una buena causa. Esto no solo te permite ayudar a otros, sino que no te sientas mal por darte ciertos lujos.

Decidas como decidas usar la regla del 1 por 1, es un consejo simple que te puede ayudar a liberarte de la cárcel de la culpa cada vez que compres algo.

2. Intenta maximizar la gratificación personal

La segunda norma que aplico para gastar sin miedo es intentar maximizar mi gratificación personal a largo plazo. Cabe señalar que he dicho «gratificación», no «felicidad». Es una diferencia importante.

Por ejemplo, seguramente correr un maratón sea una experiencia gratificante, aunque no necesariamente feliz. El ejercicio y el esfuerzo que exige competir en un maratón no suele aportar una felicidad instantánea, pero sí aporta una gran sensación de logro y gratificación cuando terminas.

Eso no significa que la felicidad no importe. Claro que importa. *Happy Money: The Science of Happier Spending* reveló que gastar en los siguientes conceptos puede aumentar tu estado de felicidad general:[26]

- Comprar experiencias
- Darte caprichos ocasionales
- Darte tiempo extra
- Pagar por anticipado (por ejemplo, vacaciones con todo incluido)
- Gastar en otros

Todas son situaciones en las que tener (y gastar) más dinero suele hacerte más feliz.

Pero tampoco es que estos grandes consejos sean la panacea. Puedes comprar las mejores experiencias y permitirte todo el tiempo libre del mundo, pero eso no garantiza que te sientas gratificado.

Entonces, ¿cómo me siento más gratificado?

No es fácil responder a esta pregunta. En *La sorprendente verdad sobre qué nos motiva*, Daniel H. Pink propone un excelente marco teórico para empezar a entender la motivación humana. Pink sostiene que la autonomía (ser independiente), la maestría (mejorar tus habilidades) y el propósito (conectar con algo más grande que tú mismo) son los componentes clave de la motivación y la satisfacción humanas.[27]

Estas categorías también son filtros útiles para decidir cómo gastar el dinero. Por ejemplo, comprarte un café con leche puede parecer innecesario, salvo que el café te permita rendir mejor en el trabajo.

En dicho caso, el café con leche que te tomas cada día mejora tu desempeño laboral y constituye dinero bien gastado. Puedes usar la misma lógica para justificar compras que te hagan más autónomo o te den una razón de ser.

Al fin y al cabo, debes usar el dinero como una herramienta para construir la vida que quieras. En eso consiste. Por lo tanto, la dificultad no radica en gastar el dinero, sino en determinar qué quieres realmente de tu vida.

¿Qué clase de cosas te importan?
¿Qué situaciones preferirías evitar?
¿Qué valores deseas promover en el mundo?

Cuando lo tengas claro, gastar el dinero te será más fácil y placentero. El quid de la cuestión es contextualizar la compra, más que fijarse en la compra en sí.

A fin de cuentas, la compra no es lo que te hace sentir culpable, sino cómo la justificas mentalmente. Y si no tienes una buena razón para comprar algo, es probable que luego te sientas mal. Miéntete todo lo que quieras, pero en el fondo sabes que es verdad.

La forma más fácil de combatirlo es preguntarte si una cosa va a contribuir a tu gratificación a largo plazo. Si la respuesta es sí, entonces cómprala y deja de torturarte. Pero si la respuesta es no, déjala pasar y sigue adelante, porque hay otras cosas en las que te vendría mejor gastar el dinero.

La única forma correcta de gastar

La única forma correcta de gastar es la que a ti te venga bien. Sé que parece un cliché, pero los datos lo respaldan.

Investigadores de la Universidad de Cambridge han revelado que las personas que compran cosas que encajan mejor con su perfil psicológico disfrutan de niveles más elevados de satisfacción personal que quienes no. Además, este efecto es más potente que el que tienen los ingresos totales sobre la felicidad subjetiva.[28]

Esta investigación indica que la personalidad puede influir en las cosas en las que uno disfruta gastando su dinero. De ser así, tal vez haya que reconsiderar algunos de los consejos más habituales sobre la manera óptima de gastar.

Por ejemplo, está sobradamente documentado que la gente es más feliz comprando experiencias que bienes materiales.[29] No obstante, ¿qué pasaría si esto fuera así solo para un subconjunto de la población (por ejemplo, los extrovertidos)? En ese caso, estaríamos dando consejos pensando en el 60-75 por ciento de la gente que es extrovertida, para consternación de los introvertidos del mundo.

Por eso debes ir más allá de las investigaciones y descubrir qué te conviene más a la hora de gastar tu dinero. La ciencia del gasto no puede predecir con total precisión lo que necesita uno para ser más feliz.

Eres tú quien debe averiguar qué quiere en la vida. Una vez hecho eso, gasta el dinero de forma acorde. Si no, puedes acabar viviendo el sueño de otro, en lugar del tuyo.

Ahora que hemos comentado algunos consejos para gastar sin sentirnos culpables, vamos a hablar de qué hacer con un aumento de sueldo.

5

¿Hasta qué punto es válido elevar tu tren de vida?

Y por qué la respuesta es más de lo que crees

El 4 de enero de 1877, el hombre más rico del mundo acababa de morir. El pionero del ferrocarril y el transporte, el «Comodoro» Vanderbilt, había amasado una fortuna de más de 100 millones de dólares a lo largo de su vida.

El Comodoro creía que dividir la fortuna familiar sería una ruina, así que legó la mayor parte de su patrimonio (95 millones de dólares) a su hijo William H. Vanderbilt. En ese momento, 95 millones era más dinero del que manejaba todo el Tesoro de Estados Unidos.

La decisión del Comodoro de no dividir su imperio resultó la correcta. Durante los siguientes nueve años, William dobló la fortuna de su padre hasta los casi 200 millones de dólares gracias a su correcta gestión del negocio ferroviario. Con el ajuste a la inflación, los 200 millones de fortuna de los Vanderbilt equivaldrían más o menos a 5.000 millones de dólares de 2017.

Sin embargo, la muerte de William a finales de 1885 plantó las semillas de una psicosis que dio lugar a la caída de la casa de los Vanderbilt. Al cabo de 20 años, no había ningún miembro de la familia entre las personas más ricas de

Estados Unidos. De hecho, «cuando 120 descendientes del Comodoro se juntaron en la Universidad Vanderbilt en 1973 para celebrar la primera reunión familiar, no había ningún millonario».[30]

¿Qué provocó la ruina económica de la familia? Pues el tren de vida. Un tren de vida endiablado.

El tren de vida se eleva cuando alguien empieza a gastar más porque sus ingresos han aumentado o porque quiere seguir la estela de sus iguales.

Para los Vanderbilt, ese dispendio significaba cenar a lomos de un caballo, fumar cigarrillos envueltos en billetes de 100 dólares y vivir en las mansiones más lujosas de Nueva York; todo lo necesario para no quedarse atrás respecto a los demás ricos de Manhattan. A lo mejor tus gustos no son tan extravagantes como lo eran los de los Vanderbilt, pero su historia demuestra lo fácil que es aumentar tu gasto con el tiempo, máxime después de que tus ingresos hayan subido.

Vamos a dar un ejemplo: imagina que te acaban de conceder un aumento y quieres salir a celebrarlo. A fin de cuentas, has trabajado a destajo y te mereces un capricho, ¿no? Tal vez te apetezca un nuevo coche, un lugar nuevo donde vivir o simplemente salir a comer más a menudo. Más allá de cómo decidas gastar tus nuevos ingresos, acabas de ser víctima de un incremento de tu ritmo de vida.

Muchos expertos de las finanzas personales te dirán que debes evitarlo a toda costa, pero yo no soy uno de ellos. A decir verdad, yo creo que elevar un poco tu tren de vida puede resultar muy satisfactorio. ¿Para qué sirve esforzarse tanto si no puedes disfrutar de los frutos de tu trabajo?

Pero ¿dónde está el límite? ¿Hasta qué punto te puedes permitir elevar tu tren de vida? Técnicamente, depende de tu tasa de ahorro, pero, para la mayoría de la gente, la respuesta es alrededor de un 50 por ciento.

Cuando gastas más de la mitad de tus futuros aumentos, debes empezar a retrasar tu jubilación.

Puede parecerte extraño que ganar dinero extra sin ahorrar lo suficiente te pueda obligar a postergar tu jubilación, pero voy a demostrártelo. De hecho, las personas con tasas de ahorro superiores deben ahorrar un porcentaje mayor de sus futuros aumentos (si no quieren jubilarse más tarde) que aquellas con una tasa inferior.

Cuando entendáis el motivo, le veréis mucho más sentido a ese límite del 50 por ciento.

Por qué los grandes ahorradores deben ahorrar un porcentaje mayor de sus aumentos

Para empezar, vamos a imaginarnos a dos inversores: Annie y Bobby. Ambos perciben un mismo salario neto de 100.000 dólares al año, pero no ahorran lo mismo. Cada año, Annie ahorra un 50 por ciento de sus ingresos netos (50.000 dólares), mientras que Bobby solo ahorra un 10 por ciento (10.000). Por lógica, eso significa que Annie gasta 50.000 dólares al año y Bobby, 90.000.

Si asumimos que tanto Annie como Bobby querrán seguir gastando la misma cantidad de dinero cuando se jubilen (manteniendo el mismo estilo de vida), entonces Annie necesitará menos dinero que Bobby, dado que vive con menos.

Si también asumimos que cada inversor necesita 25 veces su gasto anual para jubilarse cómodamente, eso significa que Annie necesita 1,25 millones de dólares, mientras que

Bobby necesita 2,25 millones. En el noveno capítulo hablaremos de por qué el objetivo de ahorrar 25 veces lo que gastas en un año puede permitirte jubilarte tranquilamente.

Con un 4 por ciento de rentabilidad real, y si no hay cambios en la tasa de ingresos y ahorro a lo largo del tiempo, Annie podrá jubilarse en 18 años, mientras que Bobby necesitará 59. Cabe señalar que, para la mayoría de la gente, es poco realista suponer que su vida laboral durará 59 años, así que probablemente Bobby tendrá que aumentar su tasa de ahorro si quiere jubilarse en un plazo razonable.

Avancemos 10 años. Tras una década ahorrando (con una rentabilidad ajustada a la inflación del 4 por ciento), Annie habrá acumulado 600.305 dólares, mientras que Bobby tendrá 120.061. Ambos seguirán en la senda de jubilarse en el momento que tenían previsto: Annie, al cabo de 8 años, y Bobby, al cabo de 49.

Pero ahora supongamos que a ambos les aumentan 100.000 dólares su sueldo anual, por lo que sus ganancias ascienden hasta los 200.000 dólares netos. ¿Qué porcentaje de ese aumento deberían ahorrar Annie y Bobby si quieren jubilarse cuando tenían pensado hacerlo?

Algunos pensaréis: «Que ahorren al mismo ritmo que antes», ¿no? Pero si Annie ahorra el 50 por ciento de su aumento y Bobby ahorra el 10 por ciento, lo cierto es que su jubilación se demoraría.

¿Por qué? Porque no hemos valorado cómo influiría en el objetivo de jubilación ese incremento del gasto provocado por la subida de sueldo.

Si ahora Annie cobra 200.000 dólares al año y ahorra la mitad (100.000), por regla de tres, tiene que estar gastando la otra mitad cada año: 100.000 dólares. Como su gasto se ha doblado desde que le aumentaron el sueldo, su gasto al jubilarse también debe doblarse si Annie quiere conservar su ritmo de vida.

Eso significa que ahora Annie necesita 2,5 millones de dólares para jubilarse, en vez de los 1,25 millones originales. Pero como ella llevaba diez años ahorrando como si solo fuera a necesitar 1,25 millones para jubilarse, ahora tiene que trabajar más tiempo para compensar la menor tasa de ahorro del pasado. Con 600.305 dólares ya invertidos y un ahorro anual de 100.000 dólares después del aumento (con una rentabilidad del 4 por ciento), Annie necesitaría más de 12 años para llegar a su objetivo de los 2,5 millones, por lo que se derrumbaría el plan original de jubilarse al cabo de 8 años. Al elevar el tren de vida, se atrasó la fecha de jubilación. Por ese motivo es tan peligroso vivir a lo grande. Lo que importa es el impacto sobre tu gasto vital.

Si Annie quisiera jubilarse cuando tenía previsto hacerlo, tendría que gastar menos de 100.000 dólares al año. Y eso significaría ahorrar más del 50 por ciento de su aumento. De hecho, debería ahorrar el 74 por ciento (74.000) para poder jubilarse al cabo de 8 años, según lo planeado. Por consiguiente, en total Annie tiene que ahorrar 124.000 dólares al año hasta que se retire: los 50.000 dólares de ahorro original y los 74.000 del aumento.

Y como Annie está ahorrando 124.000 dólares al año, se entiende que puede gastar los otros 76.000 durante el resto de su vida. Con ese nivel de gasto, el objetivo de jubilación de Annie serían los 1,9 millones, y no los 2,5.

¿Y qué me decís de Bobby? Si quisiera jubilarse cuando tenía pensado hacerlo, 49 años después de recibir el aumento de los 100.000 dólares, tendría que ahorrar otros 14.800

dólares al año para ello, o un 14,8 por ciento del aumento. Eso le dejaría con 175.200 dólares de gasto anual y un objetivo de 4,38 millones para jubilarse, pero aún necesitaría otros 49 años para poder dejar de trabajar.

Como he mencionado antes, ahorrar durante 59 años no es realista, por lo que Bobby debería ahorrar el 50 por ciento de su aumento (si no más) si quiere jubilarse en un plazo razonable. En el siguiente apartado voy a explicar por qué.

Pero he aquí la madre del cordero: este experimento mental demuestra que los grandes ahorradores tienen que ahorrar un porcentaje aún mayor de sus aumentos, siempre que sigan queriendo jubilarse en la fecha prevista. De ahí que Annie, la más ahorradora, tenga que reservar el 74 por ciento de su aumento mientras que Bobby solo deba reservar el 14,8 por ciento para poder jubilarse conforme al plan previsto.

Aunque este experimento mental nos resulta útil en este aspecto, no nos sirve para determinar con exactitud qué porcentaje de tu aumento deberías ahorrar. Como la mayoría de la gente suele conseguir muchos pequeños aumentos a lo largo de su vida, en vez de un único aumento grande, para ser más precisos deberíamos simular el efecto de muchas subidas de sueldo simbólicas.

El siguiente apartado pretende hacer eso mismo y ofrece una medida exacta de qué porcentaje del aumento deberías ahorrar.

¿Qué porcentaje de tu aumento deberías ahorrar?

Una vez hechas las cuentas, el factor más importante para determinar qué porcentaje de tu aumento deberías ahorrar (para poder seguir jubilándote a la edad prevista) es tu tasa de ahorro actual.

Las diferencias en la rentabilidad anual, el nivel de ingresos y la tasa de crecimiento de los ingresos son mucho menos relevantes para esta discusión. Después de probar todas esas cosas, descubrí que la tasa de ahorro era lo más importante.

Por consiguiente, he creado la siguiente tabla para mostrar qué porcentaje de tu aumento deberías ahorrar para jubilarte según lo previsto, teniendo en cuenta tu tasa de ahorro actual. Para hacer este análisis, he asumido varias cosas: que necesitas 25 veces tu gasto anual para jubilarte, que te suben el sueldo un 3 por ciento al año y que tu cartera crece un 4 por ciento al año (con el ajuste a la inflación).

Tasa de ahorro inicial	**Qué porcentaje de tu aumento necesitas ahorrar**
5 %	27 %
10 %	36 %
15 %	43 %
20 %	48 %
25 %	53 %
30 %	59 %
35 %	63 %
40 %	66 %
45 %	70 %
50 %	76 %
55 %	77 %
60 %	79 %

Por ejemplo, si ahora ahorras un 10 por ciento al año y te conceden un aumento, tendrás que ahorrar un 36 por ciento de ese aumento (y de cada aumento subsiguiente) para poder jubilarte en el mismo momento. Si ahora ahorras un 20 por ciento, tendrás que ahorrar un 48 por ciento de tus futuros aumentos. Si ahora ahorras un 30 por ciento, tendrás que ahorrar un 59 por ciento de cualquier aumento, y así sucesivamente.

Lo que realmente demuestra esto es que ¡no pasa nada por elevar un poco tu tren de vida! La persona que ahora esté ahorrando un 20 por ciento de sus ingresos podrá gastar la mitad de sus futuros aumentos sin alterar su plan de jubilación. Naturalmente, si gastan menos de la mitad de sus futuros aumentos, podrán jubilarse antes, pero eso es decisión suya.

Aunque parezca ilógico, cuanto menor sea tu tasa de ahorro actual, más podrás elevar tu nivel de vida sin que eso afecte a tu plan de jubilación. ¿Por qué? Porque esa gente que ahorra menos, por definición, gasta más (para el mismo nivel de ingresos).

Por consiguiente, cuando las personas poco ahorradoras reciben un aumento y deciden gastar una parte de él, a nivel porcentual su gasto total cambia menos que el de un gran ahorrador que recibe el mismo aumento y gasta el mismo porcentaje. Es el efecto que el aumento tiene sobre el gasto, lo que afecta de forma desproporcionada a los grandes ahorradores en comparación con los que no lo son tanto.

Por qué deberías ahorrar un 50 por ciento de tus aumentos

Pese a los enrevesados principios teóricos, supuestos y análisis presentados, yo te sugiero que ahorres la mitad de tus aumentos simplemente porque es lo que suele venirle mejor a la gente.

Si damos por supuesto que la tasa de ahorro de la inmensa mayoría de los asalariados oscila entre el 10 y el 25 por ciento, ese límite del 50 por ciento es la solución correcta basándonos en nuestra simulación (véase la tabla de la página 71). Y si tu tasa de ahorro actual es inferior al 10 por ciento, solo me queda asumir que ahorrar el 50 por ciento (o más) de tus futuros aumentos te ayudará a acumular riqueza.

Y, sobre todo, ahorrar el 50 por ciento de un aumento es una regla fácil de cumplir y recordar. La mitad es para mí y la otra mitad, para mi futuro yo, cuando esté jubilado.

Curiosamente, esta idea se parece a la regla del 1 por 1 que comenté en el anterior capítulo, cuando hablábamos de cómo gastar sin sentirnos culpables.

Para refrescaros rápidamente la memoria, la regla del 1 por 1 señala que, antes de comprar algo caro, deberías reservar la misma cantidad de dinero para comprar activos rentables. De este modo, si te gastas 400 dólares en un precioso par de zapatos de vestir, eso significa que también debes invertir 400 dólares en un fondo indexado (u otros activos).

Eso equivale a una propensión marginal al ahorro del 50 por ciento y, curiosamente, enlaza a la perfección con el límite del 50 por ciento fijado para la elevación del tren de vida. Así que sal y disfruta de tus aumentos, pero recuerda, solo la mitad.

Por ahora, he hablado de gastar dinero que tienes. Pero hay compras que te pueden obligar a gastar dinero que no tienes.

Ahora veremos si deberías endeudarte alguna vez.

6

¿Deberías endeudarte alguna vez?

Por qué no siempre es malo tener deuda en la tarjeta de crédito

Voy a presentaros un enigma.

En el desierto, la inmensa mayoría de las plantas con flor pertenecen a dos categorías: las anuales y las perennes. Las anuales son plantas que crecen, se reproducen y mueren en un mismo año, mientras que las perennes pueden sobrevivir durante varios años.

Pero hay algo curioso en las plantas anuales del desierto: cada año, una parte de sus semillas no germinan. Incluso cuando las condiciones para florecer son óptimas.

¿Por qué?

A priori, su actitud no tiene ningún sentido. Al fin y al cabo, ¿por qué una planta que vive en un entorno inhóspito como el desierto no saca todo el partido de las condiciones óptimas cuando estas se dan?

La respuesta tiene que ver con la lluvia o, más bien, con la falta de ella. Como las plantas anuales del desierto necesitan unas condiciones de humedad mínimas para brotar y crecer, la lluvia es lo que determina su supervivencia. Sin embargo, en un entorno tan impredecible como el desierto, pueden producirse sequías.

Si todas las semillas de una planta anual germinaran y luego llegara uno de esos prolongados periodos de sequía, todos sus retoños perecerían. Sería el final de su linaje. Por lo tanto, algunas semillas permanecen durmientes a fin de lidiar con un futuro incierto.

Esta estrategia, conocida como «minimización de riesgos», busca maximizar el éxito reproductivo de un organismo a largo plazo. No se trata de conseguir que germinen todos los retoños posibles en un año, sino a lo largo del tiempo.

Aunque esta estrategia de minimización de riesgos es una ventaja para los organismos que quieren maximizar su aptitud reproductiva, también se puede usar cuando estamos sopesando endeudarnos.

Por qué la deuda (incluso de la tarjeta de crédito) no siempre es mala

La deuda. Se trata de un tema del que se lleva debatiendo desde tiempos bíblicos. Como señala el versículo de Proverbios 22, 7, «y el que toma prestado es siervo del que presta».

Pero ¿la deuda siempre es mala? ¿O solo hay algunas deudas malas? Por desgracia, la respuesta no es tan directa.

Por ejemplo, si me hubieras preguntado hace años si debías endeudarte en algún caso con la tarjeta de crédito, te habría contestado lo mismo que cualquier otro experto financiero: «Bajo ningún concepto».

Pero ahora que he estudiado más el modo en que la gente usa la deuda, he entendido que ese consejo no siempre es el adecuado. Obviamente, deberíamos evitar los elevados tipos de interés que aplican las empresas de tarjetas de crédito. Pero sé que eso ya lo sabéis. Todo el mundo lo sabe.

Sin embargo, lo que tal vez no sepáis es cómo las tarjetas de crédito pueden ayudar a reducir el riesgo a algunos deudores con bajos ingresos. La manera más fácil de demostrarlo es lo que los investigadores llaman «el rompecabezas de la deuda de las tarjetas de crédito». Este rompecabezas alude al hecho observado de que algunas personas se endeudan con su tarjeta de crédito pese a ser capaces de pagar ese débito con sus ahorros.

Por ejemplo, imaginad que alguien con 1.500 dólares en su cuenta corriente también tiene 1.000 dólares de deuda con la tarjeta de crédito. Esa persona podría pagar sin problemas los 1.000 dólares y todavía le quedarían 500 en su cuenta corriente, pero no lo hace. Su decisión de seguir endeudado parece irracional, pero, si echamos un vistazo más de cerca, vemos que solo es una minimización del riesgo.

Las investigadoras Olga Gorbachev y María José Luengo-Prado lo descubrieron tras analizar a personas que tenían deuda con la tarjeta de crédito, pero también ahorros disponibles («deudores-ahorradores»). Su conclusión fue que esos deudores-ahorradores solían tener una percepción diferente sobre su futuro acceso al crédito.[31]

En otras palabras, los ahorradores con deuda en la tarjeta de crédito tienen miedo de no poder acceder al dinero en el futuro. Por consiguiente, renuncian de buen grado a la recompensa inmediata (pagando intereses de su tarjeta de crédito) para reducir el riesgo futuro de no tener fondos suficientes. Ese aparente sinsentido es, en realidad, una técnica legítima para gestionar el dinero.

Pero esa no es la única razón por la que alguien podría aceptar endeudarse con elevados intereses. En el libro *Las finanzas de los pobres*, se expone el sorprendente descubrimiento de que algunas de las personas más pobres del mundo usan la deuda como un método para ahorrar.

Por ejemplo, una mujer llamada Seema, procedente de Vijayawada, una ciudad del sur de la India, tomó prestados 20 dólares a un 15 por ciento de interés mensual pese a tener 55 dólares en su cuenta de ahorros. Cuando le preguntaron por qué lo había hecho, contestó:

> Porque con ese tipo de interés, sé que muy pronto podré devolver el préstamo. Si sacara mis ahorros, me costaría mucho tiempo recuperar ese saldo.[32]

Seema, al igual que muchos otros deudores pobres del mundo, usaba la deuda como una muleta para obligarse a ahorrar. Desde un punto de vista estrictamente matemático, puede parecer irracional, pero, si entiendes la conducta humana, tiene sentido.

De ahí que sea un error clasificar la deuda como buena o mala. La deuda, sea del tipo que sea, es una herramienta financiera como cualquier otra. Si se usa correctamente, puede hacer maravillas con tu situación económica. Si no, puede ser perjudicial.

La diferencia está en el contexto. Aunque no pretendo que os endeudéis jamás con la tarjeta de crédito, os ayudará a entender cuándo deberíais valorar la opción de endeudaros en general.

Cuándo es razonable endeudarse

Hay muchos motivos por los que una persona podría sopesar endeudarse, pero los más sensatos suelen ser estos dos:

1. Para reducir el riesgo.
2. Para obtener una rentabilidad mayor que el coste de endeudarse.

Pensando en reducir el riesgo, la deuda se puede usar para tener liquidez adicional, para corregir el flujo de efectivo o para rebajar la incertidumbre. Por ejemplo, podemos optar por no amortizar la deuda de la hipoteca para tener más dinero disponible en caso de imprevistos. En ese caso, las puertas que te abre el endeudamiento pueden ser más positivas que el coste.

La deuda también sirve para reducir la incertidumbre cuando te comprometes a realizar una serie de pagos futuros. Por ejemplo, si quieres vivir en una zona concreta, la hipoteca puede fijar tu nivel de vida durante las siguientes décadas. Gracias a esa deuda, ya no tienes que preocuparte por que tu alquiler suba ni por quedarte sin vivienda; tus pagos futuros son los que son y no van a cambiar.

Además de reducir el riesgo, la deuda también se utiliza para generar una rentabilidad mayor que el coste de tomar dinero prestado. Por ejemplo, a la hora de costearse los estudios (préstamo a estudiantes), fundar un nuevo negocio (préstamo a empresas) o comprar una casa (préstamo hipotecario), el coste de endeudarse puede ser inferior que la rentabilidad final.

Por supuesto, los detalles lo son todo. Si la diferencia entre la rentabilidad esperada y el coste de endeudarte es demasiado pequeña, tomar dinero prestado es arriesgado. Pero, cuando la rentabilidad esperada es grande, la deuda puede cambiarte la vida. Donde más se cumple esta norma es en los estudios superiores.

Por qué (casi siempre) vale la pena ir a la universidad

A pesar de lo cara que se está volviendo la universidad, el dinero que gana un graduado a lo largo de su vida es considerablemente superior a lo que gana alguien que solo tiene la secundaria.

Según un estudio de 2015 del Center on Education and the Workforce de la Universidad de Georgetown, la renta anual media de una persona de entre 25 y 29 años que solo tiene la secundaria es de 36.000 dólares, mientras que los graduados en la universidad perciben 61.000.[33] La diferencia anual de la renta solo es de 25.000 dólares, pero a lo largo de una vida laboral de 40 años acaba siendo de 1 millón de dólares.

Los medios han barajado siempre esta cifra de 1 millón de dólares como el valor real de un grado. Por desgracia, esa cifra no tiene en cuenta que ganas ese dinero a lo largo del tiempo (el valor temporal del dinero) ni las diferencias demográficas en la gente que suele graduarse en la universidad.

Por ejemplo, si cogiéramos a un alumno a punto de entrar en Harvard y le impidiéramos asistir a cualquier universidad, probablemente esa persona ganaría mucho más que un ciudadano medio que solo tuviera la secundaria.

Cuando los investigadores incluyeron en la ecuación estos factores demográficos, vieron que un hombre graduado en la universidad ganaba a lo largo de su vida 655.000 dólares más que un hombre que solo tuviera la secundaria (en el caso de las mujeres, la diferencia era de 445.000 dólares). Además, si se tenía en cuenta el valor temporal del dinero y se ajustaban los ingresos futuros a su valor en el presente, resultaba que los hombres con estudios universitarios percibían a lo largo de su vida 260.000 dólares más que los hombres con la secundaria; en el caso de las mujeres, la cantidad era 180.000 dólares superior.[34]

Esto significa que, de media, los hombres deberían estar dispuestos a invertir hasta 260.000 dólares en sus estudios universitarios y las mujeres, hasta 180.000. Evidentemente, estas cifras representan el umbral de rentabilidad que uno debería estar dispuesto a aceptar para costearse los estudios universitarios. Lo ideal sería pagar menos para que económicamente valiera la pena.

Además, estos cálculos estimados son solo la media. Como la renta varía mucho en función de la carrera elegida, la decisión de ir a la universidad acaba dependiendo de qué grado estudies. Por ejemplo, la diferencia estimada entre la carrera con salidas menos lucrativas (educación infantil) y la carrera con mejores salidas laborales (ingeniería de petróleo) era de 3,4 millones de dólares.[35]

Por lo tanto, cuando te plantees si vale la pena hacer una carrera específica, debes calcular cuánto aumentarán tus ingresos vitales y luego restarle los ingresos perdidos durante el tiempo que dura el grado.

Por ejemplo, asumamos que quieres hacer un máster en administración de empresas (MBA, por sus siglas en inglés) porque crees que así cobrarás 20.000 dólares más al año durante las siguientes cuatro décadas. En ese caso, el aumento previsto de los ingresos totales será de 800.000 dólares.

Para calcular correctamente el valor actual de esas ganancias futuras, hay que restarle un 4 por ciento anual a esos 20.000 dólares. Sin embargo, hay una forma más simple de hacer el cálculo aproximado: dividir por dos el incremento de los ingresos totales.

Más o menos, eso equivaldría a descontarle el 4 por ciento anual a esos 20.000 dólares durante 40 años. Yo prefiero este atajo porque así puedes hacer las cuentas mentalmente. En resumen, un aumento de la renta de 800.000 dólares a lo largo de 40 años de vida laboral equivaldría a 400.000 dólares actuales.

Por último, deberías restar los ingresos perdidos por ir a la universidad. Es decir, que si estás cobrando 75.000 dólares al año y quieres sacarte ese MBA, deberías restarle 150.000 dólares (el sueldo de dos años) a esos 400.000 dólares de aumento previsto de las ganancias.

En resumidas cuentas, sacarte el MBA tendría este valor:

(800.000 $ / 2) – 150.000 $ = 250.000 $

Un cuarto de millón. Esa es la cantidad máxima que deberías estar dispuesto a pagar por un MBA que te vaya a reportar 800.000 dólares más de ingresos a lo largo de tu vida laboral, asumiendo que actualmente estés cobrando 75.000 dólares al año.

Este cálculo lo puedes aplicar a otro grado con tus propias cifras usando la misma ecuación:

Valor del grado actual = (aumento de los ingresos durante tu vida laboral / 2) – ingresos perdidos

Aunque hay otras variables que pueden afectar al cálculo, como los impuestos, esta es una manera simple de saber si un grado vale lo que cuesta.

Si haces las cuentas, verás que ir a la universidad endeudándote sigue siendo rentable para la mayoría de los grados y los posgrados.

Por ejemplo, sabemos que el alumno medio de una universidad pública de Estados Unidos toma prestados unos 30.000 dólares para poder estudiar su carrera.[36] También sabemos que el desembolso medio anual que una persona debe hacer para ir a la universidad pública durante cuatro años es de 11.800 dólares.[37] Esto significa que, durante un periodo de cuatro años, el coste total de ir a la universidad pública es de 77.200 dólares: 11.800 × 4 + 30.000.

Para no complicarnos, vamos a redondearlo a 80.000 dólares (o 20.000 al año). Asumiendo que los ingresos perdidos durante cuatro años sean 120.000 dólares (o 30.000 al año), podemos incluir esas cifras en nuestra fórmula:

80.000 $ = (aumento de los ingresos durante tu vida laboral / 2) – 120.000 $

Para saber la cantidad que nos falta, debemos resolver esta operación algebraica:

Aumento de los ingresos durante tu vida laboral = (80.000 $ + 120.000 $) × 2

Por lo tanto:

Aumento de los ingresos durante tu vida laboral = 400.000 $

Esto quiere decir que los ingresos durante tu vida laboral deberían aumentar en 400.000 dólares (o 10.000 dólares al año) para que un grado normal de la universidad pública merezca la pena. Aunque algunos grados no ofrecen un aumento de la renta de esa magnitud, muchos sí lo hacen.

Por eso, endeudarse para pagar una carrera suele ser una decisión sencilla. Por desgracia, cuando tenemos que endeudarnos para comprar una casa o empezar un pequeño negocio, el cálculo no está tan claro.

Huelga decir que todo lo que hemos hablado solo tiene en cuenta el coste financiero de endeudarse, pero también puede haber otros costes extrafinancieros.

Los costes extrafinancieros de la deuda

Endeudarse es mucho más que una decisión financiera. La investigación empírica ha demostrado que también puede afectar a tu salud mental y física, dependiendo del tipo de deuda.

Por ejemplo, un estudio publicado en *Journal of Economic Psychology* descubrió que los hogares británicos con deuda acumulada en la tarjeta de crédito eran «bastante menos susceptibles de responder a las encuestas alegando un bienestar psicológico completo».[38] Sin embargo, ese vínculo con el estrés no se detectaba cuando se analizaban los hogares con deuda hipotecaria.

Investigadores de la Universidad Estatal de Ohio secundaron estas conclusiones señalando que los minicréditos a corto plazo, la deuda de la tarjeta de crédito y los préstamos de familiares y amigos eran los que más estrés provocaban, mientras que la deuda hipotecaria era la que menos.[39]

Por lo que respecta a la salud física, un estudio de *Social Science & Medicine* concluyó que, para los hogares estadounidenses, tener una gran deuda financiera con sus activos personales repercutía en «una mayor sensación de estrés y depresión, una percepción peor del estado general de salud y una presión arterial diastólica alta». Eso se corroboró incluso después de considerar las diferencias socioeconómicas, los indicadores habituales de salud y otros factores demográficos.[40]

En todos esos estudios, la culpable era la deuda financiera no hipotecaria. Lo mejor sería evitar este tipo de deuda en la medida de lo posible.

Sin embargo, eso no quiere decir que no haya otros tipos de deuda que no puedan causarte estrés. De hecho, según sea tu forma de ser, tal vez te convenga evitar por completo endeudarte.

Por ejemplo, una encuesta a estudiantes universitarios llegó a la conclusión de que los jóvenes más frugales sufrían mucho más por la deuda de su tarjeta de crédito, fuera cual fuera el nivel de deuda que tuvieran.[41]

Eso da a entender que algunas personas siempre sentirán una gran aversión a la deuda, incluso cuando no sufran problemas financieros. Conozco a varias personas así, que amortizaron su hipoteca cuando no les hacía falta, simplemente para sentirse en paz consigo mismas.

Aunque su decisión no fue la óptima en términos financieros, tal vez sí lo fue desde un punto de vista psicológico. Si se da la casualidad de que no soportas endeudarte, tal vez te resulte útil evitar cualquier deuda pese a algunos de los beneficios ya citados.

La deuda como elección

Después de analizar los estudios sobre los costes financieros y extrafinancieros de la deuda, he comprobado que las personas que más provecho sacan de la deuda son las que pueden elegir endeudarse. Si eres capaz de usar este mecanismo estratégicamente para reducir el riesgo o aumentar la rentabilidad, tal vez puedas sacarle rédito.

Por desgracia, muchos hogares actualmente endeudados no pueden disfrutar de ese lujo. Según Bankrate, el 28 por ciento de las personas que en 2019 tuvieron que hacer frente a un gasto imprevisto acabaron desembolsando, de media, 3.518 dólares.[42] Se trata de un coste significativo, así que ya vemos por qué los hogares con menos recursos tendrían que endeudarse para afrontarlo.

Y lo más significativo es que casi todos los hogares acaban teniendo que asumir gastos como estos en algún momento. Si asumimos que cada año hay un 28 por ciento de probabilidades de tener que afrontar un gasto inesperado así, la probabilidad de tener al menos un gasto inesperado a lo largo de cinco años es del 81 por ciento, ¡y del 96 por ciento en el transcurso de diez años!

Por desgracia, quienes se endeudan para afrontar un gasto imprevisto pueden terminar entrando en un círculo vicioso del que es difícil escapar. Como señaló LendingTree a finales de 2018, un tercio de los norteamericanos seguían endeudados por un gasto inesperado que no habían podido afrontar.[43]

Aunque muchos hogares salen de ese endeudamiento, hay una parte considerable que no. Como han descubierto investigadores de la Reserva Federal, aunque un 35 por ciento de los hogares estadounidenses sufre dificultades financieras (moras graves) en algún momento de su vida, el 10 por ciento acumula casi la mitad de todos los problemas financieros.[44] Para una minoría de los hogares, la deuda no es tanto una elección como una obligación.

Destaco esta idea porque, si estás valorando endeudarte, entonces eres más afortunado de lo que crees.

Ahora que hemos hablado en términos generales de la deuda, vamos a abordar la decisión más habitual que tienen que tomar las personas: ¿es mejor alquilar o comprar una casa?

7

¿Deberías alquilar o comprar?

Cómo afrontar tu mayor compra financiera

En 1972, mis abuelos compraron su casa en California por 28.000 dólares. Hoy vale unos 600.000 dólares, más de 20 veces lo que pagaron por ella. Incluso con el debido ajuste a la inflación, su hogar ha multiplicado por tres su valor. Pero además de su rentabilidad financiera, mis abuelos también criaron a tres niños en esa casa, uno de ellos mi madre, y temporalmente también a siete nietos, entre ellos yo.

Me encanta esa casa. He pasado casi todas mis Nochebuenas allí. Recuerdo estar en la cocina y devorar torres de deliciosas tortitas bañadas en crema de cacahuete. Recuerdo el sofá permanentemente hundido en el sitio donde mi abuelo se sentaba a ver la televisión. Recuerdo los ladrillos del exterior donde me caí y me abrí la ceja izquierda. Cada vez que me miro en el espejo, me veo la cicatriz y me acuerdo.

Cuando nos cuentan historias así, resulta fácil entender por qué tanta gente aboga por la propiedad en lugar del alquiler. Un hogar no solo te ayuda a acumular riqueza financiera, sino que te aporta patrimonio social y te proporciona una base sólida para formar una familia. Hay gente que considera impagable esta rentabilidad emocional de la inversión.

Pero antes de coronar vencedora la propiedad en este debate entre alquilar o comprar, debemos sopesar los otros muchos costes que implica ser dueño de una casa.

El coste de ser propietarios

Además de pagar la hipoteca, tener una casa acarrea una gran serie de costes puntuales y fijos. Los costes puntuales son la entrada y las comisiones de compraventa y, por su parte, los fijos engloban los impuestos, el mantenimiento y el seguro.

La primera vez que compras una casa, lo normal es tener que aportar entre un 3,5 y un 20 por ciento del precio de venta. Ahorrar esa cantidad puede tomarte un tiempo, pero en el siguiente capítulo hablaremos de la mejor forma de hacerlo.

Una vez que hayas ahorrado para tu entrada, también habrá unos costes de compraventa de entre el 2 y el 5 por ciento del valor del inmueble. Estos costes incluyen los honorarios de la gestoría y la notaría, la tasación, los impuestos de compraventa, etcétera. Algunos vendedores asumen parte de esos costes de compraventa en lugar de los compradores, pero eso depende de tu habilidad para negociar (o de la habilidad de la inmobiliaria).

Ya que hablamos de agencias inmobiliarias, este es otro de los grandes costes que se añaden al comprar una vivienda. Las agencias inmobiliarias suelen cobrar una comisión del 3 por ciento por cada inmueble que ayudan a comprar o vender. En caso de que dos agencias intervengan en la transacción, una del comprador y otra del vendedor, eso significa que las comisiones se comerán el 6 por ciento del valor total de la vivienda.

En total, los costes puntuales de comprar una casa oscilan entre el 5,5 y el 31 por ciento del valor total, dependiendo de la entrada, de los costes de compraventa y de las agencias inmobiliarias intervinientes. Si dejamos a un lado la entrada, los costes de compraventa de una vivienda fluctúan entre el 2 y el 11 por ciento del valor de la misma.

Por eso, comprar una casa solo tiene sentido si uno pretende vivir en ella muchos años. Por sí solos, los costes de la transacción ya pueden mermar la revalorización esperada si compras o vendes tu casa a los pocos años.

Además de los costes puntuales de adquirir una vivienda, los fijos también pueden ser considerables. Después de comprar la casa, también tendrás que asumir el impuesto de bienes inmuebles, las reparaciones y el seguro. En algunos casos, el seguro suele estar incluido en el pago mensual de la hipoteca.

Sin embargo, el monto de esos costes añadidos variará en función de una serie de factores. Por ejemplo, los impuestos que pagues por tu casa dependerán de dónde vivas y de la ley fiscal en vigor.

Cuando en Estados Unidos la *Tax Cuts and Jobs Act* («Ley de Empleos y Reducciones Fiscales») de 2017 elevó la base de deducción estándar, muchos propietarios perdieron uno de los principales beneficios de poseer un inmueble (la deducción de los intereses hipotecarios). Este es uno de los numerosos cambios tributarios que afectan al coste de ser propietario y, en el futuro, habrá más.

En cuanto al seguro, el lugar donde vivas y la cantidad de dinero que aportes como entrada determinará el coste. En

Estados Unidos, si una persona aporta menos del 20 por ciento del valor de su vivienda, normalmente tiene que costearse un seguro hipotecario privado, además del seguro del hogar. El precio anual ronda el 0,5-1 por ciento del valor del préstamo. Así pues, si te conceden un préstamo hipotecario de 300.000 dólares, piensa que tendrás que asumir un coste adicional de entre 1.500 y 3.000 dólares al año o entre 125 y 250 dólares al mes.

Por último, el coste del mantenimiento de una vivienda puede ser considerable tanto en términos financieros como temporales. Aunque los costes financieros varían en función de dónde vivas y de cuándo se construyera tu vivienda, la mayoría de los expertos recomiendan prever unos costes de mantenimiento anuales de entre un 1 y un 2 por ciento del valor total. Eso significa que, con una propiedad que cueste 300.000 dólares, debes tener en cuenta que tendrás que gastarte entre 3.000 y 6.000 dólares al año para reparar los desperfectos.

Además de los costes financieros explícitos asociados con el mantenimiento de tu hogar, también hay un elevado coste temporal. ¡La de amigos y familiares que me han contado anécdotas que dan a entender que ser propietario es como tener un trabajo a media jornada...! Tanto si contratas a manitas como si haces las reparaciones tú mismo, el mantenimiento puede consumir más tiempo del que imaginas en un principio.

He aquí uno de los grandes costes olvidados de ser propietario. A diferencia de cuando alquilas, si una cosa se rompe, como propietario tienes que arreglarla tú. Habrá gente a quien le encantará ser el manitas de su casa, pero a muchos otros no le hará tanta gracia.

Tanto si analizamos los costes puntuales como los fijos de ser propietario, a veces un hogar puede ser más un pasivo que un activo. Naturalmente, los inquilinos no son inmunes a estos costes financieros, pues es probable que ya se incluyan en el alquiler mensual.

Sin embargo, en términos de riesgo, un inquilino y un propietario viven esos costes desde una perspectiva muy diferente: un inquilino sabe exactamente cuánto tendrá que pagar en el futuro más inmediato, mientras que un propietario no. Por ejemplo, en un año cualquiera, los costes de mantenimiento de un inmueble pueden ser del 4 por ciento de su valor o del 0 por ciento. Esto es algo que puede afectar al propietario, pero no así al inquilino.

Por consiguiente, a corto plazo, ser propietario suele ser más arriesgado que alquilar. En un año normal, los costes de ser propietario fluctúan mucho más que cuando alquilas. Dicho eso, la cosa cambia cuando nos fijamos en periodos más prolongados.

El coste de alquilar

El coste principal de alquilar, más allá del pago mensual que debes afrontar, es el riesgo a largo plazo. Este riesgo se presenta en la forma de los futuros costes de la vivienda, la inestabilidad personal y los costes de la mudanza.

Pongamos un ejemplo: aunque los inquilinos pueden fijar el precio del alquiler para los siguientes 12 o 24 meses, no tienen ni idea de lo que estarán pagando dentro de una década. Eso se traduce en que siempre pagan al nivel que marca el mercado, sometido a fluctuaciones constantes. Solo hay que compararlo con un propietario, que sabe exactamente lo que va a pagar por su vivienda en el futuro.

Y, sobre todo, cuando eres arrendatario, tu situación es mucho menos estable. Si encuentras un sitio que te encanta y tu propietario sube el alquiler por las nubes, te verás forzado a mudarte. Esta inestabilidad inmobiliaria causa estrés financiero y mental, en especial, para quienes intentan formar una familia.

Para terminar, debido a esa inestabilidad, los inquilinos se tienen que mudar mucho más a menudo que los propietarios. Yo lo sé de buena tinta porque desde 2012 he vivido en ocho pisos diferentes repartidos por Estados Unidos, a razón de casi uno al año. Y aunque algunos traslados fueron fáciles gracias a mis amigos y familiares, otros me obligaron a contratar un servicio de mudanzas y resultaron bastante más caros.

Lo mires por donde lo mires, los inquilinos afrontan riesgos a largo plazo que muchos propietarios no sufren. Sin embargo, un riesgo que seguramente los inquilinos no corren es el de la rentabilidad de la inversión.

La vivienda como inversión

Si ves la vivienda como una inversión, lamento decirte que los datos no son muy prometedores. El economista y premio nobel Robert Shiller calculó que, entre 1915 y 2015, la rentabilidad ajustada a la inflación por comprar una vivienda fue de «solo un 0,6 por ciento anual».[45] Y, sobre todo, Shiller concluyó que gran parte de esa rentabilidad llegó después del año 2000.

Como demuestra el siguiente gráfico, desde finales del siglo XIX a finales del XX, el valor de la vivienda en Estados

Unidos se mantuvo prácticamente plano con el ajuste a la inflación.

En cien años, el precio de la vivienda en Estados Unidos no mostró cambios significativos en su valor ajustado a la inflación. En las últimas décadas, los precios han aumentado, pero yo no creo que la tendencia vaya a continuar.

Si entiendes la vivienda como una inversión, debes compararla con lo que habría generado otro activo en el mismo periodo de tiempo. Eso se conoce como «coste de oportunidad de la inversión».

Por ejemplo, mis abuelos compraron su casa por 28.000 dólares y pagaron una cuota mensual de hipoteca de 280 dólares entre 1972 y 2001. Allá por 2001, su hogar fue tasado en unos 230.000 dólares. Pero ¿qué habría pasado si no hubieran comprado ese inmueble y hubieran invertido su dinero en el S&P 500?

Si entre 1972 y 2001 hubieran invertido 280 dólares al mes en el S&P 500, en 2001 habrían tenido más de 950.000 dólares, en caso de haber reinvertido los dividendos. ¡Y eso sin contar ni siquiera la entrada! Si también hubieran invertido la entrada de la casa, en 2001 habrían tenido más de 1 millón de dólares.

Mis abuelos vivían en California, cuyo mercado inmobiliario ha mostrado a lo largo de las décadas una de las rentabilidades más altas de la historia de Estados Unidos. Sin embargo, su casa les generó más o menos una cuarta parte de lo que habrían ganado con una inversión similar en una cartera amplia de acciones estadounidenses.

Sin duda, poseer acciones durante tres décadas es mucho más exigente emocionalmente que pagar una hipoteca. Cuando tienes una casa, no ves su precio estimado a diario y seguramente no perderá la mitad de su valor. Ese no es el caso de las acciones. De hecho, entre 1972 y 2001, hubo tres grandes cracs bursátiles (1974, 1987 y la burbuja de DotCom) ¡y dos de esas caídas fueron superiores al 50 por ciento!

De ahí que la vivienda sea un bien intrínsecamente diferente de las acciones u otros activos de riesgo. Aunque es improbable que tu casa pierda de golpe su valor, también es improbable que sea tu camino a la riqueza a largo plazo. Pero la clave es que, aunque el precio de tu casa se dispare, solo puedes obtener ese valor vendiendo el inmueble y comprando otro más barato en otro lugar o vendiéndolo y volviendo a alquilar.

¿Significa eso que deberías alquilar siempre e invertir en otros activos el dinero que habrías destinado a un hogar? No necesariamente. Como he dicho antes, tienes que sopesar razones extrafinancieras de ser propietario. Pero lo más importante es que también hay razones sociales por las que deberías valorar comprarte una casa.

La duda no es si comprarte una casa, sino cuándo

Aunque es improbable que tu casa suponga una extraordinaria inversión a largo plazo, hay razones sociales por las que seguramente deberías ser propietario. Según la encuesta sobre las finanzas de los consumidores de la Reserva Federal, en 2019, el porcentaje de propietarios en Estados Unidos era del 65 por ciento.[46] Y si te fijas en los hogares con mayores ingresos y recursos, ese porcentaje no hace sino aumentar.

Por ejemplo, investigadores de la Oficina del Censo de Estados Unidos han descubierto que, en 2020, el porcentaje de propietarios entre los hogares con ingresos superiores a la media era de casi un 80 por ciento.[47] Y, analizando la encuesta, yo calculo que el porcentaje de propietarios para los hogares con un patrimonio neto superior al millón de dólares es de más del 90 por ciento.

¿Por qué ser propietario es algo tan universal? Además de las subvenciones públicas y de las normas culturales que promueven la propiedad, también es el método principal por el que muchos hogares acumulan riqueza.

Con los datos de la encuesta sobre las finanzas de los consumidores de 2019, unos investigadores concluyeron que la vivienda representaba «casi el 75 por ciento de los activos totales de los hogares con menos ingresos, [...] pero para los hogares con más recursos, ese porcentaje era de solo un 34 por ciento».[48] Ocupes el lugar que ocupes en el espectro de ingresos, es probable que tu casa sea una fuente para acumular riqueza, aunque no sea la mejor.

Pero, ante todo, cabe destacar que comprar un hogar seguramente sea la mayor decisión financiera que tengas que tomar jamás. Y esta decisión es socialmente aceptable y crucial por muchas otras razones en la vida. La vivienda determina el barrio en el que vives, en qué colegio estudian tus hijos y muchas cosas más. Si decides alquilar de por vida, no pasa nada, pero eso podría excluirte de ciertos círculos.

Por eso, la mayoría de la gente que se puede permitir una casa suele comprarla. Por lo tanto, la pregunta más importante que debes hacerte no es si comprar o alquilar, sino cuándo deberías plantearte comprar.

¿Cuándo es el momento adecuado para comprar una casa?

El momento adecuado es cuando reúnes las condiciones siguientes:

- Prevés quedarte en ese sitio al menos diez años.
- Tienes estabilidad personal y profesional.
- Te lo puedes permitir.

Si no cumples estas condiciones, seguramente deberías alquilar. Te lo explico a continuación.

Como los gastos adicionales de comprar una casa oscilan entre un 2 y un 11 por ciento de su valor, es importante tener claro que quieres quedarte allí el tiempo suficiente para que te compense. A efectos prácticos, elijamos la mitad de ese rango y asumamos que los costes de transacción son del 6 por ciento. Si partimos de la estimación de Shiller, que otorga a la vivienda de Estados Unidos un 0,6 por ciento anual de rentabilidad real, eso quiere decir que la típica casa estadounidense necesitaría diez años para revalorizarse lo suficiente como para compensar ese 6 por ciento de gastos de compraventa.

En el mismo sentido, si prevés quedarte en una zona durante diez años, pero careces de estabilidad personal o profesional, tal vez comprarte una casa no sea la mejor opción. Por ejemplo, si compras una casa estando soltero, tal vez tengas que acabar vendiéndola o mudándote a una casa más grande si decides formar una familia. Además, si cambias constantemente de trabajo o tus ingresos fluctúan mucho, contratar una hipoteca puede suponer un riesgo para tu economía. Sea como sea, a la larga, la inestabilidad hace más probable tener que pagar más en costes de compraventa.

Por eso, la hipoteca es mejor opción cuando eres capaz de predecir tu futuro. Es evidente que nunca sabes qué va a pasar más adelante, pero cuanto más sepas sobre tu futuro, más tranquilo puedes estar a la hora de comprar una casa.

Lo que hace todavía más fácil comprar una casa es que puedas permitírtela. Eso significa poder aportar una entrada del 20 por ciento del valor del inmueble y tener una capacidad de endeudamiento inferior al 43 por ciento. He elegido un 43 por ciento porque es el porcentaje máximo que los bancos aceptan para considerarte solvente (cliente de bajo riesgo).[49] Para quienes no lo sepáis, la capacidad de endeudamiento se calcula con esta ecuación:

Capacidad de endeudamiento = deuda mensual / ingresos mensuales

Así que, si piensas contratar una hipoteca de 2.000 dólares y actualmente tienes unos ingresos brutos de 5.000 dólares al mes, tu capacidad de endeudamiento sería del 40 por ciento (2.000 / 5.000), asumiendo que no tienes otras deudas. Evidentemente, si tu capacidad de endeudamiento es inferior, mejor que mejor.

Por otra parte, no tienes por qué aportar una entrada del 20 por ciento del valor del inmueble, pero sí deberías ser capaz de hacerlo. Esa distinción es importante. Ser capaz de aportar una entrada del 20 por ciento demuestra que tienes la responsabilidad financiera de ahorrar lo suficiente.

Por lo tanto, si puedes aportar esa entrada, pero decides no hacerlo, seguramente no tengas por qué temer. Entiendo que meter todo ese dinero en una inversión no líquida como una vivienda puede ser arriesgado a corto plazo. Sin embargo, si aportas más dinero de entrada, por lo general te podrás permitir una casa más cara y, seguramente, más grande.

Si estás debatiéndote entre dos opciones, ahorrar para una casa más grande o comprar una primera casa y luego mudarte, yo te recomiendo esperar para la casa grande. Teniendo en cuenta los costes de compraventa, seguramente sea mejor esperar para comprarte algo que se salga un poco de tu presupuesto antes que comprarte una primera casa y venderla al cabo de unos años.

Sé que parece arriesgado, pero, cuando compras una casa, lo más peligroso son los primeros años. Con el paso del tiempo, lo más plausible es que tus ingresos crezcan al nivel de la inflación, pero tu hipoteca no.

Mis propios abuelos lo comprobaron cuando su hipoteca se redujo a la mitad (en términos reales) debido a la tremenda inflación de los años setenta. En 1982, pagaban la mitad de lo que habían estado pagando una década antes. Un inquilino no habría tenido esa ventaja.

Sea cual sea la decisión que acabes tomando a la hora de comprar una casa, lo importante es hacer lo que más convenga a tu situación personal y financiera. Todo indica que será la decisión financiera con más carga emocional de tu vida, así que deberías tomarte el tiempo para decidir bien.

Estés más cerca o más lejos del momento de comprar tu casa, deberías saber cuál es la mejor forma de ahorrar para la entrada. En eso nos detendremos en el próximo capítulo.

8

¿Cómo ahorrar para la entrada de una casa (y otros grandes dispendios)?

Por qué el horizonte temporal es tan importante

Has decidido dar el gran paso.

Quieres comprarte tu primera casa. O tal vez quieras casarte o simplemente te has encaprichado con un coche nuevo. Sea lo que sea lo que tengas entre ceja y ceja, es momento de ahorrar.

Pero ¿cuál es la mejor forma de hacerlo? ¿Deberías guardar el dinero en la cuenta o invertirlo mientras esperas?

Se lo pregunté a varios asesores financieros con los que he trabajado y todos me respondieron lo mismo: dinero, dinero, dinero. Si quieres ahorrar para la entrada de una casa u otra gran compra, el dinero en efectivo es la manera más segura de lograrlo. Punto final.

Sé lo que estáis pensando. *¿Y qué pasa con la inflación?* Sí, la inflación os costará un par de puntos porcentuales al año mientras ahorréis. Pero como solo estaréis ahorrando un periodo corto de tiempo (unos años), el efecto será pequeño.

Por ejemplo, si necesitáis ahorrar 24.000 dólares para la entrada de una casa y podéis permitiros ahorrar 1.000 al mes, tardaréis 24 meses en conseguirlo sin inflación.

Pero con una inflación anual del 2 por ciento, tardaríais un mes más en lograr vuestro objetivo. Eso significa que, por culpa de la inflación, en dos años tendríais que ahorrar 25.000 dólares nominales para lograr un poder adquisitivo real de 24.000 dólares.

Claro que no es una situación ideal, pero es un precio diminuto que pagar a cambio de la garantía de que tendrás el dinero cuando lo necesites. Visto en perspectiva, ese mes adicional no es un coste excesivo. Por eso, el dinero contante y sonante es la forma más infalible y segura de ahorrar para una gran compra.

Pero ¿y si quisierais combatir la inflación mientras ahorráis o si tuvierais que ahorrar durante más de dos años? ¿El efectivo seguiría siendo la mejor opción?

Para responder a eso, vamos a ver la diferencia entre una cuenta de ahorros y los bonos a lo largo de la historia.

¿Ahorrar en bonos es mejor que ahorrar en efectivo?

Para saber si invertir en bonos es mejor que tener efectivo, podemos hacer el mismo ejercicio de ahorrar 1.000 dólares al mes, pero esta vez invirtiendo el dinero en bonos del Tesoro de Estados Unidos. Lo hacemos a través de un fondo cotizado o indexado. Comprando bonos del Tesoro, podemos obtener una cierta rentabilidad con un activo de bajo riesgo.

Entonces, ¿cuál es el problema?

Pues que bajo riesgo sigue siendo riesgo. Como muestra el siguiente gráfico, los bonos del Tesoro de Estados Unidos a medio plazo pierden regularmente un 3 por ciento o más de su valor.

La caída de los bonos del Tesoro de Estados Unidos a medio plazo

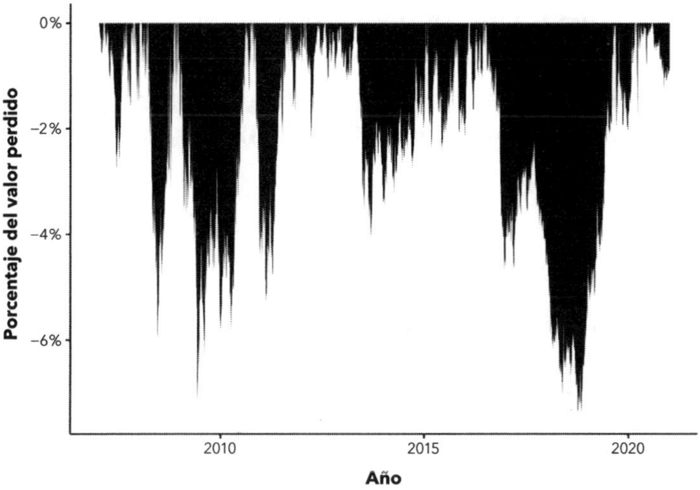

Estas fluctuaciones normales revelan por qué invertir tus ahorros en bonos podría demorar todavía más tu objetivo en comparación con ahorrar en efectivo.

Recuperemos nuestro ejemplo de ahorrar 1.000 dólares al mes hasta llegar a 24.000: una caída del 3 por ciento en los precios de los bonos cerca de la línea de meta reduciría en casi 750 dólares el valor de tu cartera (~3 por ciento de 24.000 dólares). Ese descenso en el valor sería peor que un descenso parecido anterior porque habrías invertido más dinero y, por consiguiente, tendrías más que perder.

Para compensar esa caída, deberías ahorrar otros 1.000 dólares (un mes adicional) para llegar a ese objetivo de 24.000 dólares. Incluso con los bonos, puedes tardar más que esos 24 meses para llegar a tu objetivo de ahorro.

De hecho, si realizamos esta simulación de ahorro en cualquier periodo posterior a 1926, esto es exactamente lo que encontramos. De media, si invertimos 1.000 dólares al mes en bonos del Tesoro (y con el ajuste a la inflación), tardamos 25 meses en ahorrar 24.000.

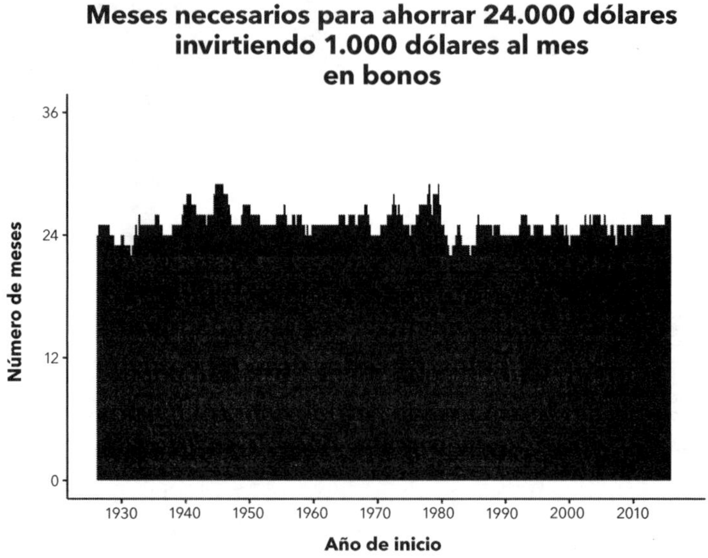

Como veis, invirtiendo en bonos, a veces necesitamos más de 25 meses para alcanzar nuestro objetivo y, a veces, menos.

Pero invertir en bonos sigue siendo más rápido que ahorrar en efectivo. Si realizamos el mismo simulacro ahorrando en efectivo, en cualquier momento posterior a 1926 tardaríamos una media de 26 meses en alcanzar nuestro objetivo de ahorro de 24.000 dólares tras el correspondiente ajuste a la inflación.

¿Por qué son más que los 25 meses que he mencionado antes? ¡Porque la inflación ha variado con el tiempo! Si la inflación estuviera en un 2 por ciento constante, se tardarían 25 meses en alcanzar esos 24.000 dólares.

Pero si la inflación sube, significa que tardas más en llegar al mismo objetivo. De hecho, en algunos momentos, habrías tardado casi 30 meses en ahorrar 24.000 dólares.

Los bonos suelen ser más rentables que el dinero contante y sonante cuando ahorras durante dos años, pero no son mucho mejores. Como he dicho antes, con los bonos tardas 25 meses en ahorrar 24.000 dólares; con el efectivo, 26 meses.

Tener que ahorrar durante un mes más es un inconveniente menor en comparación con el miedo de que los precios de los bonos caigan cuando tú necesites el dinero.

De hecho, desde 1926, más o menos tres de cada diez veces te habría resultado más rentable (o igual) optar por el efectivo que invertir en bonos para llegar a los 24.000 dólares.

Basándonos en esas cifras, si vas a ahorrar durante menos de dos años, probablemente el efectivo sea lo mejor, ya que no entraña tanto riesgo. En ese aspecto, los asesores financieros con los que hablé habían acertado con su intuición.

Pero ¿qué pasa si tienes que ahorrar durante más de dos años para esa gran compra? ¿Deberías cambiar de estrategia?

¿Qué pasa si tienes que ahorrar durante más de 2 años?

Cuando prevés ahorrar durante más de 2 años, tener el dinero en una cuenta de ahorros es mucho más arriesgado de lo que inicialmente parece.

Por ejemplo, si quisieras ahorrar 60.000 dólares ahorrando 1.000 dólares cada mes, en un mundo sin inflación tardarías 60 meses (5 años).

Pero cuando analizas los datos históricos desde 1926, ves que el 50 por ciento del tiempo tardarías entre 61 y 66 meses (entre 1 y 6 meses más de lo esperado) en alcanzar tu objetivo. Y el 15 por ciento de las veces, necesitarías 72 meses o más: 12 más de lo que habías calculado.

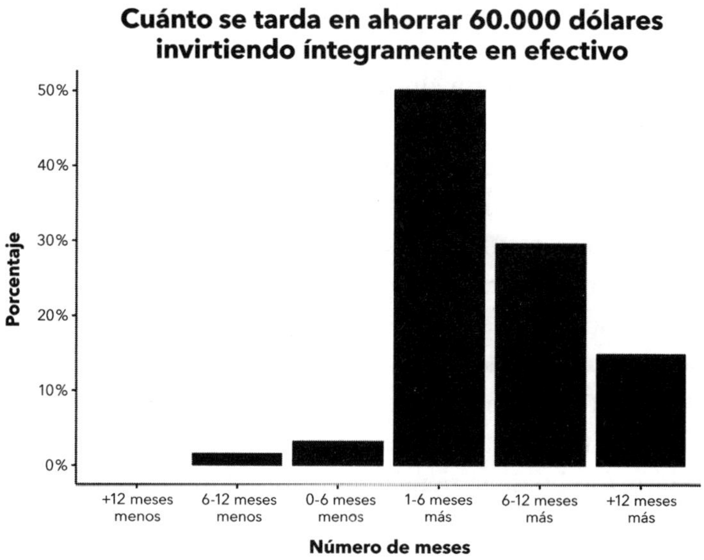

De media, con una cuenta de ahorros tardas 67 meses en llegar a los 60.000 dólares. ¿Por qué? Porque el alargamiento del horizonte temporal acentúa el impacto de la inflación sobre tu poder adquisitivo.

Si lo comparamos con una inversión en bonos, vemos que de media solo tardamos 60 meses en alcanzar el objetivo de los 60.000 dólares.

Como los bonos ofrecen cierta rentabilidad, compensan el efecto de la inflación y ayudan a mantener el poder adquisitivo.

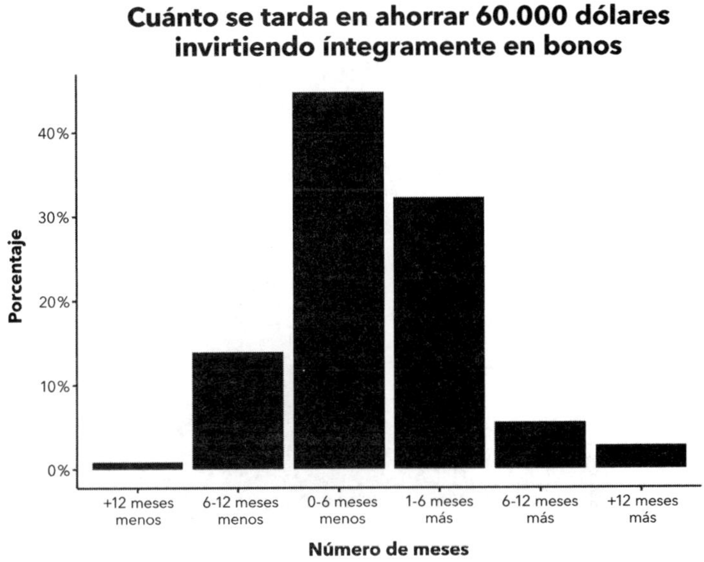

Y, sobre todo, a diferencia de cuando tratábamos de ahorrar en efectivo 24.000 dólares en 24 meses, ahorrar 60.000 durante más de 60 meses es mucho más arriesgado.

Ahora ya no hablamos de compensar la inflación ahorrando uno o dos meses más. Ahora, de media necesitamos siete meses más de ahorro para llegar al mismo objetivo.

Es cierto que hay escenarios en los que todavía puedes alcanzar los 60.000 dólares en 60 meses solo con el efectivo, pero es improbable. Al alargar el horizonte temporal, el riesgo de tener dinero en un depósito es mayor que el riesgo de los bonos.

Lo veréis mejor con el siguiente gráfico. Fijaos en cuántos meses adicionales se necesitan para llegar al mismo objetivo de ahorro de 60.000 dólares.

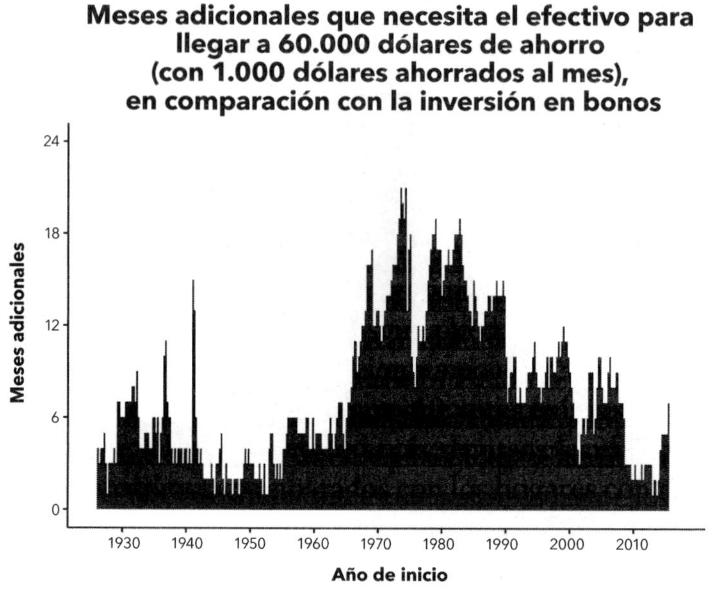

Como podéis ver, ahorrando a largo plazo, el efectivo tuvo una rentabilidad peor que los bonos en todos los periodos analizados.

¿Eso significa que hay un punto exacto en el que deberías dejar de ahorrar en efectivo y empezar a ahorrar en bonos? No exactamente, pero podemos ofrecer una estimación.

Por ejemplo, si el efectivo es algo mejor para un plazo de ahorro de 2 años y los bonos ofrecen claramente una mejor rentabilidad en un plazo de 5 años, el punto de inflexión estará por allí. Analizados los datos, he concluido que ese punto de inflexión parece estar cerca de la marca de los 3 años.

Si necesitas ahorrar para algo durante menos de 3 años, hazlo en efectivo. Si necesitas ahorrar para algo durante más de 3 años, ahorra en bonos.

A lo largo de la historia, esta filosofía te habría permitido llegar a tu objetivo de ahorro de 36 meses en 37 meses, en el caso de hacerlo con bonos, o en 39 meses, en caso de optar por el efectivo. Se trata de una buena regla general corroborada por los datos históricos y que ha funcionado en periodos de inflación alta, baja y media.

Pero la pregunta del millón es la siguiente: ¿invirtiendo en acciones, obtendré una rentabilidad aún mejor que con los bonos?

¿Ahorrar en acciones es mejor que ahorrar en bonos?

Pongamos que ahorramos 1.000 dólares al mes y los invertimos en el índice S&P 500, en lugar de comprar bonos del Tesoro de Estados Unidos.

¿Qué frutos daría esta estrategia? La mayoría de las veces es mejor, pero a veces es mucho, mucho peor.

Por ejemplo, si ahorraras 1.000 dólares al mes hasta llegar a 60.000, con bonos tardarías una media de 60 meses, pero con acciones tardarías solo 54 meses.

El siguiente gráfico histórico muestra el número de meses que habrías tardado en llegar a tu meta de 60.000 dólares invirtiendo en acciones. Por ejemplo, si hubieras empezado a invertir 1.000 dólares al mes en acciones de compañías estadounidenses en 1926, habrías llegado a 60.000 en unos 37 meses.

No obstante, como se ve en el gráfico, a veces habrías tardado mucho más en llegar a tu objetivo. Esos son los picos que observamos en el gráfico, que en ocasiones se disparan por encima de los 72 meses.

Número de meses necesarios para ahorrar 60.000 dólares invirtiendo 1.000 dólares al mes en acciones

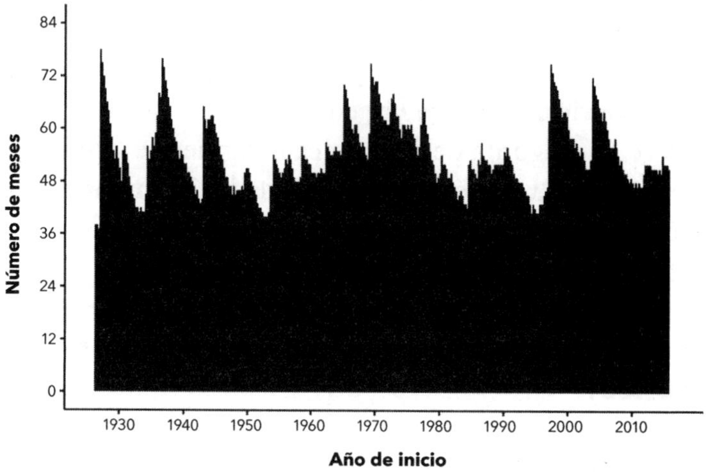

¿Por qué sucede esto?

Porque si hubieras invertido en acciones durante uno de los grandes cracs de la Bolsa (1929, 1937, 1974, 2000 o 2008), habrías tenido que ahorrar e invertir durante un año adicional (o más) para llegar a tu objetivo de ahorro en comparación con la inversión en bonos.

Y, sobre todo, este análisis asume que habrías tenido que invertir 1.000 dólares al mes fueran cuales fueran las condiciones económicas subyacentes. Pero este no siempre será el caso.

Tras un gran crac de la Bolsa, podrías perder el trabajo o tener otras necesidades financieras que te impidan ahorrar. Este es el riesgo de ahorrar con acciones para una gran compra.

Dicho esto, la decisión de cómo invertir tus ahorros para una gran compra no tiene por qué ser tan categórica.

No tienes por qué elegir entre una cartera formada íntegramente por acciones u otra formada íntegramente por bonos.

De hecho, si ahorramos para una gran compra para la que faltan 5 años o más, podemos usar una cartera equilibrada que encaje mejor con nuestro horizonte temporal y nuestro perfil de riesgo.

Por qué el horizonte temporal es el factor más importante

Si nos guiamos por la evidencia, es obvio que el tiempo durante el cual tengamos que ahorrar ayudará a determinar la forma en que lo haremos.

Para periodos cortos, el efectivo se lleva la palma. Si la compra está en un futuro más lejano, debemos considerar otras opciones. A menos que estemos dispuestos a pagar el peaje anual de la inflación, tendremos que poseer bonos y tal vez acciones para que nuestro dinero mantenga su poder adquisitivo a lo largo del tiempo.

Por último, este análisis partía de la base de que se ahorraba una cantidad fija hasta alcanzar un objetivo. Pero como ya he dicho en otros capítulos, es extraño que nuestra economía sea tan estable.

Si se da la casualidad de que llegas a tu objetivo antes de lo previsto, ¡felicidades! Cómprate eso tan caro que querías.

Pero si tienes que esperar para comprarlo (por ejemplo, si es una boda con una fecha ya fijada), tendrás que invertir ese dinero de tal forma que conserve su poder adquisitivo. Lamentablemente, eso implica renunciar al efectivo en detrimento de opciones más rentables, o ahorrar más dinero del necesario para compensar la inflación.

De cualquier modo, algunas áreas de las finanzas personales tienden a ser más un arte que una ciencia. Por eso yo recomiendo que adaptes tu estrategia en función de las opciones de inversión que tengas a tu alcance en cada momento.

Ahora que hemos hablado de cómo ahorrar para una entrada, pasaremos a responder la gran duda sobre el ahorro: ¿cuándo te puedes jubilar?

9

¿Cuándo te puedes jubilar?

Y por qué el dinero no es el factor más importante

Imagínate una bola de cristal capaz de predecir tu futuro financiero. Un orbe mágico que conociera todos tus dispendios y toda la rentabilidad de tus inversiones durante las próximas décadas. Con ese utensilio, podríamos planificar perfectamente tu jubilación para que tus necesidades de gasto fueran acordes con tus ingresos futuros.

Tristemente, no existe tal objeto. Podemos calcular tus gastos futuros en función del ritmo de vida que prevés llevar cuando te jubiles, pero no tenemos ni idea de la rentabilidad que tendrán tus inversiones ni cuánto tiempo vas a vivir.

Por esa razón, el galardonado con el premio Nobel William Sharpe describió la jubilación como «el mayor problemón de las finanzas». Si fuera fácil, no habría toda una industria dedicada a ayudar a la gente a abordar esa etapa vital.

Pese al terrible embrollo, hay algunas reglas simples con las que puedes determinar cuándo jubilarte. Una de las más sencillas es la regla del 4 por ciento.

La regla del 4 por ciento

William Bengen estaba tratando de calcular cuánto dinero al año podían retirar los jubilados de su cartera sin quedarse sin blanca. En 1994, publicó un estudio que iba a revolucionar el mundo de la planificación financiera.

Bengen descubrió que, a lo largo de la historia, los jubilados podrían haber sacado un 4 por ciento al año de su cartera 50/50 de acciones y bonos durante al menos 30 años sin quedarse sin dinero. Y eso aunque la cantidad rescatada creciera un 3 por ciento al año para ajustarse a la inflación.[50]

Por lo tanto, si alguien tuviera 1 millón de dólares en su cartera de inversión, el primer año habría podido retirar 40.000 dólares, el segundo 41.200 dólares y así sucesivamente durante al menos 30 años antes de quedarse sin dinero. De hecho, históricamente, quedarse sin dinero aplicando la regla del 4 por ciento es improbable. Cuando el experto en planificación financiera Michael Kitces hizo un análisis de esta regla remontándose hasta 1870, encontró que, «pasados 30 años, la regla del 4 por ciento quintuplicaba la riqueza más veces de las que se acababa el capital».[51]

A pesar de su enorme éxito, la regla del 4 por ciento parece el porcentaje máximo de dinero que se puede retirar al año. Cuando Bengen probó una tasa del 5 por ciento, vio que era demasiado alta para que funcionara en cualquier momento histórico. En algunos periodos, los jubilados que hubieran retirado sus fondos a ese ritmo se habrían quedado sin reservas a los 20 años. Como eso era inaceptable, planteó que el 4 por ciento era el ritmo más seguro al que se podía retirar dinero y la regla ha cuajado.

La belleza de la regla de Bengen era que ofrecía una solución sencilla a un problema complejo. Decidir cuánto dinero podías gastar el primer año de jubilado dejaba de ser un asunto estresante para ser un mero cálculo.

Y, por encima de todo, la regla se podía usar para saber cuánto dinero tendrías que ahorrar para la jubilación.

Sabiendo que te puedes gastar el 4 por ciento de todos tus ahorros para la jubilación en tu primer año, también sabemos que:

- 4 por ciento × ahorros totales = gasto anual

Usando una fracción en vez de un porcentaje, nos queda así:

- 1/25 × ahorros totales = gasto anual

Multiplicando ambos lados por 25 para obtener los ahorros totales, nos queda lo siguiente:

- Ahorros totales = 25 × gasto anual

¡Tatatachán!

Para poder cumplir la regla del 4 por ciento, deberías ahorrar 25 veces el gasto que prevés tener en tu primer año de jubilado. Cuando hayas llegado a esa cantidad total de ahorro, podrás jubilarte. Por eso usé este coeficiente en el quinto capítulo, cuando hablábamos de cómo influían los aumentos sobre tus ahorros para la jubilación. Era la regla del 4 por ciento camuflada.

Por suerte, seguramente tengas que ahorrar mucho menos de 25 veces tu gasto anual para satisfacer tus necesidades de jubilación. Asumiendo que tengas algún tipo de ingreso asegurado durante tu jubilación (como una pensión), eso significa que solo tienes que ahorrar 25 veces el gasto que exceda de ese ingreso futuro.

Vamos a dar un ejemplo: si tienes previsto gastar 4.000 dólares al mes durante tu jubilación y vas a percibir 2.000 de tu pensión, entonces solo necesitas ahorrar lo suficiente para cubrir esos 2.000 dólares restantes al mes o 24.000 al año.

Lo vamos a llamar «exceso de gasto anual».

Así pues, la ecuación para saber cuánto necesitas ahorrar es la siguiente:

- Ahorro total = 25 × exceso de gasto anual

Con esta regla sabemos que debes ahorrar 600.000 dólares para jubilarte: 24.000 × 25. En tu primer año de jubilado retirarías 24.000 dólares. En tu segundo año, aumentarías un 3 por ciento la cantidad retirada —24.720 dólares— y así sucesivamente.

Pese a la simplicidad de la regla de Bengen, también tiene sus detractores.

Un argumento habitual en su contra es que se ideó en un momento en que el rendimiento de los bonos y de las acciones era muy superior al actual. A raíz de eso, algunos profesionales financieros han sugerido que la regla del 4 por ciento ya no se sostiene.

Como el rendimiento son solo los ingresos que recibes de un bono o una acción en un periodo concreto, si el rendimiento cae, también caen los ingresos. Así que, si pagaste 1.000 dólares por un bono con una rentabilidad del 10 por ciento, eso te reportaría 100 dólares anuales de ingresos. Sin embargo, si los bonos solo generan un 1 por ciento, los ingresos máximos que podrías obtener con una inversión de 1.000 dólares serían de apenas 10 dólares al año. La misma lógica se aplica a la rentabilidad por dividendo de las acciones.

Aunque el rendimiento ha caído con el tiempo, Bengen alega que la regla del 4 por ciento aún se sostiene. En una entrega del pódcast *Financial Advisor Success* de octubre de 2020, declaró que probablemente el ritmo al que se pueden retirar los fondos durante la jubilación ha aumentado del 4 al 5 por ciento, porque la inflación es más baja que antes. Según él:

> En un clima de baja inflación, también empiezas a retirar dinero con mucha menos frecuencia. Así que no podemos ignorar que se compensa la baja rentabilidad.[52]

Si Bengen acierta con su lógica, entonces la regla del 4 por ciento podría seguir siendo la respuesta más simple a la pregunta: «¿Cuándo te puedes jubilar?».

Dicho eso, por mucho que me guste esta regla, está dando por sentado que el gasto de los jubilados se mantiene constante. Pero si nos fijamos en los datos, se vislumbra otra cosa: el gasto decae cuando la gente envejece.

¿Por qué el gasto de los jubilados mengua?

Cuando J. P. Morgan Asset Management analizó el comportamiento financiero de más de 600.000 hogares estadounidenses, descubrió que el gasto llegaba al clímax en las familias de entre 45 y 49 años y, luego, iba cayendo en cada franja de edad sucesiva. Donde más se acentuaba esa tendencia era en los hogares de jubilados.

Por ejemplo, entre los hogares de alto poder adquisitivo (con entre 1 y 2 millones de dólares de patrimonio invertible), se comprobó que el gasto medio anual era de 83.919 dólares para la franja de edad de entre 65 y 69 años y de 71.144 dólares para las personas de entre 75 y 79 años. Es decir, que el gasto del grupo de mayor edad era un 15 por ciento inferior.[53]

Y al analizar los datos de la encuesta de gasto de los consumidores, se llegó a una conclusión parecida. Entre los hogares estadounidenses de entre 65 y 74 años, el gasto medio anual era de 44.897 dólares, pero, para los hogares cuyos miembros superaban los 75 años, el gasto era de solo 33.740 dólares. El gasto del segundo grupo era un 25 por ciento inferior.

Por otra parte, el grueso de esa caída en el gasto se produce en las categorías de ropa y servicios, hipoteca y transporte. Es lógico; pensad que es más probable que las familias de mayor edad hayan liquidado toda su deuda hipotecaria y que no compren tanta ropa ni vehículos.

Pero lo más importante es que esta caída gradual del gasto también se detecta en los hogares del mismo grupo. No es solo que las familias de 75 años de edad gasten menos que las que hoy tienen entre 65 y 74 años. Esas familias de 75 años también gastan menos de lo que ellas mismas gastaban cuando tenían entre 65 y 74 años.

Investigadores del Center for Retirement Research lo demostraron después de estudiar el gasto de los hogares de jubilados a lo largo del tiempo. Vieron que ese gasto solía reducirse cerca de un 1 por ciento al año.[54]

Si asumimos que esa estimación es correcta, significa que un hogar que gaste 40.000 dólares al año en su primer año de jubilación gastaría 36.000 cuando llevara 10 años sin trabajar y apenas 32.000 cuando llevara 20 años.

Por eso la regla del 4 por ciento es conservadora en lo tocante al gasto durante la jubilación. La regla da por sentado que tu gasto aumentará un 3 por ciento cada año, aunque los datos empíricos sugieren que lo más plausible es que disminuya un 1 por ciento al año. Evidentemente, este conservadurismo es lo que hace que la regla sea más atractiva para el jubilado medio.

Con todo, por mucho que me guste la simplicidad de la regla, hay personas que no se sienten cómodas consumiendo sus ahorros año tras año. Si te sientes identificado o si tienes pensado estar jubilado durante mucho más de 30 años, tal vez te interese valorar la regla del punto de equilibrio.

La regla del punto de equilibrio

Otra forma de saber cuándo te puedes jubilar es encontrar el punto en que tus ingresos mensuales procedentes de las inversiones exceden a tus gastos mensuales.

En su libro *La bolsa o la vida*, Vicki Robin y Joe Dominguez denominan a este concepto «el punto de equilibrio».[55]

Se le llama punto de equilibrio porque es el punto en el que tus ingresos mensuales se cruzan con tus gastos mensuales y te aportan libertad financiera. Lo importante es que esta regla se puede usar como medida de la independencia financiera a cualquier edad.

Por ejemplo, si tus gastos mensuales son de 4.000 dólares, una vez que tus inversiones te aportan más de 4.000 dólares al mes, significa que has alcanzado el punto de equilibrio.

¿Cómo sabes la cantidad de dinero que necesitas para llegar al punto de equilibrio? Esa cantidad se conoce como los activos de equilibrio.

Empecemos con esta fórmula:

Ingresos mensuales de tus inversiones = activos de equilibrio × rentabilidad mensual de tus inversiones

Sabemos que esta fórmula funciona porque tus activos de inversión multiplicados por su rentabilidad mensual equivaldrán a tus ingresos mensuales por tus inversiones.

También sabemos que el punto de equilibrio es el punto en el que los ingresos mensuales de tus inversiones son iguales a tus gastos mensuales. Por lo tanto, podemos reescribir la fórmula de esta forma:

Gastos mensuales = activos de equilibrio × rentabilidad mensual de tus inversiones

Si dividimos ambos lados por la rentabilidad mensual de tus inversiones, podemos conocer los activos de equilibrio:

Activos de equilibrio = gastos mensuales / rentabilidad mensual de tus inversiones

En el ejemplo precedente, tus gastos mensuales ascendían a 4.000 dólares. Por lo tanto, para calcular tus activos de equilibrio, solo tienes que dividir esa cifra por la rentabilidad mensual que prevés extraer de tus inversiones.

Así que, si esperas que tus inversiones te generen un 3 por ciento anual, puedes hacer una estimación de tu rentabilidad mensual dividiendo esa cantidad por 12. Cabe señalar que este método es solo una estimación. Para saber el porcentaje exacto, puedes usar esta fórmula:

Rentabilidad mensual = (1 + rentabilidad anual) ^ (1 / 12) – 1

En este caso, sería: 3 % / 12 = 0,25 % (o 0,0025).

Si divides tus gastos mensuales por la rentabilidad mensual (4.000 $ / 0,0025), te salen 1,6 millones de dólares. Esa es la cantidad de activos de inversión que necesitarías para llegar a tu punto de equilibrio. Dicho de otro modo, una inversión de 1,6 millones de dólares que te genere un 0,25 por ciento al mes (~3 por ciento al año) te aportaría 4.000 dólares mensuales de ingresos.

¿Y eso qué relación tiene con la regla del 4 por ciento?

Como la regla del 4 por ciento te exige ahorrar 25 veces tu gasto anual para jubilarte, significa que necesitas 1,2 millones de dólares (25 × 48.000), que es un poco menos de lo que requiere el punto de equilibrio, 1,6 millones de dólares. Pero eso se debe únicamente a que, al usar la regla del punto de equilibrio, asumimos una rentabilidad anual de tus activos del 3 por ciento.

Si pudieras obtener un 4 por ciento anual de tus inversiones, ambas reglas recomendarían la misma cantidad: 1,2 millones de dólares.

Así y todo, el punto de equilibrio es solo un intento más de resolver un problema complejo (la jubilación) con una operación matemática sencilla. No obstante, al margen de todas las reglas, fórmulas y directrices presentadas hasta ahora, es poco probable que tu gran miedo durante la jubilación sea el dinero.

El gran miedo de los jubilados

Hasta ahora, hemos respondido a la pregunta de cuándo jubilarnos haciendo hincapié en los aspectos financieros de la decisión. Pero tal vez tu economía sea la menor de tus preocupaciones cuando finalmente optes por dejar el curro.

Como declaró Ernie Zelinski en *Cómo jubilarse siendo feliz, activo y libre*:

> En contra de lo que establece la sabiduría popular, hay muchos elementos que influyen en la felicidad y la satisfacción de los jubilados de hoy en día, más allá de tener un millón o dos en el banco. Para la mayoría, estar física y mentalmente bien y tener una red social sólida pesan más que las condiciones económicas.[56]

El libro de Zelinski sugiere que lo que debe preocuparte en la jubilación no es una crisis financiera, sino una existencial. Y lo mismo me han contado otras personas que alcanzaron pronto la independencia financiera y la aborrecieron.

Por ejemplo, esto dijo sobre la jubilación Kevin O'Leary, Mr. Wonderful de *Negociando con tiburones*, después de vender su primera empresa a los 36 años:

> Estuve tres años jubilado y me aburrí como una ostra. No solo se trabaja para cobrar. La gente no lo entiende hasta que deja de trabajar.
>
> El trabajo te define. Te da un lugar donde socializar. Te permite interactuar con gente todo el día en un contexto interesante. Incluso te ayuda a vivir más y es positivo para la salud mental... ¿Que cuándo me voy a jubilar? Jamás de los jamases.
>
> No sé lo que haré cuando me muera, pero, allí adonde vaya, también voy a trabajar.[57]

Bromas aparte, O'Leary plantea un argumento importante sobre el valor del trabajo y sobre cómo forja tu identidad. Sin ese empleo, a mucha gente le cuesta encontrar sentido a su vida.

El escritor Julian Shapiro lo resumió perfectamente al hablar del cambio que habían sufrido amigos suyos tras ganar grandes cantidades de dinero:

> Cuando amigos míos han vendido sus empresas y han ganado millones, al cabo de un año han resucitado sus antiguos proyectos paralelos. Usaron su dinero para comprarse un casoplón y atiborrarse. Pero eso fue todo. Luego volvieron al punto de partida.[58]

¿Pensáis que Zelinski, O'Leary o Shapiro mienten? Pues no. Decidir jubilarse es mucho más que una decisión financiera: es una decisión sobre cómo vas a vivir. Así que para saber cuándo puedes jubilarte, debes entender cómo será tu vida a partir de entonces.

¿Qué harás con tu tiempo?

¿Con qué grupos sociales vas a relacionarte?

¿Cuál será tu propósito general?

En cuanto tengas respuestas válidas a esas preguntas, jubílate. De lo contrario, te estarás condenando a un futuro de desilusión y frustración. Porque, por mucho que yo desee tu éxito financiero, dará lo mismo si tú no estás mental, emocional y físicamente bien.

He aquí una de las razones por las que yo no soy muy partidario del movimiento FIRE (siglas en inglés de *independencia financiera para jubilarse antes de tiempo*). Aunque hay personas capaces de dejar la carrera de la rata a los 35 años y disfrutar de su vida, otras lo encuentran mucho más difícil, y no por motivos financieros.

Por ejemplo, después de un debate por internet sobre el movimiento FIRE, un hombre llamado Terrence (no es su nombre real) se puso en contacto conmigo a través de Twitter y me habló de su experiencia como nómada FIRE. Terrence llevaba dos años jubilado y se dedicaba a viajar por el mundo hospedándose en Airbnb durante periodos de uno a tres meses consecutivos.

Muchos tildarían su vida de glamurosa, pero Terrence decía que era una «existencia solitaria» que no acababa de convencer a la mayoría. Esta era su conclusión:

> Optar por un estilo de vida nómada FIRE significa aceptar que ya no eres relevante ni importante y que, en ciertos aspectos, deambulas por un limbo a medio camino entre la existencia y la inexistencia.[59]

Puede llegar a dar miedo. Aunque la experiencia de Terrence no es la norma para la comunidad FIRE, pone de relieve algunas de las posibles desventajas de la jubilación anticipada.

Yo comparto la historia de Terrence porque subraya una verdad inapelable. Aunque el dinero puede resolver muchos problemas, no es infalible. El dinero es solo una herramienta para ayudarte a obtener lo que quieres de la vida. Por desgracia, lo complicado es saber qué quieres de la vida.

Ahora que ya hemos hablado de la jubilación, el gran objetivo del ahorro, vamos a avanzar a la segunda parte de este libro: la inversión. Empezaremos comentando por qué debes dignarte siquiera a invertir.

Segunda parte

LA INVERSIÓN

10

¿Por qué deberías invertir?

Tres razones por las que multiplicar tu dinero es más importante que nunca

El concepto de la jubilación no apareció hasta finales del siglo xix. Antes de eso, la gente trabajaba hasta el día de su muerte. No había dulces ocasos. Nada de nuevas aficiones ni largos paseos por la playa.

Pero, en 1889, el canciller alemán Otto von Bismarck lo cambió todo con el primer programa de jubilación financiado por el Gobierno. En ese momento, los mayores de 70 años se ganaron el derecho a recibir una pensión pública.

Cuando se le preguntó por qué había creado ese programa, Bismarck contestó que «las personas a las que la edad y la invalidez impiden trabajar tienen un derecho incontestable a recibir el cuidado del Estado».[60] Aunque la edad de jubilación en Alemania se fijó inicialmente en los 70 años, en 1916 se bajó a los 65.

La idea revolucionaria de Bismarck acabó inspirando los sistemas de pensiones públicos de todo el mundo, incluido el de Estados Unidos.

¿Por qué esa idea cautivó tanto al mundo? Pues porque la gente empezaba a vivir más años.

En 1851, solo un 25 por ciento de los ingleses y galeses llegaban a los 70 años. En 1891, ese porcentaje había alcanzado el 40 por ciento y, hoy, llega casi al 90 por ciento. En el mismo periodo de tiempo, se vieron aumentos parecidos en Estados Unidos y otros países desarrollados.[61]

Este gran incremento de la esperanza de vida internacional fue el detonante de la actual idea de la jubilación. Y, con el invento de la jubilación, aumentó la demanda para invertir y preservar la riqueza.

Antes, no había existido la necesidad de invertir simplemente porque no había ningún futuro individual por el que apostar. Los avances en salud y medicina de los últimos 150 años lo cambiaron todo.

Ahora tenemos motivos para invertir. Tenemos un porqué que antes no existía. Y esa no es la única razón para invertir, solamente es una de las más importantes.

En este capítulo abordamos las tres principales razones por las que deberías invertir:

1. Para ahorrar para tu propio futuro.
2. Para preservar tu dinero de cara a la inflación.
3. Para reemplazar el capital humano con capital financiero.

Vamos a analizar todas estas ideas una por una y hablaremos del motivo por el que son relevantes para nuestras finanzas personales.

1. Ahorrar para tu propio futuro

Como ya hemos comentado, ahorrar para cuando seas mayor es una de las principales razones por las que deberías invertir. Algún día no querrás o no podrás trabajar, así que la inversión te aporta una fuente de recursos de la que nutrirte en la vejez.

Evidentemente, imaginar una versión mayor de ti mismo es difícil, porque esa persona puede parecerte un extraño. ¿Será como tú o radicalmente diferente? ¿Qué experiencias podrán haberte moldeado o cambiado? ¿Acaso te caerás bien a ti mismo?

Pero, por muy diferente que pueda ser ese individuo futuro, los estudios han demostrado que pensar en ti de mayor es una de las mejores formas de tomar buenas decisiones de inversión.

Por ejemplo, en un experimento se pidió a un grupo de sujetos que echaran un vistazo a imágenes de sí mismos pasadas por un filtro de envejecimiento y luego se analizó si eso había influido en la forma en que ahorraban su dinero de cara a la jubilación. ¡Resultó que sí!

Las personas que veían las versiones envejecidas de sí mismas ahorraban para la jubilación un 2 por ciento más de su sueldo (de media) que las personas que no veían esas fotos.[62] Eso da a entender que ver una versión realista y mayor de ti mismo te puede ayudar a invertir a largo plazo.

Otros investigadores llegaron a conclusiones parecidas después de estudiar los motivos que más influían en el ahorro. Hallaron que, aparte de ahorrar para casos imprevistos, los que citaban la jubilación como una razón para ahorrar tendían a ahorrar más que los que no.[63]

Eso significa que otros objetivos financieros como ahorrar para los hijos, para las vacaciones o para una casa no se asociaron con mejores decisiones relativas al ahorro. Pero sí si se hacía pensando en la jubilación. Los investigadores lo corroboraron incluso después de comparar indicadores socioeconómicos estándares como la renta.

Tal como destaqué en el tercer capítulo, la renta es uno de los factores más determinantes de la tasa de ahorro. Sin embargo, este descubrimiento sugiere que, incluso si comparamos por nivel de renta, quienes ahorran pensando en la jubilación son más proclives a ahorrar regularmente.

En consecuencia, si quieres ahorrar e invertir más, sé egoísta, especialmente pensando en tu futuro. Ahora bien, tu futuro no es la única razón para invertir. También deberías invertir por las fuerzas económicas que operan en tu contra día tras día.

2. Preservar la riqueza de la inflación

Como dijo en su día Henny Youngman, «los norteamericanos se están volviendo más fuertes: hace 20 años, se necesitaban dos personas para cargar con una compra de 10 dólares. Hoy, lo puede hacer un chiquillo de 5 años».

Por desgracia, Youngman no hablaba de la fuerza creciente de los jóvenes norteamericanos, sino del valor decreciente del dólar. El chiste de Youngman pone de relieve por qué la inflación, o el aumento general de los precios a lo largo del tiempo, es una realidad inevitable.

Se tiene que entender la inflación como un impuesto invisible pagado por todas las personas que poseen una moneda. Es un impuesto que se paga constantemente sin que nos demos cuenta. El recibo del supermercado aumenta poco a poco, cada vez es más caro mantener propiedades y vehículos y el coste de la educación de los niños se incrementa cada año. Pero ¿el sueldo ha crecido para compensar este aumento de los costes? Tal vez sí o tal vez no.

Sea como sea, el flagelo de la inflación avanza sin tregua. Y, aunque sus efectos suelen ser casi imperceptibles a corto plazo, a la larga sí llegan a ser bastante significativos.

Como demuestra el siguiente gráfico, con una inflación anual del 2 por ciento, el poder adquisitivo de una moneda cae a la mitad en un plazo de 35 años. Y con un índice de precios de consumo del 5 por ciento anual, se pierde la mitad del poder adquisitivo cada 14 años.

Cuánto tarda la inflación en reducir a la mitad el valor del dinero

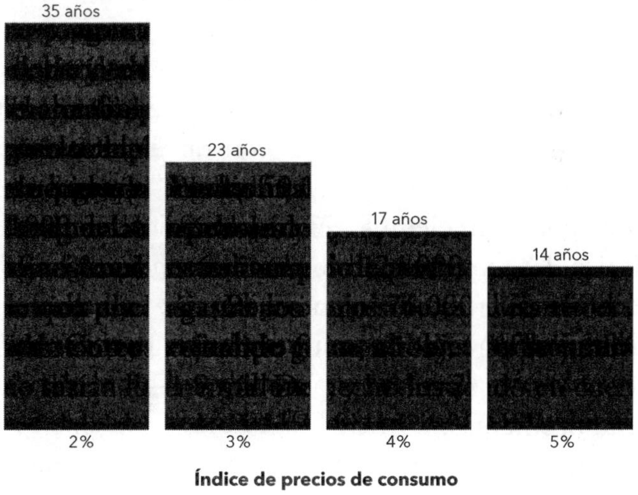

Eso implica que, con unos niveles moderados de inflación, el precio de la cesta de productos básicos debería doblarse cada dos o tres décadas y, si la inflación es mayor, sucedería mucho más rápido.

Un ejemplo más extremo de la inflación, la hiperinflación, fue la República de Weimar alemana al terminar la Primera Guerra Mundial. Hubo momentos en los que la inflación se disparó hasta tal punto que los precios variaban incluso en un mismo día.

Así lo describió Adam Fergusson en *Cuando muere el dinero*:

> Se hablaba [...] de comidas en restaurantes que costaban más cuando te traían la cuenta que cuando habías pedido. Cuando te acababas una taza de café de 5.000 marcos, ya costaba 8.000.

Aunque estas situaciones se dan muy poco, reflejan los efectos negativos de la inflación cuando esta se vuelve desorbitada.

Pero hay una manera eficaz de combatirla: la inversión. Poseyendo activos que preservan o aumentan el poder adquisitivo con el tiempo, puedes contrarrestar los efectos de la inflación.

Por poner un ejemplo, entre enero de 1926 y finales de 2020, 1 dólar tendría que haber aumentado hasta los 15 para compensar el ritmo de la inflación. ¿Se podría conseguir invirtiendo en acciones o en bonos del Tesoro de Estados Unidos?

Sin problemas.

Si en 1926 hubieras invertido 1 dólar en bonos a largo plazo, a finales de 2020 habrías obtenido 200 dólares (13 veces más que la inflación). Y si hubieras invertido 1 dólar en una amplia cartera de acciones estadounidenses, ¡en el mismo periodo de tiempo habrías ganado 10.937 dólares (729 veces más que la inflación)!

Esto refleja la capacidad de la inversión para compensar los efectos de la inflación a fin de preservar y aumentar tu riqueza.

Sobre todo, es una realidad para los jubilados, que tendrán que pagar más por las mismas cosas sin el beneficio de sus mejores salarios. Como los jubilados no trabajan, su única arma contra la inflación es la revalorización. Tenlo en cuenta, sobre todo, cuando se acerque el momento de jubilarte.

En resumen, aunque hay buenas razones para tener dinero en efectivo (para situaciones imprevistas, ahorro a corto plazo, etcétera), a la larga, tener dinero contante y sonante casi siempre es una apuesta negativa por culpa de la tasa anual de inflación. Por lo tanto, si quieres minimizar el coste de esa inflación, invierte ahora mismo el dinero que no necesites para imprevistos.

Si la lucha contra la inflación no basta para convencerte de invertir, tal vez te persuada la lucha contra el tiempo.

3. Reemplazar el capital humano con capital financiero

El último motivo por el que deberías invertir tu dinero es reemplazar el capital humano con capital financiero.

En el tercer capítulo, definimos el capital humano como el valor de tus habilidades, tus conocimientos y tu tiempo.

Aunque tus habilidades y tus conocimientos pueden aumentar a lo largo de la vida, nunca tendrás más tiempo.

Por consiguiente, invertir es la única manera de luchar contra el decurso del tiempo y convertir tu capital humano decreciente en capital financiero productivo. Me refiero a un capital financiero que te dé rédito hasta el futuro más lejano.

¿Cuánto vale hoy tu capital financiero?

Antes de adentrarnos en eso, primero debemos averiguar cuál es el valor actual de tu capital humano. Lo podemos hacer estimando el valor actual de tus futuras ganancias.

El valor actual es la cantidad de dinero que vale un flujo futuro de pagos. Por ejemplo, si un banco te promete una rentabilidad del 1 por ciento sobre tu dinero, significa que si les dieras 100 dólares hoy, recibirías 101 al cabo de un año. Aplicando esa lógica a la inversa, los 101 dólares que recibirás dentro de un año tienen un valor actual de 100 dólares.

En este ejemplo, se aplica un tipo de interés del 1 por ciento a esos 101 dólares del futuro: eso es lo que se suele conocer como tasa de descuento. Al valorar los ingresos perdidos, la mayoría de los abogados especializados en incapacidades laborales utilizan una tasa de descuento de entre el 1 y el 3 por ciento.

Así pues, si sabemos cuánto vas a ganar en el futuro y tenemos una tasa de descuento, podemos calcular cuánto valen hoy esas ganancias.

Por ejemplo, si piensas ganar 50.000 dólares al año durante los siguientes 40 años, tus ganancias futuras totales serían 2 millones. Sin embargo, con una tasa de descuento del 3 por ciento, esas ganancias futuras ostentan un valor actual de alrededor de 1,2 millones de dólares.

Eso significa que tu capital humano vale en torno a 1,2 millones de dólares. Si esas estimaciones son exactas, deberías estar dispuesto a vender tus habilidades para el trabajo a cambio de 1,2 millones. ¿Por qué? Porque entonces podrías usar ese dinero para duplicar tus futuras ganancias.

En otras palabras, si hoy invirtieras esos 1,2 millones de dólares y obtuvieras una rentabilidad anual del 3 por ciento, podrías sacar 50.000 dólares al año durante las próximas cuatro décadas antes de quedarte sin blanca.

Como veis, ¡este flujo de pagos de 50.000 dólares anuales es idéntico a las ganancias que habrías percibido durante los próximos 40 años! Por eso el capital humano y el financiero se consideran intercambiables.

Es un aspecto importante, porque tu capital humano es un activo que va a menos. Cada año que trabajas se reduce el valor actual de tu capital humano, pues te queda un año menos de futuras ganancias.

Por lo tanto, la única forma de garantizar algunos ingresos en el futuro (más allá de la pensión del Gobierno) es agrandar tu capital financiero.

Agrandar el capital financiero para sustituir al capital humano

Para que te hagas una idea, cada año el valor actual de tu capital humano debe caer al ritmo que aumenta tu capital financiero. He elaborado el siguiente gráfico dando por supuesto que ganarás 50.000 dólares al año durante 40 años, que ahorrarás un 15 por ciento de tus ingresos y que tendrás una rentabilidad anual del 6 por ciento.

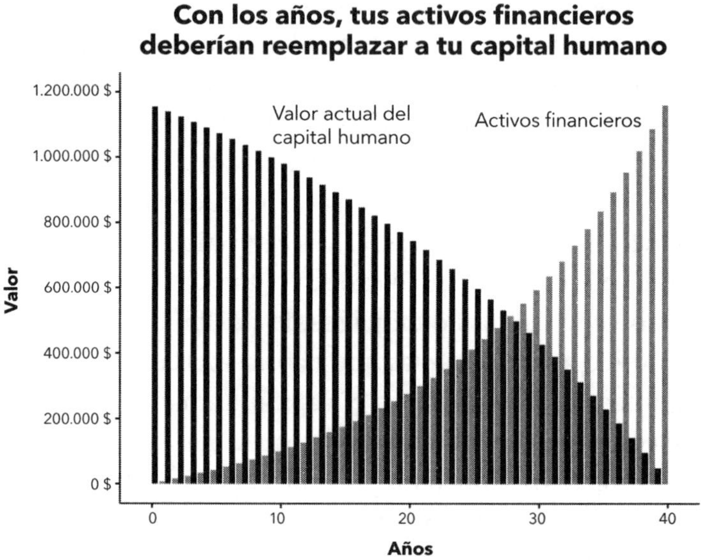

Esto es lo que debería suceder a medida que ahorres e inviertas. Cada año, una parte del dinero que ganes trabajando debería convertirse en capital financiero. Cuando empieces a entender así el dinero, te darás cuenta de que puede servir tanto para consumir bienes como para producir más dinero.

En esencia, cuando inviertes tu dinero, te estás reconvirtiendo en un pseudoactivo financiero que puede aportarte ingresos una vez que te retires. Así, cuando dejes tu empleo de nueve a cinco, tu dinero te seguirá rentando.

De todas las razones por las que alguien debería invertir, tal vez esta sea la más sólida y la más ignorada.

Este concepto ayuda a entender por qué algunos deportistas profesionales ganan millones de dólares al año y, aun así, acaban en bancarrota. No convierten su capital humano en capital financiero con la suficiente rapidez para poder mantener su tren de vida cuando dejan el deporte. Si ganas casi todo tu dinero en unos cuatro, cinco o seis años, ahorrar e invertir es todavía más importante que para un trabajador normal.

Pero, independientemente de cómo ganes el dinero, uno de los grandes alicientes para invertir es saber que tarde o temprano perderás tus habilidades.

Ahora que hemos hablado de por qué deberías invertir, vamos a fijarnos en dónde deberías hacerlo.

11

¿En qué deberías invertir?

No hay un único camino verdadero a la riqueza

Seguramente nunca hayáis oído hablar de Wally Jay, pero se considera uno de los más grandes entrenadores de judo de la historia. Aunque nunca compitió en esa disciplina (solo lo hacía en *jiu-jitsu*), los discípulos de Jay arrasaban en las competiciones de judo y de otras artes marciales.

Una de las claves de Jay era que sabía que no todo el mundo aprendía igual que él:

> El mayor error que puede cometer un instructor es enseñar como le enseñaron a él. Una vez, un maestro me dijo: «Todos mis chavales luchan igual que yo». Y, cuando nos subimos al tatami, ni uno de sus discípulos venció a ninguno de los míos. Ni uno. Así que le dije que tenía que personalizar su entrenamiento.[64]

La verdad que Jay descubrió —que lo que funciona para unos no siempre funciona para los demás— es tan cierta para el judo como para la inversión.

Sin embargo, los consejos a la hora de invertir casi nunca se presentan así. Lo normal es que un supuesto gurú te diga que él conoce el único camino auténtico para hacerte rico. Pero la realidad es que hay muchos caminos. Hay muchos caminos para ganar.

El método indicado para acumular riqueza es explorar todos esos caminos para encontrar el que más se ajusta a tus necesidades. Por eso yo digo que, si quieres hacerte rico, debes comprar constantemente un amplio abanico de activos rentables. Seguramente lo recordarás de la introducción. Es la filosofía que vertebra este libro.

Lo difícil es decidir qué tipo de activos rentables quieres tener. Al crear una cartera de inversión, la mayor parte de los inversores casi nunca se aventuran más allá de las acciones y los bonos. Y no los culpo. Estos dos tipos de títulos son grandes candidatos para generar riqueza.

Pero las acciones y los bonos son solo la punta del iceberg. Si vas en serio a la hora de aumentar tu riqueza, debes valorar todo lo que te ofrece el mundo de la inversión.

Para ello, he elaborado una lista de los activos más lucrativos. En cada clase de activo, voy a definir qué es, voy a sopesar los pros y los contras de invertir en ello y, finalmente, también te contaré cómo debes hacerlo para dar el paso.

Esta lista no es una recomendación, sino un punto de partida para que podáis indagar más. Como no conozco vuestras circunstancias actuales, no puedo saber cuál de los siguientes activos os encajaría o si no os encajaría ninguno.

Para seros sincero, solo he poseído cuatro de los tipos de activos que figuran a continuación, puesto que algunos no tienen sentido en mi caso. Yo os aconsejo que valoréis a fondo todos los tipos de activo antes de añadir o quitar nada de vuestra cartera.

Dicho esto, voy a empezar con mi favorito.

Acciones

Si tuviera que elegir un tipo de activo por encima de los demás, claramente serían las acciones. Las acciones representan una parte de la propiedad de un negocio y son geniales porque son uno de los sistemas más fiables de generar riqueza a largo plazo.

Por qué deberías (o no) invertir en acciones

Como indicó Jeremy Seigel en *Guía para invertir a largo plazo*, «la rentabilidad real media de las acciones [estadounidenses] durante los últimos 204 años es de un 6,8 por ciento».[65]

Naturalmente, Estados Unidos ha sido uno de los mercados bursátiles más prósperos de los últimos siglos. Pero los datos sugieren que muchas otras Bolsas internacionales también han reportado una rentabilidad ajustada a la inflación positiva (es decir, una rentabilidad real).

Por ejemplo, cuando Elroy Dimson, Paul Marsh y Mike Staunton analizaron la rentabilidad de las acciones de 16 países entre el año 1900 y 2006, descubrieron que todas ellas habían conseguido una rentabilidad real positiva a largo plazo. El país con peores datos del grupo era Bélgica, con una rentabilidad real anual del 2,7 por ciento, mientras que el país con mejores resultados era Suecia, con casi un 8 por ciento en el mismo periodo.

¿Qué posición ocupó Estados Unidos en ese grupo?

El cuarto lugar. Aunque la rentabilidad de Estados Unidos estaba por encima de la media internacional, estaba por detrás de la de Sudáfrica, Australia y Suecia.[66] Eso demuestra que, aunque la rentabilidad de las acciones en Estados Unidos es excepcional, tampoco es un caso totalmente atípico en el panorama internacional.

Pero la clave está en que Dimson, Marsh y Staunton analizaron el siglo xx, uno de los más destructivos de la historia de la humanidad. Pese a las dos guerras mundiales y la Gran Depresión, las acciones globales (en su conjunto) proporcionaron una rentabilidad real a largo plazo positiva.

Barton Biggs, autor de *Wealth, War and Wisdom*, llegó a una conclusión parecida tras analizar qué tipos de activos eran más propensos a preservar la riqueza a lo largo de los siglos. Según él, «teniendo en cuenta su liquidez, es obvio que las acciones son los valores ideales en los que invertir el grueso de tu patrimonio».[67]

Por descontado, la tendencia global alcista de las acciones durante el siglo xx podría no continuar en el futuro, pero yo apostaría a que sí lo hará.

Otro beneficio de las acciones es que no requieren un mantenimiento constante. Tú eres propietario del negocio y cosechas los frutos mientras otros (los directivos) lo dirigen por ti.

A pesar de todos los elogios que acabo de dedicar a las acciones, no son para pusilánimes. Lo normal es que puedan perder la mitad de su valor un par de veces cada siglo, un 30 por ciento cada 4 o 5 años y un 10 por ciento al menos cada 2 años.

Esta característica tan volátil es lo que las hace difíciles de conservar en momentos de agitación. Que el crecimiento de toda una década desaparezca en cuestión de días puede provocar un nudo en el estómago hasta a los inversores más curtidos.

La mejor forma de combatir esta volatilidad emocional es pensar a largo plazo. Aunque esto no es garantía de rentabilidad, la evidencia histórica sugiere que, con tiempo suficiente, las acciones tienden a compensar sus pérdidas periódicas. El tiempo es amigo de quien invierte en acciones.

¿Cómo compramos acciones?

Puedes comprar acciones sueltas o en un fondo indexado o cotizado que te dé una mayor exposición bursátil. Por ejemplo, un fondo indexado al S&P 500 te expondrá a las acciones estadounidenses, mientras que un fondo indexado Total World Stock te expondrá a acciones de todo el mundo.

Yo prefiero los fondos indexados y cotizados que las acciones de compañías concretas por una variedad de razones (comentaré muchas de ellas en el próximo capítulo), pero, sobre todo, porque los fondos indexados son una opción sencilla para diversificar sin grandes costes.

Aunque decidas comprar acciones únicamente a través de fondos indexados, hay diferentes opiniones sobre qué tipos de títulos deberías anteponer. Hay quienes aducen que lo importante es el tamaño (acciones de pequeña capitalización), otros defienden que hay que centrarse en la valoración (acciones de valor) y otros sostienen que hay que fijarse en las tendencias de los precios (acciones de crecimiento).

Incluso hay otros que sugieren que el modo infalible de conseguir riqueza es comprar acciones que den muchos dividendos. Un recordatorio: los dividendos son solo los beneficios de una sociedad abonados a sus accionistas, en este caso, tú. Así pues, si posees un 5 por ciento de las acciones de una empresa y esta entrega 1 millón de dólares en dividendos, tú recibirás 50.000. No está mal, ¿eh?

Más allá de qué estrategia elijas, lo importante es tener una cierta exposición a esta clase de títulos. Yo mismo poseo acciones de compañías estadounidenses, otras de mercados desarrollados y otras de mercados emergentes a través de tres fondos cotizados diferentes. También cuento con una cierta exposición adicional en pequeñas acciones de valor.

¿Es la forma óptima de invertir en acciones? ¡Quién sabe! Pero a mí me funciona y debería seguir dándome frutos a largo plazo.

Resumen de las acciones:

- Rentabilidad compuesta anual media: 8-10 por ciento.
- **Pros**: gran rentabilidad histórica. Fáciles de comprar e intercambiar. Escaso mantenimiento (es otra persona quien dirige el negocio).
- **Contras**: elevada volatilidad. La cotización puede variar rápidamente en función de cómo se sienta la gente, no en función de los hechos.

Bonos

Ahora que hemos hablado del prometedor mundo de las acciones, vamos a hablar del mundo de los bonos, donde reina más la calma.

Los bonos son préstamos de los inversores que se tienen que devolver pasado cierto tiempo. Este tiempo se denomina plazo, pasado el cual llega el vencimiento o la amortización. Muchos bonos exigen pagos periódicos (conocidos como cupones) que el emisor tiene que pagar al inversor durante el plazo del préstamo hasta que llega la fecha de amortización, en la que se paga el valor nominal íntegro. Los pagos anuales de los cupones divididos por el precio del bono dan como resultado el rendimiento. Así pues, si compraras un bono por 1.000 dólares y cobras por él 100 dólares al año, tendría un rendimiento del 10 por ciento (100 / 1.000 $).

El emisor puede ser una persona, una empresa o un Gobierno. Normalmente, cuando los inversores hablan de bonos, se refieren a los del Tesoro de Estados Unidos: son bonos en los que el Gobierno del país es el deudor.

El Tesoro ofrece bonos a diferentes plazos y con diferentes nombres en función de la fecha de vencimiento:

- Los *bills* tienen un plazo de entre 1 y 12 meses.
- Los *notes* tienen un plazo de entre 2 y 10 años.
- Y los *bonds* tienen un plazo de entre 10 y 30 años.

En treasury.gov encontraréis los tipos de interés que se pagan por cada uno de estos bonos del Tesoro.[68]

Además de los bonos del Tesoro de Estados Unidos, también podéis comprar bonos de Gobiernos extranjeros, bonos corporativos (préstamos a empresas) y bonos municipales (préstamos a administraciones locales o subestatales). Aunque estos tipos de bonos suelen pagar más intereses que los estadounidenses, también suelen entrañar más riesgo.

¿Por qué tienen más riesgo? Porque el Tesoro de Estados Unidos es el deudor más solvente del planeta.

Como el Gobierno estadounidense puede emitir dólares siempre que quiera para saldar su deuda, cualquier persona que le preste dinero tiene la certeza casi absoluta de que lo recuperará. Eso no siempre es así con los Gobiernos extranjeros, los entes locales o las empresas; en esos casos, es posible que no se paguen las obligaciones.

Por eso yo únicamente suelo invertir en bonos del Tesoro de Estados Unidos y en algunos bonos municipales exentos de impuestos del estado donde vivo. Si quisiera asumir más riesgo, no lo haría con la parte de los bonos de mi cartera. Los bonos deberían ser un activo de diversificación, no un activo de riesgo.

Entiendo que se pueden defender los bonos con mayor rendimiento y de mayor riesgo, sobre todo considerando la baja rentabilidad que han ofrecido los títulos del Tesoro estadounidense desde 2008. Sin embargo, la rentabilidad no es lo único que importa; los bonos tienen otras propiedades útiles para los inversores.

Por qué deberías (o no) invertir en bonos

Yo recomiendo los bonos por estas características:

1. Los bonos tienden a crecer cuando las acciones y otros activos de riesgo caen.
2. Los bonos proporcionan un flujo de ingresos más uniforme que otros activos.
3. Los bonos pueden aportar liquidez para reequilibrar tu cartera o mantener tu salud crediticia.

Durante una caída masiva de la Bolsa, cuando todo lo demás se derrumba, los bonos son de los pocos activos que suelen crecer. Cuando eso sucede, los inversores venden sus activos de mayor riesgo para comprar bonos, en lo que se conoce como «huida a cubierto». Debido a esta tendencia, incluir bonos en tu cartera puede ser un resguardo para los peores momentos.

Asimismo, su estabilidad les permite generar unos ingresos más uniformes a lo largo del tiempo. Como el Gobierno de Estados Unidos puede emitir libremente dólares y devolver el valor nominal de los bonos a sus titulares, no tienes por qué preocuparte de que tus ingresos vayan a cambiar después de comprar un bono.

Por último, como los bonos son más estables cuando el mercado colapsa, también son buenas opciones para conseguir liquidez en caso de que necesites efectivo extra para reequilibrar tu cartera y cubrir tus deudas. Por ejemplo, si pierdes tu empleo porque cunde el pánico en el mercado, te alegrará saber que deberías poder recurrir a la parte de los bonos de tu cartera para superar esos momentos difíciles; en otras palabras, puedes vender algunos bonos para generar liquidez.

Si analizamos lo que les sucedió a varias carteras durante el crac de principios de 2020, provocado por la COVID-19, vemos el nivel de estabilidad que aportaron los bonos. El gráfico de la página siguiente demuestra que las carteras con más bonos (Tesoro de Estados Unidos) no cayeron tanto.

En este caso, durante marzo de 2020 las carteras 60/40 y 80/20 cayeron menos que la cartera formada exclusivamente por acciones del S&P 500.

Y, sobre todo, los inversores con una exposición a los bonos que reequilibraron su cartera durante el crac obtuvie-

ron unos beneficios aún mayores durante la recuperación subsiguiente. Por ejemplo, yo tuve la suerte de reequilibrar mi cartera el 23 de marzo de 2020, el día exacto en que el mercado tocó fondo. Vendí algunos bonos y compré acciones y, aunque el momento que elegí fue una suerte total, el hecho de que tuviera bonos y pudiera vender algunos de ellos para reequilibrar la cartera no fue azaroso.

La única gran desventaja de poseer bonos es que su rentabilidad tiende a ser muy inferior a la de las acciones y otros activos de riesgo, sobre todo, cuando el rendimiento es bajo, como lo fue entre 2008 y 2020. En ese clima, la rentabilidad de los bonos puede ser cercana a cero o hasta negativa, teniendo en cuenta la inflación.

¿Cómo se compran los bonos?

Puedes optar por comprar bonos sueltos directamente, pero yo te recomiendo comprarlos a través de fondos de bonos indexados o cotizados, porque es mucho más fácil.

Aunque en el pasado se ha debatido mucho sobre si hay una diferencia material en el rendimiento entre los bonos sueltos y los fondos de bonos, podemos decir que no la hay. Cliff Asness, fundador de AQR Capital Management, refutó por completo esa teoría en el número de *Financial Analysts Journal* de 2014.[69]

Más allá de cómo compres tus bonos, no solo te aportarán crecimiento, sino que pueden desempeñar un papel importante en tu cartera. Como reza el viejo dicho:

> Compramos acciones para comer bien, pero compramos bonos para dormir bien.

Resumen de los bonos:

- Rentabilidad compuesta anual media: 2-4 por ciento (con tipos de interés bajos, puede acercarse al 0 por ciento).
- **Pros**: baja volatilidad. Positivos para reequilibrar tu cartera. Seguridad del valor nominal invertido.
- **Contras**: escasa rentabilidad, sobre todo si hay inflación. No aportan grandes ingresos cuando el rendimiento es bajo.

Propiedad de inversión

Fuera del mundo de las acciones y los bonos, uno de los activos rentables más comunes es la propiedad de inversión. Poseer una propiedad de inversión es genial porque la puedes usar tú mismo, pero también puedes obtener ingresos adicionales alquilándosela a otros mientras tú no la estés usando.

Por qué deberías (o no) comprar una propiedad de inversión

Si gestionas correctamente tu propiedad, habrá otras personas (inquilinos) que te ayudarán a pagar la hipoteca mientras tú disfrutas de la revalorización del inmueble a largo plazo. Además, si pudieras tomar dinero prestado al comprar la propiedad, tu rentabilidad podría ampliarse un poco gracias al apalancamiento. Cuando te prestan dinero para comprar una propiedad de inversión, el apalancamiento aumenta tu exposición a los cambios de precio del inmueble.

Por ejemplo, si inviertes 100.000 dólares por una vivienda de 500.000, eso significa que te tienen que prestar los 400.000 dólares restantes. Ahora asumamos que el inmueble aumenta su valor hasta los 600.000 dólares al cabo de un año. Si vendes la propiedad y devuelves el préstamo, te quedarán unos 200.000 dólares, en lugar de los 100.000 originales. El apalancamiento significa que el aumento del 20 por ciento en el precio de la casa te permite obtener una rentabilidad del cien por cien (los 100.000 se convierten en 200.000).

Si os parece demasiado bonito para ser verdad, es porque lo es. Debes recordar que el apalancamiento también puede remar en tu contra si los precios caen. Por ejemplo, si el precio de tu casa ha caído de 500.000 a 400.000 dólares y decides venderla, tu patrimonio se habrá esfumado por completo. Una caída del 20 por ciento del valor de la propiedad conllevaría una caída del cien por cien de tu inversión.

Como los grandes desplomes de los precios de la vivienda son raros, el apalancamiento suele aportar un beneficio financiero positivo a los inversores.

Pese a las múltiples ventajas financieras de la propiedad de inversión, también exige mucho más trabajo que otros activos que puedes comprar y olvidar.

Para invertir en una propiedad, debes saber lidiar con personas (los inquilinos), colgar el anuncio en un portal de alquiler de vivienda y conseguir que la casa sea atractiva para los posibles arrendatarios, mantenerla siempre en buen estado y mucho más. Y, mientras haces todo eso, también debes afrontar el estrés añadido de tener otro pasivo a tu nombre.

Cuando todo va bien, tener una propiedad de inversión puede ser maravilloso, en especial, cuando te han prestado casi todo el dinero para financiar tu adquisición, pero, cuando las cosas se tuercen, como sucedió en 2020 a raíz de las restricciones al movimiento motivadas por la pandemia, se pueden torcer de verdad. Como muchos emprendedores de Airbnb descubrieron por las malas, invertir en una propiedad no siempre es coser y cantar.

Aunque la rentabilidad de las propiedades de inversión puede ser muy superior a la de las acciones y los bonos, esa rentabilidad también exige mucho más trabajo.

Por último, comprar propiedades de inversión sueltas es como comprar acciones sueltas, en el sentido de que no hay diversificación. Cuando compras una propiedad de inversión, asumes todos los riesgos específicos de esa propiedad. El mercado inmobiliario puede ir al alza y, sin embargo, a ti puede salirte el tiro por la culata si tu vivienda tiene demasiados problemas y costes subyacentes.

Como la mayoría de los inversores no pueden tener suficientes propiedades de inversión para diversificarlas, el riesgo de adquirir solo un inmueble es una contingencia.

Dicho eso, si eres alguien que ansía más control sobre sus inversiones y te gusta el carácter tangible de los inmuebles, deberías considerar incluir una propiedad de inversión en tu cartera.

¿Cómo se invierte en propiedades?

La mejor forma de comprar propiedades de inversión es contratar a una agencia inmobiliaria o negociar directamente con los vendedores. El proceso puede resultar bastante tedioso, así que yo recomiendo investigar a fondo antes de seguir este camino.

Resumen de la propiedad de inversión:

- Rentabilidad compuesta anual media: 12-15 por ciento (dependiendo de las condiciones del mercado local de vivienda de alquiler).
- **Pros**: rentabilidad superior a la de otras clases de activos más tradicionales, sobre todo cuando se usa el apalancamiento.

- **Contras**: gestionar la propiedad y lidiar con los inquilinos puede ser un quebradero de cabeza. Diversificar es difícil.

Fondos de inversión en bienes raíces

Si te gusta la idea de ser propietario de una vivienda de inversión, pero detestas la idea de gestionarla tú mismo, los fondos de inversión en bienes raíces (REIT, por sus siglas en inglés)* pueden ser tu mejor opción. Un REIT es una sociedad que posee y gestiona bienes raíces y paga los beneficios de esos inmuebles a sus propietarios.

De hecho, los REIT están legalmente obligados a pagar un mínimo del 90 por ciento de sus ingresos brutos como dividendos a los accionistas. Este requisito los convierte en uno de los activos de inversión más fiables.

Pero no todos los REIT son iguales. Por una parte, hay REIT residenciales que poseen bloques de pisos, viviendas para estudiantes, casas prefabricadas y casas unifamiliares, y, por otra, REIT comerciales que poseen oficinas, almacenes, tiendas y otras propiedades comerciales.

También hay de varios tipos. Algunos REIT cotizan en Bolsa, otros son privados y otros no cotizados pero abiertos a cualquier inversor.

- **REIT cotizados**: cotizan en la Bolsa como cualquier sociedad anónima y cualquier inversor puede invertir en ellos.

* En España se conocen como SOCIMI. *(N. del t.)*

1. Cualquiera que tenga un fondo indexado amplio ya está más o menos expuesto a estos REIT, así que solo hay que comprar participaciones adicionales en ellos si se desea aumentar la exposición a los bienes raíces.
2. En lugar de invertir en REIT cotizados, puedes comprar acciones de fondos indexados REIT que invierten en un abanico de diferentes REIT.

- **REIT privados**: no cotizan en Bolsa y solo están disponibles para inversores acreditados (gente con un patrimonio neto superior al millón de dólares o con más de 200.000 dólares de ingresos anuales durante los últimos tres años).
  1. Requiere un intermediario, así que las comisiones pueden ser elevadas.
  2. Está menos regulado.
  3. Ofrece menor liquidez porque el periodo de tenencia exigido es más largo.
  4. Puede ser más rentable que la inversión en un mercado regulado.

- **REIT no cotizados pero abiertos a cualquier inversor**: no cotizan en Bolsa, pero cualquier inversor puede participar en ellos a través de una plataforma de inversión colectiva.
  1. Está más regulado que los REIT privados.
  2. Hay requisitos mínimos para invertir.
  3. Ofrece menos liquidez porque el periodo de tenencia exigido es más largo.
  4. Puede ser más rentable que la inversión en un mercado regulado.

Aunque yo nunca he invertido en REIT cotizados, las sociedades colectivas de bienes raíces son una alternativa privada capaz de ofrecer una mayor rentabilidad a largo plazo.

Por qué deberías (o no) invertir en REIT

Independientemente de cómo decidas invertir en REIT, debes saber que, por lo general, tienen una rentabilidad parecida a la de las acciones (o mejor) con una correlación relativamente baja (0,5-0,7) durante los periodos de bonanza. Eso significa que los REIT pueden tener buenos resultados cuando las acciones no están rindiendo bien.

Sin embargo, como la mayoría de los otros activos de riesgo, los inversores tienden a vender en masa sus participaciones en los REIT cotizados cuando la Bolsa se derrumba. Por lo tanto, con un mercado bajista, no cuentes con que los REIT te aporten grandes beneficios de diversificación.

¿Cómo se invierte en REIT?

Como he mencionado antes, puedes invertir en REIT cotizados a través de cualquier plataforma de inversión o acudir a una plataforma colectiva para comprar participaciones en REIT privados o no cotizados. Yo me inclino por los REIT cotizados simplemente porque ofrecen más liquidez (son más fáciles de comprar y vender), pero las opciones privadas o no cotizadas también tienen sus ventajas porque puedes elegir en qué propiedades específicas quieres invertir.

Resumen de los REIT:

- Rentabilidad compuesta anual media: 10-12 por ciento.
- **Pros**: exposición a bienes raíces que no tienes que gestionar. Menor correlación con las acciones durante los tiempos de bonanza.
- **Contras**: volatilidad mayor o equivalente a la de las acciones. Menos liquidez para los REIT no cotizados. Gran correlación con las acciones y otros activos de riesgo durante los cracs bursátiles.

Terrenos agrícolas

Junto con los bienes raíces, los terrenos agrícolas son otro fantástico tipo de activo para generar ingresos y han sido una importante fuente de riqueza a lo largo de la historia.

Por qué deberías (o no) invertir en terrenos agrícolas

Actualmente, una de las mejores razones para invertir en terrenos agrícolas es su baja correlación con la rentabilidad de las acciones y los bonos. Al fin y al cabo, los ingresos por una finca rústica tienen poco que ver con lo que acontece en los mercados financieros.

Además, un terreno agrícola es menos volátil que las acciones porque el valor del suelo no cambia tanto a lo largo del tiempo. La productividad interanual de la tierra es más estable que la de las empresas, así que es fácil entender el motivo por el que su volatilidad general es inferior.

Además, los terrenos agrícolas también protegen de la inflación porque tienden a aumentar su valor al ritmo que aumentan los precios en general. Debido a su perfil de riesgo específico (baja volatilidad y rentabilidad decente), es improbable que los terrenos agrícolas pierdan todo su valor, a diferencia de una acción o un bono concreto. Evidentemente, eso podría cambiar debido a los efectos del cambio climático.

¿Qué rentabilidad cabe esperar de los terrenos agrícolas? Como le dijo Jay Girotto a Ted Seides en una entrevista, una finca rústica ofrece una rentabilidad «alta de un solo dígito»: la mitad proviene del rendimiento agrícola y la otra mitad, de la revalorización del suelo.[70]

¿Cómo se invierte en un terreno agrícola?

Comprar un terreno agrícola concreto no es moco de pavo. El sistema que más usan los inversores para ello es un REIT cotizado o una sociedad colectiva. La solución de la sociedad colectiva es atractiva porque te da más libertad para elegir las fincas rústicas en las que quieres invertir.

Normalmente, la desventaja es que solo son una opción para los inversores acreditados (personas con un patrimonio neto superior al millón de dólares o con más de 200.000 dólares de ingresos anuales durante los últimos tres años). Además, las comisiones por usar estas plataformas colectivas pueden ser superiores a las de otras inversiones públicas.

Yo no creo que sean comisiones desproporcionadas, porque cerrar esos acuerdos exige una inmensa cantidad de trabajo. Eso sí, si odias la idea de que te cobren comisiones, debes tenerlo en cuenta.

Resumen de los terrenos agrícolas:

- Rentabilidad compuesta anual media: 7-9 por ciento.
- **Pros**: menor correlación con las acciones y otros activos financieros. Buen escudo contra la inflación. Menor probabilidad de perder valor (el suelo tiene menos posibilidades de perder todo su valor).
- **Contras**: menor liquidez (es más difícil de comprar y vender). Comisiones más elevadas. Hay que ser un «inversor acreditado» para participar en una sociedad colectiva.

Pequeñas empresas/franquicias/ángel inversor

Si las fincas rústicas no son para ti, quizás podrías considerar comprar una pequeña empresa o participar en ella. Esta es la opción que ofrece la inversión providencial y la inversión en pequeñas empresas.

Sin embargo, antes de embarcarte en esta cruzada, debes decidir si vas a dirigir el negocio tú o si solo vas a aportar capital de inversión y conocimientos.

Dueño y director de operaciones

Si quieres ser dueño y director de operaciones de una pequeña empresa o franquicia, recuerda que, por mucho trabajo que creas que vas a tener, seguramente tendrás más.

Una vez, Brent Beshore, un experto en inversión en pequeñas empresas, reveló en un tuit que el manual para dirigir un restaurante Subway tenía 800 páginas. Imagina intentar dirigir una fábrica de 50 millones de dólares.[71]

No cito el tuit de Brent para disuadiros de fundar una pequeña empresa, sino para daros una idea realista del volumen de trabajo que exige. Ser el dueño y director de una pequeña empresa puede generar una rentabilidad muy superior que muchos otros activos de la lista, pero tienes que sudar la camiseta.

Solo dueño

Si asumimos que no quieres tomar las riendas, ser un ángel inversor o el propietario pasivo de una pequeña empresa puede generarte una rentabilidad enorme. De hecho, varios estudios sostienen que la rentabilidad anual esperada de una inversión providencial oscila entre el 20 y el 25 por ciento.[72]

Sin embargo, esa rentabilidad no está exenta de un enorme sesgo. Un estudio de Angel Capital Association concluyó que solo una de cada nueve inversiones providenciales (un 11 por ciento) tuvo un rendimiento positivo.[73] Esto evidencia que algún pequeño negocio puede llegar a ser la nueva Apple, pero la mayoría no llegan a salir del garaje.

Como escribió en su día Sam Altman, reputado inversor y presidente de YCombinator:

> Mucha gente gana más dinero con una única inversión providencial que con todas sus demás inversiones juntas. Por lo tanto, el riesgo real es dejar pasar el tren de esa inversión mágica y no recuperar tu dinero (o, como reclaman algunos, esa duplicación garantizada del valor) de todas tus otras empresas.[74]

De ahí que invertir en una pequeña empresa pueda ser tan duro y tan gratificante al mismo tiempo.

No obstante, antes de decidir apostarlo todo a esta carta, debes saber que este tipo de inversión exige mucha dedicación. Por eso Tucker Max dejó las inversiones providenciales y opina que la mayoría no tendría ni que probarlas. Su argumento es bastante claro: si quieres acceder a las mejores inversiones providenciales y llevarte una gran rentabilidad, debes estar muy metido en lo que se cuece en ese sector.[75]

Las investigaciones respaldan la tesis de Max. Se ha descubierto que el tiempo que invierte un ángel inversor en investigar sobre la empresa, ganar experiencia y participar en el proyecto estaba positivamente correlacionado con su rentabilidad a largo plazo.[76]

¿Cómo se invierte en una pequeña empresa?

Si eres un ángel inversor o inviertes en una pequeña empresa como negocio paralelo, no esperes grandes resultados. Aunque algunas plataformas de inversión colectiva permiten a los particulares invertir en pequeñas empresas (con otras oportunidades para los inversores acreditados), es muy improbable que encuentren la nueva Microsoft.

No lo digo para desanimarte, sino para reiterar que los inversores en pequeñas empresas a quienes les va mejor no aportan solo su capital. Si quieres invertir en una pequeña empresa, recuerda que tal vez tengas que cambiar tu forma de vivir para ver resultados significativos.

Resumen de la inversión en pequeñas empresas:

- Rentabilidad compuesta anual media: 20-25 por ciento, aunque hay muchas opciones de perder.
- **Pros**: la rentabilidad puede ser colosal. Cuanto más te involucres, más oportunidades futuras saldrán.
- **Contras**: hay que dedicarle mucho tiempo. Si sufres muchos reveses, te puedes desanimar.

Derechos de autor

Si no te atraen las pequeñas empresas, quizás tengas que invertir en algo un poco más... cultural. Aquí es donde entran los derechos de autor. Los derechos de autor son pagos por el uso continuado de un bien, normalmente una obra con derechos de autor. Hay páginas web en las que puedes comprar y vender esos derechos sobre canciones, películas y marcas registradas, así como recibir ingresos por su uso.

Por qué deberías (o no) invertir en derechos de autor

Los derechos de autor son un buen instrumento de inversión porque generan ingresos constantes sin correlación con los mercados financieros.

Por ejemplo, la canción «Empire State of Mind» de Jay-Z y Alicia Keys ganó 32.733 dólares en derechos de autor durante un periodo de 12 meses. En RoyaltyExchange.com, los derechos de autor de esa canción por 10 años se vendieron a cambio de 190.500 dólares.

Si los derechos de autor anuales (32.733 dólares) no cambian en el futuro, a lo largo de la siguiente década el propietario de esos derechos ganará un 11,2 por ciento al año por su compra de 190.500 dólares.

Evidentemente, nadie sabe si los derechos sobre esa canción aumentarán, seguirán igual o caerán durante los próximos 10 años. Es cuestión de gustos musicales y de cómo cambien de un año para otro.

Este es uno de los riesgos y beneficios de invertir en derechos de autor. Los cambios culturales y las cosas que en su día se estilaron pueden pasar de moda, y viceversa.

Aun así, RoyaltyExchange tiene un parámetro llamado Dollar Age que sirve para calcular cuánto tiempo algo podría seguir estando en boga.

Por ejemplo, si en el último año dos canciones diferentes han generado 10.000 dólares en derechos de autor, pero una de ellas salió en 1950 y la otra, en 2019, la canción más antigua tiene un Dollar Age superior (al tener más años) y seguramente sea una mejor inversión a largo plazo.

¿Por qué?

La canción de 1950 tiene 70 años de beneficios de los que alardear, mientras que la de 2019 solo puede presumir de las ganancias de un año. La canción de 2019 puede ser una moda pasajera, pero no cabe duda de que la de 1950 es un clásico.

Este concepto, conocido formalmente como efecto Lindy, sostiene que la popularidad de algo en el futuro es proporcional al tiempo que lleva en circulación.

El efecto Lindy explica por qué es más probable que en 2220 la gente escuche a Mozart que a Metallica. Aunque hoy seguramente Metallica tenga más fans que el compositor en todo el mundo, no tengo claro que la cosa siga igual dentro de dos siglos.

Por último, la otra desventaja de invertir en derechos de autor son las comisiones para los vendedores, que pueden ser muy altas. Normalmente, al terminar la subasta, los vendedores tienen que pagar un porcentaje del precio final de venta y esa comisión porcentual puede ser un buen pedazo. Por lo tanto, a menos que pretendas invertir tan solo en derechos de autor (y hacerlo a gran escala), esta clase de inversión tal vez no sea la indicada para ti.

¿Cómo se invierte en derechos de autor?

La forma más habitual de adquirir derechos de autor es usar una plataforma virtual que conecte a compradores con vendedores. También puedes comprar derechos de autor tras negociarlo en privado, pero internet es seguramente la manera más fácil.

Resumen de los derechos de autor:

- Rentabilidad compuesta anual media: 5-20 por ciento.[77]
- **Pros**: sin correlación con los activos financieros tradicionales. En general, es un ingreso constante.
- **Contras**: grandes comisiones para el vendedor. Los gustos pueden cambiar de improviso e influir en los ingresos.

Tus propios productos

En último lugar, pero no por ello menos importante, uno de los mejores activos rentables en los que puedes invertir son tus propios productos. A diferencia de todos los otros activos de la lista, crear productos digitales o del tipo que sean te confiere más control.

Como eres el dueño total de tus productos, puedes fijar su precio y, así, determinar la rentabilidad (al menos, en teoría). Los productos pueden ser cualquier cosa, desde libros a guías informativas, cursos virtuales, etcétera.

Por qué deberías (o no) invertir en tus propios productos

Conozco a bastante gente que se las ha ingeniado para sacar cinco o hasta seis cifras vendiendo sus productos por internet. Es más, si ya tienes un público fiel en las redes sociales, una lista de direcciones de correo o una página web, vender productos es una forma de sacar rédito económico de esos feligreses.

Y aunque no tengas ninguno de esos canales de distribución, gracias a plataformas como Shopify y Gumroad y a los procesadores de pago virtuales, nunca había sido tan fácil vender productos por internet.

Lo complicado de invertir en productos es que exigen mucho trabajo previo sin garantía de recompensa. Para que te sea rentable, hay que andar un buen trecho.

Sin embargo, en cuanto consigues sacar un producto que cuaja en el mercado, resulta mucho más fácil ampliar tu marca y vender otras cosas.

Por ejemplo, los ingresos de mi blog, OfDollarsAndData.com, han crecido y ya no consisten solo en pequeñas asociaciones; ahora gano dinero con la publicidad y encuentro más oportunidades de trabajo. Tuve que trabajar en mi blog durante años hasta que empecé a ganar una cantidad digna de dinero, pero ahora no paran de surgir nuevas oportunidades.

Cómo invertir en tus propios productos

Si quieres invertir en tus propios productos, tienes que crearlos. Quizás tengas crear una página web para un blog o tu propia tienda en Shopify; sea cual sea tu producto, crearlo te exigirá mucho tiempo y esfuerzo.

Resumen de la inversión en tus propios productos:

- Rentabilidad compuesta anual media: muy variable. La distribución es de cola gruesa (la mayoría de los productos ofrecen escasa rentabilidad, pero algunos lo petan muchísimo).
- **Pros**: propiedad absoluta. Satisfacción personal. Puedes crear una marca de valor.
- **Contras**: exige mucho trabajo. No hay garantía de recompensa.

¿Y el oro, las criptomonedas, el arte, etcétera?

Hay unos cuantos activos que no están en la lista por una simple razón: no producen ingresos. El oro, las criptomonedas, las materias primas, el arte y el vino no ofrecen un flujo de ingresos fiable, así que no los he incluido en mi lista de activos de inversión.

Eso no significa que no puedas ganar dinero con ellos. Lo que pasa es que su valor depende exclusivamente de la percepción, de lo que otra persona esté dispuesta a pagar por ellos. Sin flujo de caja subyacente, todo radica en la percepción.

Sin embargo, con los activos rentables no pasa lo mismo. Aunque la opinión del mercado puede influir en el valor de esos activos, el flujo de caja debería anclar su valorización, al menos, en teoría.

Por esta razón, yo invierto el grueso de mi dinero (un 90 por ciento) en activos rentables, mientras que el 10 por ciento restante se divide entre una serie de activos que no me generan ingresos, como obras de arte y varias criptomonedas.

Resumen final

Aquí tenéis una tabla resumen con la información que hemos tratado en este capítulo. Así os será más fácil comparar los activos.

Clase de activo	**Rentabilidad compuesta anual**	**Pros**	**Contras**
Acciones	8-10 %	Elevada rentabilidad histórica. Fáciles de comprar e intercambiar. Escaso mantenimiento.	Alta volatilidad. La valoración puede fluctuar muy deprisa.

Clase de activo	**Rentabilidad compuesta anual**	**Pros**	**Contras**
Bonos	2-4 %	Baja volatilidad. Positivos para reequilibrar la cartera. Valor nominal de la inversión asegurado.	Baja rentabilidad, sobre todo si hay inflación. Bajos ingresos en momentos de escaso rendimiento.
Propiedad de inversión	12-15 %	Mayor rentabilidad (en especial, si hay apalancamiento).	Gestionar el inmueble puede ser un quebradero de cabeza. Diversificar es difícil.
REIT	10-12 %	Exposición a bienes raíces que no tienes que gestionar.	Volatilidad mayor o igual a la de las acciones. Se derrumba cuando caen los otros activos de riesgo.
Terrenos agrícolas	7-9 %	Escasa correlación con los activos financieros tradicionales. Buen escudo contra la inflación.	Menor liquidez y más comisiones. Para participar, hay que ser un «inversor acreditado».
Pequeñas empresas	20-25 %	Rentabilidad desorbitada. Si te involucras más, aparecen más oportunidades.	Hay que dedicarle mucho tiempo. Si te llevas muchos chascos, puedes perder la fe.
Derechos de autor	5-20 %	Sin correlación con los activos financieros tradicionales. En general, ingresos uniformes.	Muchas comisiones para el vendedor. Los gustos pueden mudar de repente y afectar a los ingresos.
Tu/s propio/s producto/s	Variable	Propiedad absoluta. Satisfacción personal. Puedes crear una marca de valor.	Hay que esforzarse mucho. No hay garantía de éxito.

Sea cual sea tu combinación final de activos de inversión, la asignación óptima es la que te vaya mejor a ti y a tu situación. Recuerda que dos personas pueden tener estrategias de inversión muy diferentes y ambas pueden ser válidas.

Ahora que hemos comentado en qué deberías invertir, vamos a dedicar un tiempo a hablar del motivo por el que no deberías invertir en acciones sueltas de compañías concretas.

12

¿Por qué no deberías comprar acciones sueltas?

Por qué los malos resultados son el menor de tus problemas

A las ocho de la mañana del lunes 25 de enero de 2021, recibí un mensaje de mi amigo Darren (no es su nombre real).

«Nick, cuéntame, ¿por qué no tengo que invertir 50.000 o 100.000 dólares en GME a 930?»

Se refería a GameStop (GME), una empresa que pronto iba a causar sensación en el mundo entero porque un grupo de inversores virtuales quintuplicó el valor de sus acciones en menos de una semana. Por desgracia, en aquel momento, ni él ni yo lo sabíamos.

Lo que Darren sí sabía era que yo nunca recomendaba comprar acciones sueltas. Pero a él no le importaba, solo quería que yo avalara su decisión. En broma, le contesté: «Darren, podría ser lo más grande de tu vida».

No necesitó más. Durante una hora, la conversación en nuestro grupo empezó a versar sobre los méritos de GME y si el foro de WallStreetBets en Reddit había acertado con su inminente subida de precio.

En cuanto abrió el mercado, resultó evidente que WallStreetBets la había clavado. GME empezó el día en 96 dólares, cuando había cerrado el día anterior en los 65, y no paró de subir.

A las 10.22, Darren fue incapaz de seguir siendo un mero observador. Compró valores de GME a 111 dólares por acción y escribió al grupo: «He comprado». En total, invirtió más de 30.000 dólares, así que cada vez que el precio por acción de GME se moviera 1 dólar, la inversión de Darren se movería 300 dólares. Si el precio subía 1 dólar, Darren ganaría 300; si bajaba 1 dólar, perdería 300.

En 15 minutos, GME subió a los 140 dólares por acción y Darren estaba ganando más de 9.000 dólares. Hubo un aluvión de mensajes al grupo que elogiaron a Darren por el dineral que acababa de ganar y ya se especulaba dónde iría a jubilarse.

Pero tan deprisa como subió, GME bajó. Al cabo de una hora, el precio estaba por debajo de los 111 dólares y los mensajes de Darren cada vez transmitían más preocupación. Dio una orden limitada para vender sus participaciones por 111 dólares, con la esperanza de recuperar su inversión, pero fue demasiado tarde. La hecatombe ya había comenzado.

Con cada dólar que perdían las acciones de GME, el dolor de Darren se acentuaba por 300. Allá van otros 300 dólares, ahora otros 300 y 300 más... Las pérdidas eran inconmensurables. Al final, a las 12.27 horas, Darren capituló. «He vendido a 70», escribió en el grupo.

Darren había perdido 12.000 dólares en 2 horas.

Pero no es tan malo como parece. Lo que Darren perdió solo representa un porcentaje minúsculo de su patrimonio neto. Más allá de la angustia, ese varapalo financiero había sido como cortarse con un papel, no como sufrir una amputación.

Y, aunque no felicito a Darren por lo que hizo, sí alabo cómo lo hizo. Él solo apostó una cantidad que estaba dispuesto a perder y se aseguró de que cualquier hipotética pérdida no afectara a su futuro financiero. Si alguna vez decides comprar acciones concretas, solo espero que hagas tres cuartos de lo mismo.

Dicho eso, la historia de Darren es un microcosmos de lo que supone ser un catacaldos en la Bolsa. El agobio. El miedo a quedarte en la estacada. La euforia, el triunfo, el dolor y el arrepentimiento. Y todo ello concentrado en apenas dos horas.

Esta lucha contra las emociones solo es la punta del iceberg de lo que implica la selección de valores. Lo sé porque, hace años, yo también seleccionaba valores concretos en los que invertir. Además del malestar emocional, tenías que vivir periodos de escaso rendimiento y debías convivir con la idea de que quizás no se te diera bien elegir.

Por eso he dejado de seleccionar valores de compañías concretas y te recomiendo que hagas lo mismo. Sin embargo, mi razonamiento para no hacerlo ha ido evolucionando con el tiempo.

En un principio, dejé la selección de valores por lo que voy a llamar «el argumento financiero». Es un buen argumento del que tal vez hayas oído hablar, pero se ve eclipsado por el argumento existencial.

Os lo voy a explicar.

El argumento financiero en contra de la selección de valores

El argumento tradicional en contra de la selección de valores (el financiero) lleva décadas en circulación. Dice lo siguiente: como la mayoría de la gente, profesionales incluidos, es incapaz de sacar mejores resultados que un índice amplio de empresas, no deberías ni molestarte en intentarlo.

Los datos que respaldan este argumento son innegables. En el informe SPIVA podéis consultar todos los mercados de valores del mundo y veréis más o menos lo mismo: a lo largo de 5 años, un 75 por ciento de los fondos no rinden mejor que su índice de referencia.[78] Y recuerda que este 75 por ciento está formado por gestores profesionales que trabajan a tiempo completo con equipos de analistas. Si ellos no pueden mejorar la media del índice de referencia, ¿qué posibilidad tienes tú de lograrlo?

Sobre todo, la investigación ha demostrado que solo un pequeño porcentaje de acciones sueltas rinde bien a largo plazo. Como concluyó Hendrik Bessembinder en su ensayo «¿Las acciones son más rentables que los bonos del Tesoro?», «el 4 por ciento de las empresas de la Bolsa que obtienen mejores resultados concentran el beneficio neto de casi todo el mercado de valores de Estados Unidos desde 1926».[79]

Punto final. Solo el 4 por ciento de las acciones de entre 1926 y 2016 generaron todo el exceso de rentabilidad de las acciones respecto a los bonos del Tesoro de Estados Unidos con un plazo de entre 1 y 12 meses. De hecho, «solo cinco compañías (ExxonMobil, Apple, Microsoft, General Electric e IBM) representan el 10 por ciento de toda la riqueza que se crea».

¿Estás seguro de que puedes encontrar ese 4 por ciento de acciones y no escoger de entre el 96 por ciento restante?

E incluso estos colosos de la Bolsa acabarán perdiendo su ventaja algún día. Según los cálculos de Geoffrey West, «de las 28.853 compañías que han cotizado en los mercados estadounidenses desde 1950, 22.469 (un 78 por ciento) habían desaparecido llegado el año 2009». De hecho, «la mitad de las compañías de cualquier cohorte de sociedades anónimas estadounidenses desaparece a los 10 años».[80]

Aunque el análisis estadístico de West pone de relieve la naturaleza transitoria de los mercados de valores, yo prefiero demostrar este hecho con un ejemplo más simple. De las 20 compañías que había en el Dow Jones Industrial Average en marzo de 1920, ninguna figura en el índice pasados 100 años. La eternidad no existe.

Supongo que ya intuís el problema. Mejorar los resultados de una amplia gama de acciones (un índice) es tan complicado que la mayoría de los profesionales de la inversión no lo consiguen; la proporción de acciones lucrativas que estás buscando es diminuta y, además, esas acciones no serán tan lucrativas para siempre.

Por eso, comprar todas las acciones, participando en un fondo indexado o cotizado, suele ser una apuesta mucho más fiable que seleccionar empresas muy prometedoras para invertir en ellas. De esta forma, es probable que acabes teniendo más dinero y experiencia, y sin tanto estrés.

Pero por ahora vamos a apartar ese argumento, porque el existencial es mucho más convincente.

El argumento existencial contra la selección de valores

El argumento existencial contra la selección de valores es sencillo: ¿cómo sabes que se te da bien elegir sociedades en las que invertir? En la mayoría de las disciplinas, el tiempo necesario para valorar si alguien es hábil es relativamente corto.

Por ejemplo, cualquier entrenador competente de baloncesto te sabrá decir si alguien tiene habilidad para el tiro en solo 10 minutos. Vale, se puede tener suerte y acertar un montón de tiros al principio, pero al final siempre se tiende hacia el porcentaje de tiro real. Lo mismo puede decirse de un ámbito técnico como el de la programación informática. En un breve lapso de tiempo, un buen programador te podrá decir si alguien sabe de lo que está hablando.

Pero ¿qué me decís de la selección de valores? ¿Cuánto tiempo haría falta para determinar si a alguien se le da bien elegir sociedades en las que invertir? ¿Una hora? ¿Una semana? ¿Un año?

Más bien varios años y ni siquiera entonces podrás estar seguro. El problema es que, en la selección de valores, la causalidad es más difícil de determinar que en otros sectores.

Cuando lanzas el balón de básquet o escribes el código de un programa, el resultado se ve inmediatamente después de la acción. El balón entra en la canasta o no entra. El programa funciona o no funciona. Pero con la selección de valores, tomas una decisión ahora y tienes que esperar para saber si es la correcta. El bucle de retroalimentación puede tardar años.

Y los beneficios que terminas obteniendo se deben comparar con los beneficios de invertir en un fondo indexado como el S&P 500. Así que, aunque ganes dinero en términos absolutos, en términos relativos podrías seguir perdiéndolo.

Pero hay algo todavía más importante: el resultado de esa decisión podría no tener nada que ver con lo que te llevó a tomarla. Por ejemplo, imagina que has comprado acciones de GME a finales de 2020 porque pensabas que su precio subiría gracias a la mejora de las operaciones de la empresa.

De repente, llega 2021 y el precio de GameStop sube debido al frenesí de pequeños inversores descrito al comienzo de este capítulo. Aunque sacaras un buen rédito, no sería gracias a tu tesis original.

Ahora imagina con qué frecuencia les sucede esto a los que seleccionan valores; la conexión entre la decisión y el resultado es mucho menos obvia. ¿El precio de las acciones subió por algún cambio que tú anticipaste o por un motivo totalmente diferente? ¿Qué pasa con los vaivenes del mercado que te perjudican? ¿Doblas la apuesta y compras más acciones o te lo piensas dos veces?

Estas son solo algunas de las preguntas que debes hacerte con cada decisión que tomas al seleccionar valores. El estado de miedo existencial puede ser perpetuo. Quizás te convenzas de que estás al corriente de lo que pasa, pero ¿de verdad lo estás?

Para algunos, la respuesta es un rotundo sí. Por poner un ejemplo, en un estudio titulado «¿De verdad las *estrellas* de los fondos mutualistas seleccionan valores?», los investigadores descubrieron lo siguiente: «Es sumamente improbable que el enorme crecimiento positivo del 10 por ciento de los fondos más grandes, obviando los costes, sea fruto de la variabilidad del muestreo (suerte)».[81] Dicho de otra forma, el 10 por ciento de los profesionales que se dedican a seleccionar valores sí tienen una habilidad que se alarga en el tiempo. Pero también se entiende que seguramente el 90 por ciento restante no posea dicha habilidad.

Para proseguir con este argumento, vamos a asumir que el 10 por ciento de mejores selectores de valores y el 10 por ciento de los peores son conscientes de su destreza o de su falta de destreza. Eso significa que, si elegimos un selector de valores al azar, ¡hay un 20 por ciento de probabilidad de que podamos identificar su nivel de habilidad y un 80 por ciento de probabilidad de que no! Eso implica que cuatro de cada cinco selectores de valores tendrían dificultades para demostrar que se les da bien hacer lo que hacen.

He aquí la crisis existencial de la que estoy hablando. ¿Por qué querrías jugar a un juego o trabajar en algo en lo que no puedes demostrar que eres bueno? Si lo haces para divertirte, no pasa nada. Coge un poco de dinero como hizo mi amigo Darren y prueba suerte. Pero para los que no lo hacen para divertirse, ¿por qué dedicar tanto tiempo a algo en lo que la habilidad es tan difícil de medir?

E incluso si eres capaz de demostrar tu habilidad seleccionando valores y perteneces a ese 10 por ciento de mejores selectores, tus problemas no acaban ahí. Por ejemplo, ¿qué pasa cuando inevitablemente vives una fase de malos resultados? Es algo que sabes que va a suceder, aunque no sepas cuándo.

Como señaló un estudio de Baird, «en algún momento de su carrera, casi todos los grandes gestores de fondos obtienen resultados peores que su índice de referencia y sus iguales, especialmente durante periodos de tres años o menos».[82]

Imagínate lo agobiante que tiene que ser cuando finalmente llega ese día. Vale, antes se te daba bien, ¿pero se te sigue dando bien? ¿Estos malos resultados son una mala fase normal por la que pasan incluso los mejores inversores? ¿O ya no estás tocado por la varita mágica? Huelga decir que no es fácil perder la magia en nada, pero es aún más complicado cuando no estás seguro de haberla perdido realmente.

Lleva la cuenta de tus resultados (o hazlo solo por diversión)

Tampoco soy el único que ha hablado en contra de la selección de valores. Fijaos en lo que dijo Bill Bernstein, el reputado autor especializado en temas de inversión:

> La mejor manera de descubrir los riesgos de la selección de valores es familiarizarte con los principios básicos de las finanzas y los estudios empíricos. Pero si no puedes hacerlo, evidentemente tienes que invertir un 5 o un 10 por ciento de tu dinero en acciones de una sola sociedad. Procura calcular rigurosamente la rentabilidad, tu rentabilidad anual y luego pregúntate lo siguiente: «¿Me habría ido mejor invirtiendo en un fondo indexado global?».[83]

Tal vez no quieras comparar tus resultados con los de un fondo indexado, pero, si no estás invirtiendo para pasar el rato, es algo que tienes que hacer.

Por último, yo no tengo nada en contra de la gente que selecciona valores, pero sí de la selección de valores. Es una diferencia elemental.

Los grandes selectores de valores prestan un gran servicio a los mercados manteniendo la eficiencia de los precios. Pero la selección de valores es una filosofía de inversión que le ha costado la salud a demasiados pequeños inversores. Lo he visto en amigos como Darren. Lo he visto en familiares. Solo espero que no te pase a ti también.

Sé que no voy a conseguir cambiar los métodos de todos los selectores de valores y eso no tiene nada de malo. Necesitamos a gente que analice las compañías e invierta su capital de forma acorde. Pero si estás indeciso entre hacerlo o no hacerlo, esta es tu llamada de atención. No sigas jugando a un juego que depende tanto del azar. La vida ya es lo bastante azarosa.

Después de sopesar los posibles costes emocionales, financieros y existenciales de comprar acciones de sociedades concretas, ya veis por qué yo prefiero invertir en fondos indexados y cotizados. La simplicidad de los índices me permite centrarme en cosas mucho más importantes que mi cartera.

Ahora que ya hemos comentado en qué deberías invertir y por qué no deberías seleccionar valores de compañías específicas, vamos a indagar cuánto deberías esperar para invertir tu dinero.

13

¿Cuánto deberías esperar para invertir?

Y por qué es mejor hacerlo más pronto que tarde

Hasta que American Pharoah ganó la Triple Corona en 2015, nadie esperaba gran cosa del caballo. Pero Jeff Seder era de otro parecer.

Seder había trabajado como analista de Citigroup hasta que lo dejó para probar suerte en lo que realmente le apasionaba: predecir el resultado de las carreras de caballos. Pero Seder no era como los otros especialistas equinos, porque no le importaba lo que traía de cabeza a los demás criadores de caballos.

Tradicionalmente, los criadores habían pensado que la madre, el padre y el linaje general de un caballo eran el determinante principal de su éxito en las carreras. Pero, después de analizar los registros históricos, Seder llegó a la conclusión de que el pedigrí no era un gran factor para predecir nada. Seder tenía que encontrar otro parámetro y, para ello, necesitaba información.

Así que se puso a recabar datos. Durante años, Seder lo midió todo de los caballos. El tamaño de los orificios nasales. El peso de los excrementos. La densidad de las fibras musculares de contracción rápida. Y, durante años, no encontró nada.

Hasta que Seder tuvo la idea de medir los órganos internos del caballo con un ecógrafo portátil. Bingo. Había dado en la tecla.

Seth Stephens-Davidowitz habla del descubrimiento de Seder en *Todo el mundo miente*:

> Descubrió que el tamaño del corazón, y especialmente el del ventrículo izquierdo, permitía acertar bastante con el éxito del caballo. Era la variable individual más importante.[84]

Eureka. El tamaño del corazón era el mejor parámetro de todos para predecir el ganador de una carrera de caballos. Y, con ese conocimiento, Seder convenció a su comprador para que adquiriera a American Pharoah e ignorara los otros 151 caballos de la subasta. El resto es historia.

La historia de Seder nos demuestra cuánto conocimiento se puede extraer de un solo parámetro útil. Hans Rosling plasma esta opinión en *Factfulness*, al hablar de la importancia de la mortalidad infantil para conocer el desarrollo de un país:

> ¿Sabéis una cosa? Me obsesiona la tasa de mortalidad infantil. [...] Porque los niños son muy frágiles. Pueden morir por mil motivos. Si en Malasia mueren solo 14 niños de cada 1.000, significa que los otros 986 sobrevivirán. Sus padres y su sociedad habrán conseguido protegerlos de todos los peligros que podrían haberles costado la vida: infecciones, hambre, violencia, etcétera.
>
> Así que este número, el 14, nos indica que la mayoría de las familias de Malasia tienen suficiente comida, que sus aguas residuales no se filtran en los depósitos de agua potable, que

> tienen acceso a una atención primaria digna y que las madres saben leer y escribir. No es un indicador tan solo de la salud de los niños. Mide la calidad de vida de toda su sociedad.[85]

Que Rosling use la tasa de mortalidad infantil y que Seder usara el tamaño del corazón denota que es más fácil entender los sistemas complejos con un único parámetro de información precisa.

Hablando de cuánto deberías esperar para invertir, también hay un dato que te puede ayudar a tomar todas tus decisiones futuras.

La mayoría de los mercados suben casi siempre

El dato que puede articular todas tus decisiones de inversión es el siguiente: la mayoría de los mercados de valores suben casi siempre.

Este hecho se cumple pese al rumbo caótico y puntualmente destructivo de la historia de la humanidad. Como Warren Buffett expuso con gran elocuencia:

> En el siglo xx, Estados Unidos vivió dos guerras mundiales y otros sucesos traumáticos y conflictos militares costosos: la Gran Depresión; unas doce recesiones y colapsos financieros; crisis del petróleo; una epidemia de gripe, y la dimisión de un presidente caído en desgracia. Aun así, el Dow Jones subió de 66 a 11.497 puntos.[86]

Y esta norma no se aplica solo a los mercados de Estados Unidos. Como demostré al comienzo del undécimo capítulo, los mercados de valores de todo el mundo han exhibido una tendencia positiva a largo plazo.

Con estas pruebas empíricas, lo normal es pensar que hay que invertir el dinero cuanto antes.

¿Por qué?

Porque el hecho de que la mayoría de los mercados suban casi siempre significa que cada día que esperas para invertir supone, en principio, que tendrás que pagar precios más caros en el futuro. Así pues, en lugar de esperar al momento idóneo, deberías lanzarte e invertir lo que puedas ahora.

Lo podemos demostrar con un experimento mental un tanto absurdo.

Imagina que te han regalado 1 millón de dólares y que quieres hacerlos crecer todo lo posible durante los próximos 100 años. Ahora bien, solo puedes seguir una de estas dos estrategias de inversión:

1. invertir todo tu dinero ahora, o
2. invertir un 1 por ciento de tu dinero cada año durante los próximos 100 años.

¿Cuál preferirías?

Si damos por sentado que los activos en los que estás invirtiendo aumentarán su valor durante el tiempo (si no, ¿para qué ibas a invertir?), es obvio que comprar ahora será mejor que comprar durante un lapso de 100 años. Esperar un siglo para invertir implica comprar a un precio cada vez superior, mientras tu capital no invertido va perdiendo valor debido a la inflación.

Podemos usar la misma lógica y extrapolarla a periodos mucho más cortos que 100 años. Porque si no vas a esperar

100 años para invertir, tampoco tendrías que esperar 100 meses ni 100 semanas.

Es como reza el viejo dicho:

> No dejes para mañana lo que puedas hacer hoy.

Evidentemente, uno nunca tiene la sensación de estar tomando la decisión correcta porque no sabe si podría haber comprado a un precio más bajo en el futuro.

¿Pero sabes qué? Es una sensación legítima, porque es muy probable que en algún momento futuro se pueda comprar a un precio mejor. Aun así, los datos sugieren que lo recomendable es ignorar por completo esa corazonada.

Ahora vamos a intentar explicar por qué es probable que haya mejores precios en el futuro, por qué no deberías esperar a que bajen y por qué deberías invertir cuanto antes. Invertir más pronto que tarde es la mejor estrategia para las acciones y para prácticamente cualquier tipo de activo.

Por qué es probable que en el futuro bajen los precios (y por qué no deberías esperar a que eso suceda)

Si eligieras al azar un día hábil del Dow Jones Industrial Average entre 1930 y 2020, habría más de un 95 por ciento de posibilidades de que, en un futuro, el índice hubiera acabado cerrando la jornada por debajo de esa cotización.

Eso quiere decir que más o menos 1 de cada 20 días hábiles (un día al mes), tendrías la sensación de haber hecho tu agosto. Los otros 19 días, sentirías ese arrepentimiento típico de los compradores, que ven cómo los precios han bajado.

Por eso da la sensación de que esperar a que los precios bajen es lo correcto. Técnicamente, tienes un 95 por ciento de posibilidades de acertar.

De hecho, desde 1930, la media de tiempo que tienes que esperar para ver precios más bajos en el Dow Jones después de comprar acciones es de solo 2 días hábiles. Sin embargo, la media es de 31 días hábiles (un mes y medio).

Ahora bien, el problema es que a veces ese precio nunca baja o tienes que esperar mucho tiempo para que llegue el día.

Por ejemplo, el 9 de marzo de 2009, el Dow Jones Industrial Average tocó fondo cerrando en los 6.547 puntos. Fue el peor día de la gran crisis financiera.

¿Sabéis cuánto hacía que el índice no cerraba por debajo de esos 6.547 puntos?

12 años, desde el 14 de abril de 1997.

Eso significa que si hubieras decidido no invertir en el Dow Jones el 15 de abril de 1997, habrías tenido que esperar casi 12 años para ver un precio inferior. Tener la paciencia suficiente para esperar tanto es casi imposible para cualquier inversor.

Por eso acertar con el momento es teóricamente atractivo, pero difícil a efectos prácticos.

Por lo tanto, la mejor estrategia para acertar con el momento es invertir cuanto antes. Y no solo es mi opinión. Está corroborado por datos históricos de varios tipos de activos y en diferentes periodos de tiempo.

¿Invertir ahora o poco a poco?

Antes de empezar a dar datos, voy a definir algunos términos que usaré en lo que queda de capítulo:

- **Comprar de golpe**: el acto de invertir todo el dinero que tienes disponible a la vez. La cantidad de dinero que inviertas es irrelevante; la cuestión es que lo inviertas todo de inmediato.
- **Comprar a plazos**: el acto de invertir todo el dinero que tienes disponible poco a poco. Cómo decidas invertir esos fondos depende de ti. Sin embargo, lo habitual es hacer pagos de idéntica cantidad a lo largo de un periodo específico de tiempo (por ejemplo, un pago al mes durante 12 meses).

Visualmente, la diferencia entre invertir 12.000 dólares de golpe o a plazos durante 12 meses es clara.

Con la primera estrategia, inviertes los 12.000 dólares (todos tus fondos) el primer mes; comprando a plazos, el primer mes solo inviertes 1.000 dólares y, luego, vas desembolsando los 11.000 restantes mediante pagos mensuales de 1.000 dólares.

Si hubieras invertido en el S&P 500 con estas dos técnicas a lo largo de la historia, lo normal habría sido que la estrategia de comprar a plazos te diera peores resultados.

Para ser más precisos, en cada periodo de 12 meses consecutivos, la estrategia de comprar a plazos resulta, de media, un 4 por ciento peor que comprar de golpe, y, entre

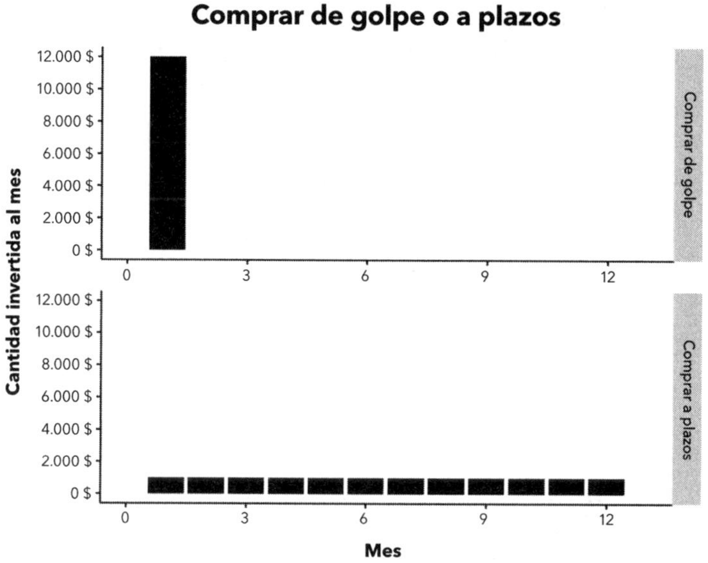

1997 y 2020, sería peor en el 76 por ciento de los periodos de 12 meses analizados.

Aunque un 4 por ciento no parezca mucho en un año, se trata solo de la media. Si lo analizamos a lo largo del tiempo, vemos que puede ser mucho peor.

Por ejemplo, el gráfico de la página siguiente compara el rendimiento de ambas estrategias después de invertir en el S&P 500 durante periodos de 12 meses consecutivos desde 1997.

Cada punto de esta línea representa la diferencia de rentabilidad entre las estrategias de comprar de golpe o hacerlo a plazos al cabo de 12 meses. Por ejemplo, el punto culminante es en agosto de 2008, cuando la estrategia de comprar a plazos fue un 30 por ciento mejor que comprar de golpe.

¿Por qué en agosto de 2008 fue tanto peor comprar de golpe?

Porque la Bolsa estadounidense se derrumbó poco después. Concretamente, si hubieras invertido 12.000 dólares

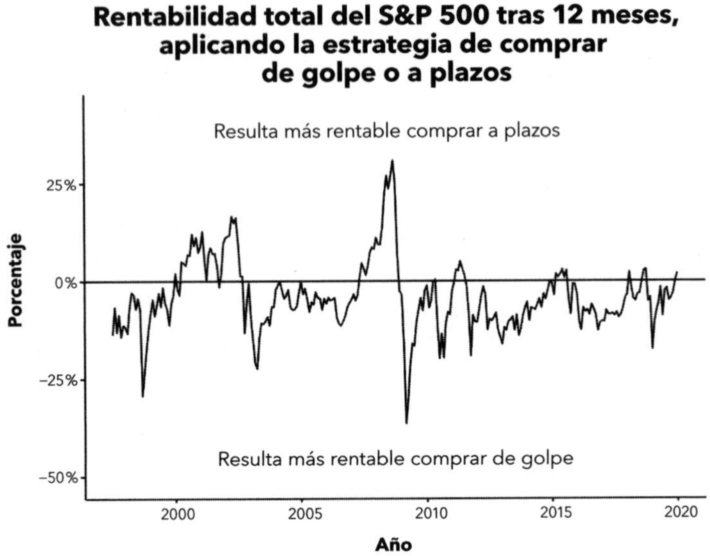

en el S&P 500 a finales de agosto de 2008, a finales de agosto de 2009 solo te habrían quedado 9.810 dólares (incluso reinvirtiendo los dividendos) y habrías sufrido una pérdida total del 18,25 por ciento.

Sin embargo, si hubieras seguido la estrategia de comprar a plazos y hubieras invertido 1.000 dólares al mes durante el mismo periodo, a finales de agosto de 2009 habrías obtenido 13.500 dólares (una ganancia del 12,5 por ciento).

De allí sale el 30 por ciento de diferencia en el desempeño de ambas estrategias entre agosto de 2008 y agosto de 2009.

Pero la moraleja que debemos sacar de este gráfico no es este pico, sino que la línea tiende a estar por debajo del 0 por ciento. Cuando la línea está por debajo de 0, significa que comprar a plazos ha dado peores resultados que comprar de golpe; cuando está por encima, significa lo contrario.

Como podéis ver, la mayor parte del tiempo, comprar a plazos es menos rentable que comprar de golpe. Y tampoco es un sesgo de proximidad. Si te fijas en la rentabilidad de los mercados estadounidenses desde 1920, vemos que, de media, comprar a plazos resulta un 4,5 por ciento menos rentable en todos los periodos de 12 meses consecutivos, y menos rentable en un 68 por ciento de todos los periodos de 12 meses consecutivos. El siguiente gráfico muestra el mismo hecho que el anterior para un periodo más largo.

Invertir en mercados estadounidenses a plazos o de golpe, resultados tras 12 meses

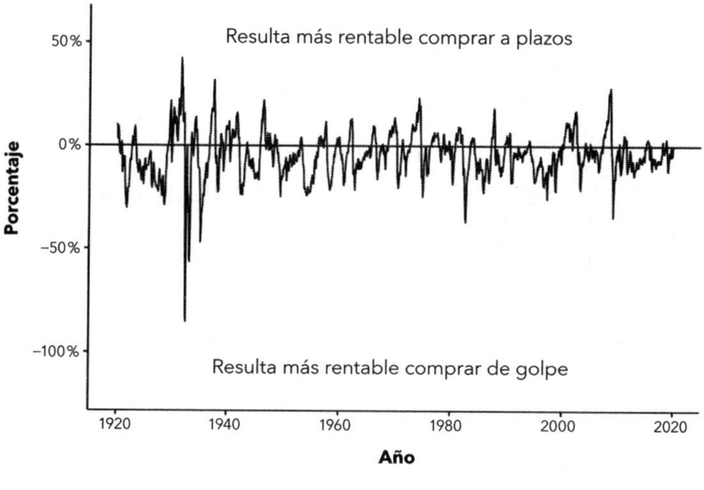

Comprar a plazos solo resulta más rentable justo antes de los grandes cracs de la Bolsa (1929, 2008, etcétera). Esto es así porque se está invirtiendo en un mercado en caída libre y, por lo tanto, se compra a un precio medio inferior que al comprar de golpe, cuando se hace una sola inversión.

Y aunque nos dé la sensación de que siempre estamos en la cúspide previa a una caída del mercado, la verdad es que los grandes cracs han sido escasos. Por eso, la estrategia de comprar a plazos ha sido menos rentable durante gran parte de la historia.

Como hemos visto arriba, comprar de golpe es mejor que comprar a plazos a la hora de invertir en acciones, pero ¿qué hay de los demás activos?

¿Qué hay de los activos que no son acciones?

Para no llenar el libro con una infinidad de gráficos que demuestren la superioridad de comprar de golpe para las diferentes clases de activos, he creado una tabla para resumirlo. La tabla muestra el grado en que la estrategia de comprar a plazos ha dado peores resultados que comprar de golpe durante todos los periodos de 12 meses consecutivos comprendidos entre 1997 y 2020.

Activo (1997-2020)	Rendimiento inferior de comprar a plazos al cabo de 12 meses (en puntos porcentuales)	Porcentaje de periodos de 12 meses consecutivos en los que resulta menos rentable comprar a plazos
Bitcoines (2014-2020)	96 %	67 %
Índice del Tesoro de Estados Unidos	2 %	82 %
Oro	4 %	63 %
Mercados desarrollados	3 %	62 %
Mercados emergentes	5 %	60 %

Activo (1997-2020)	**Rendimiento inferior de comprar a plazos al cabo de 12 meses (en puntos porcentuales)**	**Porcentaje de periodos de 12 meses consecutivos en los que resulta menos rentable comprar a plazos**
Cartera 60/40 de acciones y bonos de Estados Unidos	3 %	82 %
Rentabilidad total S&P 500	4 %	76 %
Acciones de compañías de Estados Unidos (1920-2020)	4 %	68 %

Por ejemplo, la tabla nos muestra que, para un inversor que hubiera invertido todo su dinero a plazos en oro en cualquier periodo de 12 meses consecutivos entre 1997 y 2020, su resultado medio habría sido un 4 por ciento inferior que si hubiera invertido de golpe y habría conseguido resultados peores un 63 por ciento de las veces.

Como podéis ver, para la mayoría de los activos, comprar a plazos fue una media de entre un 2 y un 4 por ciento peor que comprar de golpe y fue peor de un 60 a 80 por ciento de los meses.

Eso significa que, si eligieras un mes al azar para comenzar a invertir a plazos, es muy probable que obtuvieras peores resultados que haciendo una inversión puntual similar en el mismo activo.

¿Y qué me dices del riesgo?

Por ahora solo hemos comparado el desempeño de las estrategias de comprar de golpe o hacerlo a plazos, pero sabemos que a los inversores también les preocupa la diferencia de riesgo.

¿No es más arriesgado comprar de golpe que hacerlo a plazos? El resultado es un categórico sí.

Como muestra el siguiente gráfico, invirtiendo en el S&P 500, la desviación típica de la estrategia de comprar de golpe siempre es más alta. Solo quiero recordaros que la desviación típica muestra el grado de dispersión de un conjunto de datos particular respecto al resultado medio. Por lo tanto, si la desviación típica es mayor, normalmente significa que la inversión o la estrategia conlleva más riesgo.

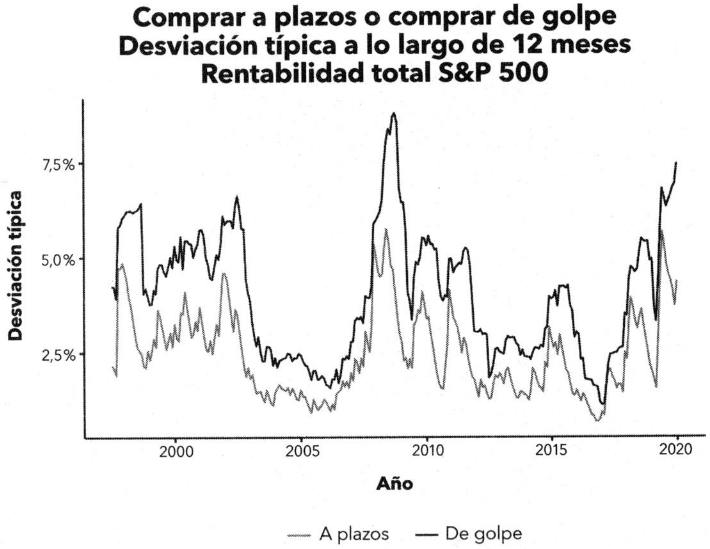

Es cierto que comprar de golpe es más arriesgado, porque la inversión es inmediata y la exposición al activo subyacente es total, mientras que, si compramos a plazos, vamos desembolsando a lo largo del periodo de adquisición. Sabemos que las acciones entrañan más riesgo que capital, así que es lógico que, cuanta más exposición tengas a las acciones, mayor será el riesgo.

Dicho eso, si te preocupa el riesgo, tal vez debas considerar la estrategia de invertir de golpe en una cartera más conservadora.

Por ejemplo, si inicialmente ibas a invertir a plazos en una cartera formada íntegramente por acciones de compañías estadounidenses, podrías optar por invertir de golpe en una cartera 60/40 de acciones y bonos de Estados Unidos. Así tendrás resultados ligeramente mejores por el mismo nivel de riesgo.

Invertir a plazos durante 12 meses en el S&P 500, o invertir de golpe en una cartera 60/40

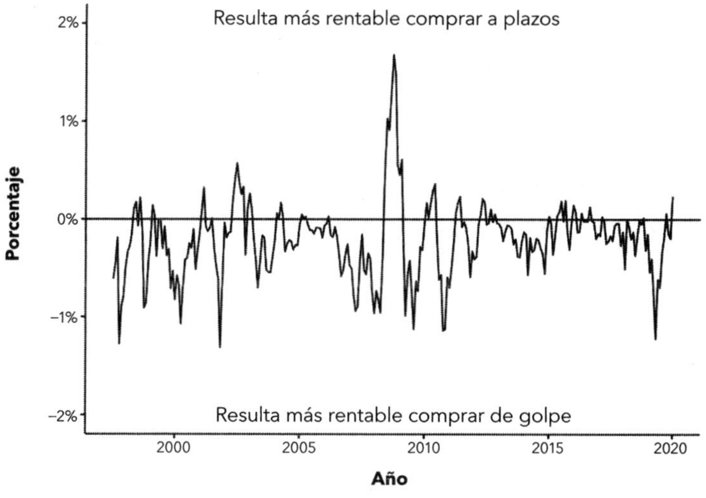

Como indica el gráfico, invertir a plazos en una cartera formada íntegramente por acciones de compañías estadounidenses ha obtenido peores resultados que invertir de golpe en una cartera 60/40 de acciones y bonos de Estados Unidos en casi todos los periodos analizados desde 1997.

Dicho eso, en este caso, el rendimiento de comprar a plazos no es muy inferior, pero la mayor parte del tiempo, invirtiendo de golpe consigues mejores resultados por el mismo nivel de riesgo (o incluso inferior). Eso es lo que buscan los inversores: mejor rendimiento con menor riesgo. El siguiente gráfico muestra la desviación típica de la rentabilidad de estas dos estrategias a lo largo de un periodo de 12 meses.

Desviación típica invirtiendo a plazos en el S&P 500 o invirtiendo de golpe en una cartera 60/40

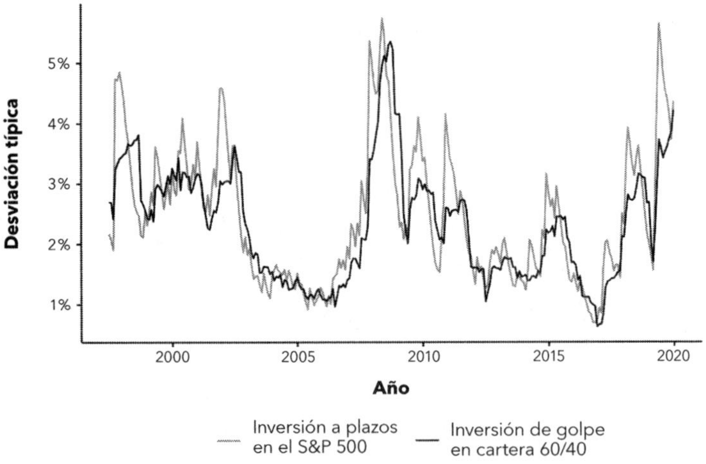

Como podéis ver, la mayor parte del tiempo, la estrategia de invertir de golpe en una cartera 60/40 entraña un nivel de riesgo equivalente o inferior que invertir a plazos en el S&P 500 (íntegramente en acciones).

En resumen, la estrategia de invertir de golpe en una cartera equilibrada 60/40 suele ser mejor que la estrategia de invertir a plazos en una cartera formada íntegramente por acciones.

Así que, si te preocupa el riesgo de invertir todo tu dinero de golpe en una cartera de acciones, hay un sistema mejor. En vez de quedarte a medias invirtiendo a plazos en una cartera formada íntegramente por acciones, deberías valorar la estrategia de invertir de golpe en una cartera de menor riesgo, formada en un 60 por ciento por acciones y un 40 por ciento por bonos.

¿La cosa cambia si invertimos el dinero ahorrado a plazos en bonos del Tesoro?

Una de las críticas habituales a este análisis es que asume que todo el dinero que se pretende invertir a plazos está esperando en un depósito a que demos el paso. Algunos han alegado que este dinero se tendría que invertir en *bills* del Tesoro de Estados Unidos (bonos a entre 1 y 12 meses) para obtener una rentabilidad mientras compramos a plazos.

Estoy de acuerdo con la lógica de esta teoría, pero el problema es que, en la práctica, la mayoría de los inversores no siguen este consejo. Pocos inversores ponen su dinero en bonos del Tesoro mientras poco a poco compran acciones.

Lo sé por el boca a boca, porque he hablado con asesores financieros que me lo han confesado. La verdad es que han tenido conversaciones interminables con potenciales clientes que han esperado durante años a que llegara el momento idóneo para entrar en el mercado, con el dinero en su cuenta.

Pero también lo sé gracias a la encuesta mensual de asignación de activos que lleva a cabo la American Association of Individual Investors (AAII). La encuesta de la AAII demuestra que, desde 1989, el inversor medio ha mantenido más del 20 por ciento de su cartera en efectivo.[87]

Aunque la premisa no se sostiene porque los inversores no hacen esto en la práctica, he analizado los datos igualmente. La siguiente tabla muestra la diferencia media entre invertir de golpe o hacerlo a plazos a la vez que se van comprando *bills* del Tesoro con el dinero no invertido.

Activo (1997-2020)	**Rendimiento inferior de comprar a plazos al cabo de 12 meses (en puntos porcentuales)**	**Porcentaje de periodos de 12 meses consecutivos en los que resulta menos rentable comprar a plazos**
Bitcoines (2014-2020)	96 %	65 %
Índice del Tesoro de Estados Unidos	1 %	72 %
Oro	3 %	60 %
Mercados desarrollados	2 %	60 %
Mercados emergentes	4 %	57 %
Cartera 60/40 de acciones y bonos de Estados Unidos	2 %	77 %
Rentabilidad total S&P 500	3 %	74 %

Por ejemplo, la tabla nos muestra que, para un inversor que hubiera comprado a plazos bitcoines en cualquier periodo de 12 meses consecutivos entre 1997 y 2020, a la vez que hubiera invertido su dinero en *bills* del Tesoro, su resultado habría sido un 96 por ciento inferior que si hubiera invertido todo el dinero de golpe. Además, la estrategia de comprar a plazos habría salido peor que la de comprar de golpe un 65 por ciento de las veces.

La principal diferencia respecto a lo que hemos visto antes es que, en lugar de un 2 a un 4 por ciento de media, ahora la inversión a plazos solo sería entre un 1 y un 3 por ciento peor que la inversión de golpe. Además, solo obtendría resultados peores en entre un 60 y un 70 por ciento de los meses, en vez de los porcentajes anteriores de entre un 70 y un 80 por ciento. Aunque la diferencia entre invertir a plazos y hacerlo de golpe ya no es tan grande, todavía existe, por mucho que invirtamos el dinero en *bills* del Tesoro.

¿El valor de las acciones importa?

Cuando yo recomiendo invertir de golpe, una respuesta habitual que me dan es: «En tiempos normales, tiene sentido, ¡pero no cuando las acciones están cotizando en los extremos!».

Así pues, cuando el valor de las acciones es elevado en todo el mercado, ¿significa que deberíamos considerar la estrategia de comprar a plazos?

En verdad, no.

Para los no iniciados, la ratio de valoración que estoy usando se llama CAPE (siglas en inglés de ratio precio-beneficios ajustada cíclicamente). La CAPE es un indicador para saber cuánto tendrías que pagar para conseguir 1 dólar de ganancias en los mercados estadounidenses. Es decir, una

CAPE de 10 significa que tienes que pagar 10 dólares para ganar 1. Cuando la CAPE es superior, las acciones son más caras y, cuando es inferior, se consideran más baratas.

Si desglosamos la comparativa de invertir a plazos e invertir de golpe por los percentiles CAPE desde 1960, vemos que invertir a plazos obtiene peores resultados que hacerlo de golpe en todos ellos.

Percentiles CAPE	**Rendimiento de la inversión a plazos a lo largo de 12 meses**	**Porcentaje de periodos de 12 meses consecutivos en los que hay peor rendimiento de la inversión a plazos**
CAPE <15 (<percentil 25)	5 % peor	67 %
CAPE 15-20 (percentil 25-50)	4 % peor	68 %
CAPE 20-25 (percentil 50-75)	3 % peor	71 %
CAPE >25 (>percentil 75)	2 % peor	70 %

La diferencia de rendimiento se reduce a medida que aumenta la CAPE, pero, por desgracia, al intentar analizar los periodos con las mayores valoraciones, encontramos dificultades con el tamaño de las muestras.

Por ejemplo, si solo tenemos en cuenta instantes en que la CAPE era mayor de 30 (más o menos el nivel de finales de 2019), invertir a plazos a lo largo de los siguientes 12 meses habría sido, de media, un 1,2 por ciento más rentable que hacerlo de golpe. Ahora bien, ¡la única vez que la CAPE había superado los 30 puntos antes de la última década había sido con la burbuja de las DotCom!

Pero si esperas para invertir porque la CAPE es demasiado elevada, podrías dejar pasar el tren de grandes beneficios. Por poner un ejemplo, la última vez que la CAPE superó los 30 fue en julio de 2017. Si entonces te hubieras pasado al efectivo, habrías echado a perder una subida del 65 por ciento en el S&P 500 al terminar 2020 (dividendos incluidos).

Si crees que el mercado está en una burbuja y que está a punto de desplomarse, tal vez tengas que esperar años para que los hechos te den la razón. ¡Y tal vez nunca te la den! Piénsatelo antes de usar el valor de los activos como una excusa para no invertir tu dinero.

Resumen final

A la hora de decidir entre invertir todo el dinero ahora o hacerlo gradualmente, casi siempre es mejor invertirlo ahora. Lo es con todas las clases de activos, sea el momento que sea y en casi todos los sistemas de valoración. En general, cuanto más esperes para invertir tu capital, peor será.

Digo en general porque el único momento mejor para invertir a plazos es cuando el mercado está en caída libre. Sin embargo, ese momento es precisamente cuando menos ganas tendrás de invertir.

Es difícil luchar contra esas emociones. Por esa razón, muchos inversores son incapaces de seguir comprando mientras el mercado cae.

Si aún te preocupa invertir una gran suma de dinero ahora mismo, el problema podría ser que la cartera es demasiado arriesgada para tu gusto. ¿Cuál es la solución? Invertir tu dinero ahora mismo en una cartera más conservadora de la que elegirías normalmente.

Si pretendes repartir las acciones y los bonos de tu cartera en una proporción de 80/20, tal vez te interese la opción de invertirlo todo en una cartera 60/40 de acciones y bonos y hacer la transición poco a poco. Por ejemplo, podrías empezar con una proporción 60/40 y urdir un plan específico para reequilibrar la cartera para llegar a un 70/30 dentro de un año y a un 80/20 dentro de dos años.

Así, puedes obtener cierta rentabilidad por tu dinero sin asumir tanto riesgo inicial.

Ahora que hemos comentado por qué invertir de inmediato es mejor que esperar, vamos a pasar a explicar por qué nunca deberías esperar a que las acciones caigan para comprar.

14

¿Por qué no deberías esperar nunca a que las acciones caigan para comprar?

Ni siquiera Dios puede superar el coste medio de adquisición

Si el último capítulo no bastó para convencerte de abandonar para siempre las apuestas a futuras caídas, este seguro que te persuade. Se trata de una afirmación osada, pero puedo respaldarla con datos.

Empezaremos jugando a un juego.

Imagina que viajas en el tiempo y apareces en cualquier momento entre 1920 y 1980. Imagina que tienes que invertir en el mercado estadounidense durante los siguientes 40 años y que tienes dos estrategias de inversión para elegir:

1. **La adquisición periódica de un mismo activo o coste medio de adquisición (DCA, por sus siglas en inglés)**: inviertes 100 dólares al mes durante 40 años.
2. **La adquisición puntual de acciones cuando el precio cae**: ahorras 100 dólares al mes y no compras hasta que el mercado cae. Cuando hablamos de caer, nos referimos a cualquier momento en el que el mercado no está en su clímax. Incluso voy a hacer mejor esta segunda estrategia. No solo vas a comprar cuando cai-

> ga el mercado, sino que te voy a hacer omnisciente. Vas a saber exactamente cuándo el mercado toca fondo entre dos picos históricos cualesquiera. Así te asegurarás de que, cuando compres, lo harás al mejor precio posible.

La única regla adicional del juego es que no puedes vender las acciones. Una vez que has hecho una compra, debes conservar esos títulos hasta que acabe el periodo analizado.

¿Qué estrategia elegirías, pues, la primera o la segunda?

Por lógica, parece imposible perder si compras cuando el mercado está cayendo. Sabiendo cuándo has tocado fondo, siempre puedes comprar al mejor precio en comparación con los picos históricos del periodo.

Pero si aplicas esta estrategia, lo cierto es que verás que comprar cuando el mercado cae es menos rentable en más del 70 por ciento de los periodos de 40 años comprendidos entre 1920 y 1980. Y eso a pesar de saber exactamente cuándo el mercado va a tocar fondo.

¡Ni siquiera Dios podría superar el coste medio de adquisición!

¿Por qué? Porque comprar cuando el mercado cae solo funciona si sabes que se aproxima una gran hecatombe y eres capaz de elegir el momento exacto.

El problema es que las grandes caídas del mercado no son muy frecuentes. En la historia de Estados Unidos, solo ha habido cracs bursátiles en los años treinta, setenta y dos mil. Son raros. Eso significa que la estrategia tiene escasas opciones de superar el coste medio de adquisición.

Y las veces en las que resulta una estrategia mejor, hay que tener una precisión impecable, divina. Si te equivocas por solo dos meses, la posibilidad de que te salga bien la jugada se reduce de un 30 a un 3 por ciento.

Pero no porque yo lo diga. Vamos a indagar en los detalles para saber por qué es así.

Cómo comprar cuando el mercado está cayendo

Para empezar, vamos a analizar el mercado de valores de Estados Unidos entre enero de 1996 y diciembre de 2019, un periodo de 24 años, para familiarizarnos con esta estrategia.

En el primer gráfico muestro los resultados del S&P 500 (incluyendo los dividendos y ajustando a la inflación) a lo largo de este periodo de 24 años. Los picos históricos se resaltan con puntos de color gris.

Picos históricos del S&P 500

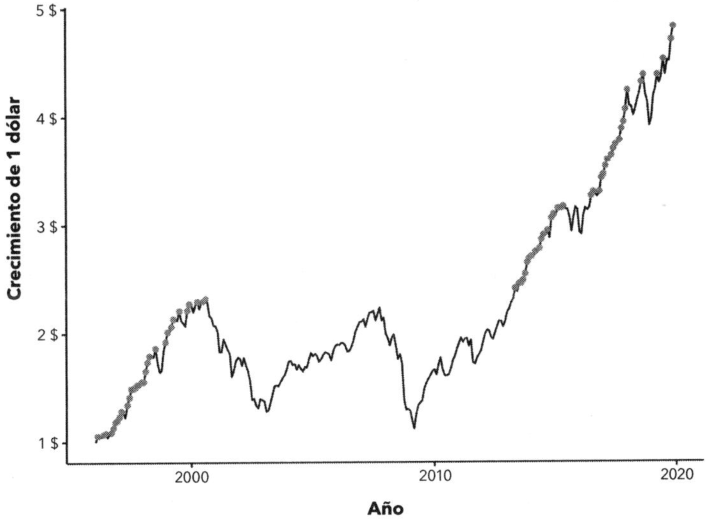

Ahora voy a mostrar exactamente el mismo gráfico que antes, pero añadiendo un punto negro por cada caída del mercado (entendida como el mayor descenso entre un par de picos históricos). Estas caídas son los puntos en los que aplicaríamos la estrategia de comprar cuando el mercado está cayendo.

Como podéis ver, las caídas (puntos negros) aparecen en el punto más bajo entre dos picos históricos cualesquiera (puntos grises). La caída más destacada de este periodo se produjo en marzo de 2009 (el único punto negro antes de 2010), que fue el punto más bajo después del pico del mercado en agosto del año 2000.

No obstante, también veréis que hay muchas caídas poco pronunciadas que se concentran entre picos históricos. Estas caídas se agrupan en periodos alcistas (de mediados a finales de los noventa y a mediados de la década de 2010).

Para mostrar cómo funciona la estrategia de comprar cuando el mercado cae, he hecho un gráfico con la cantidad invertida y su saldo de caja durante este periodo, de 1996 a 2019.

Comprar cuando el mercado cae

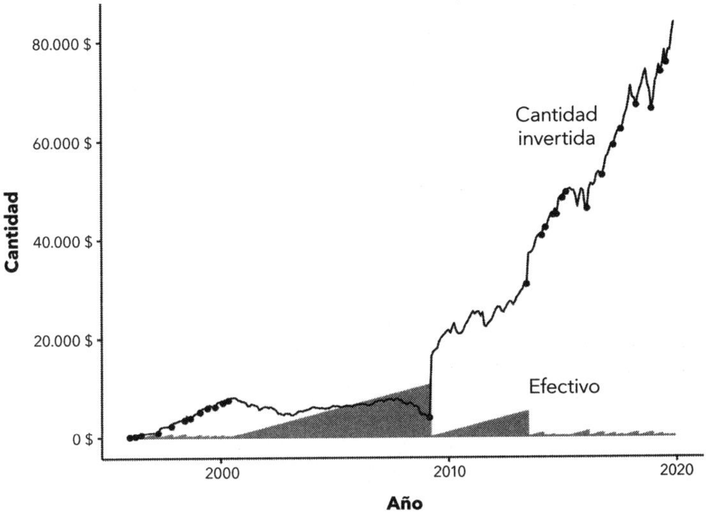

Cada vez que se invierte en el mercado siguiendo esta estrategia (puntos negros), el saldo de caja (área sombreada en gris) baja hasta cero y la cantidad invertida sube de forma acorde. Se ve más claro si nos fijamos en marzo de 2009, cuando, después de casi nueve años ahorrando, invertimos 10.600 dólares en el mercado.

Si comparamos el valor de una cartera que invierte usando esta estrategia con otra que hace adquisiciones periódicas, vemos que su rendimiento empieza a ser mejor más o menos allá por marzo de 2009. Lo muestro en el siguiente gráfico. Nuevamente, los puntos negros representan cada ocasión en la que se hace una compra siguiendo la estrategia de comprar cuando el mercado está cayendo.

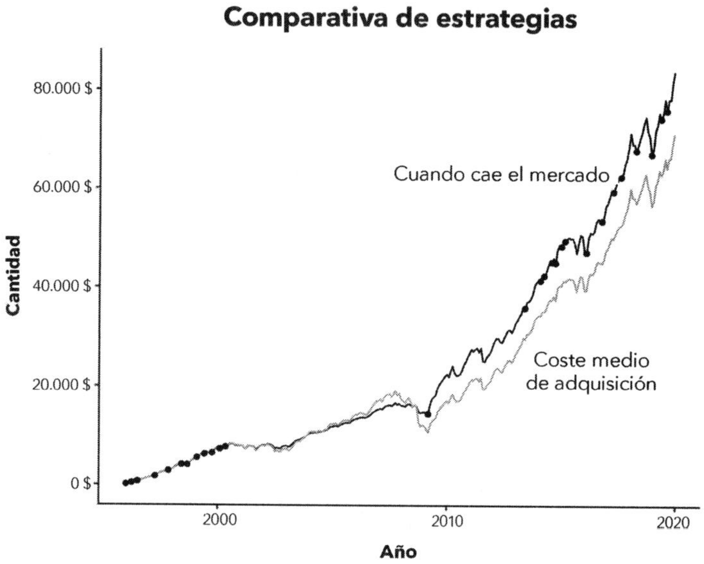

Si quieres entender por qué esta compra puntual es tan importante, vamos a analizar cuánto crece cada adquisición periódica una vez termina el periodo, en comparación con la estrategia de invertir mientras el mercado está cayendo. Cada barra del gráfico de la página siguiente representa el crecimiento de una adquisición de 100 dólares al llegar a diciembre de 2019.

Por ejemplo, una adquisición de 100 dólares en enero de 1996 habría crecido hasta superar los 500. Los puntos negros vuelven a representar los momentos en los que se invierte aprovechando la caída del mercado.

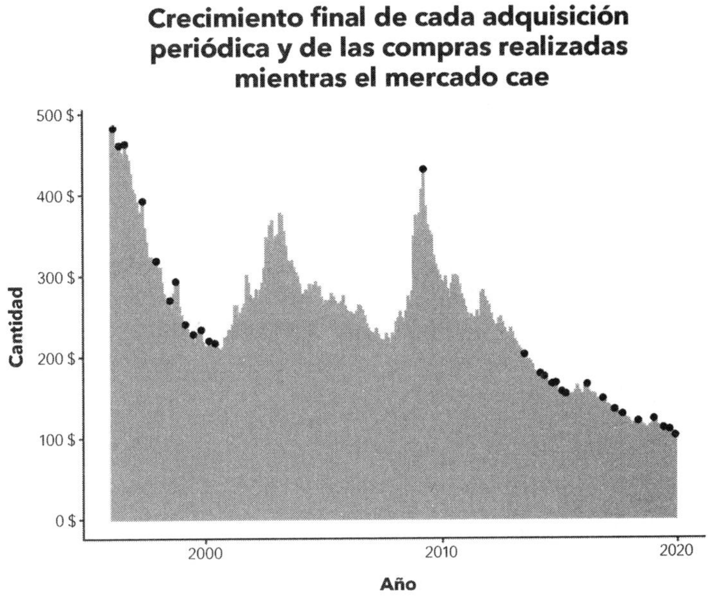

Este gráfico demuestra la ventaja de comprar mientras el mercado está cayendo, pues cada 100 dólares invertidos en marzo de 2009 (ese punto solitario allá por 2010) habrían crecido hasta casi 450 dólares en diciembre de 2019.

Hay dos cosas más que destacar sobre estos gráficos:

1. De media, los pagos más tempranos generan más (¡el interés compuesto existe!).
2. Hay unos cuantos meses (por ejemplo, febrero de 2003, marzo de 2009) en los que algunos pagos generan bastante más que otros.

Si unimos estos dos hechos, deducimos que la estrategia de comprar cuando el mercado cae es más rentable siempre que las grandes caídas se producen en las fases iniciales del periodo analizado.

El mejor ejemplo de esto es el periodo entre 1928 y 1957, que contiene la mayor caída de la historia de la Bolsa de Estados Unidos: junio de 1932.

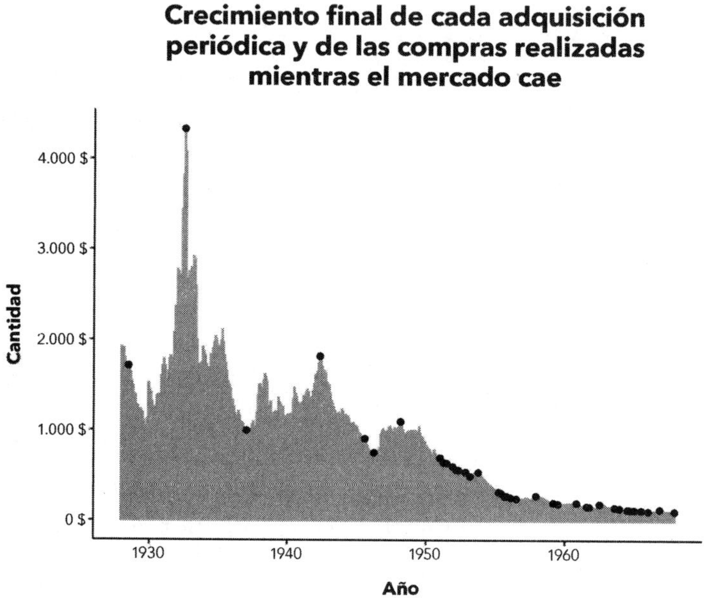

Entre 1928 y 1957, la estrategia de comprar cuando el mercado está cayendo funciona extraordinariamente bien porque aprovecha la mayor caída de la historia, la de junio de 1932, desde el comienzo. ¡Por cada 100 dólares que hubieras invertido cuando el mercado tocó fondo en junio de 1932, habrías recibido 4.000 en 1957! Ningún otro periodo de la historia de la Bolsa estadounidense se acerca ni remotamente a estos resultados.

Sé que parece que te estoy vendiendo la estrategia de comprar cuando el mercado cae, pero el periodo comprendido entre 1996 y 2019 y el que fue de 1928 a 1957 son, curiosamente, dos periodos en los que hubo un mercado con una larga tendencia bajista.

Si nos fijamos en plazos más largos, históricamente, la estrategia de comprar cuando el mercado va a la baja no es mejor. El siguiente gráfico muestra el índice de preponderancia histórico de esta estrategia respecto al coste medio de adquisición durante periodos de 40 años. El índice de preponderancia se define como el resultado de dividir A (el valor final de la cartera formada siguiendo la primera estrategia) por B (el valor final de la cartera formada con la segunda estrategia).

Comparativa de las estrategias durante los periodos de 40 años

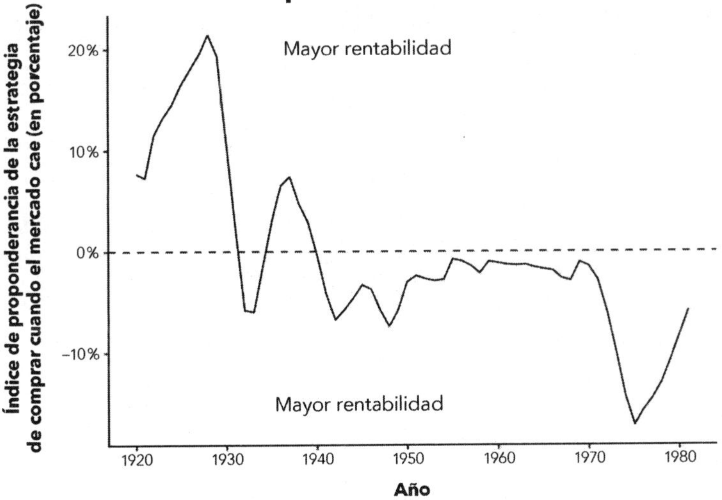

Si la estrategia de comprar cuando el mercado cae genera más dinero, está por encima de la línea del 0 por ciento. De lo contrario, está por debajo. Para ser precisos, más del 70 por ciento del tiempo, la estrategia obtiene peores resultados (es decir, está por debajo de la línea del 0 por ciento).

Veréis que la estrategia sale bien cuando se empieza en los años veinte (debido al mercado tremendamente bajista de la década de los treinta), con un valor final de hasta un 20 por ciento superior. Sin embargo, la buena tendencia se acaba al finalizar los negros años treinta y sigue ofreciendo peores resultados. Su peor año en comparación con la otra estrategia se produce justo después del mercado bajista de 1974 (al comenzar a invertir en 1975).

Este periodo que va de 1975 a 2014 es especialmente malo para la estrategia porque deja pasar la gran hecatombe de 1974. Una vez superado 1975, el siguiente pico histórico del mercado no llega hasta 1985, así que no hay ninguna caída que permita comprar hasta después de ese año.

Debido a esta mala coyuntura, la estrategia del coste medio de adquisición es perfectamente capaz de rendir mejor. El gráfico de la página anterior muestra la comparativa entre ambas estrategias durante 40 años a partir de 1975. Como siempre, los puntos negros muestran las adquisiciones hechas aprovechando las caídas del mercado.

Como podéis ver, la estrategia del coste medio de adquisición adquiere una ventaja al principio y ya no la suelta. Hay unos cuantos hundimientos bursátiles que se pueden aprovechar; sin embargo, como llegan en fases posteriores, no hay suficiente margen para que los beneficios se acumulen. Lo veréis mejor observando el crecimiento de las adquisiciones durante este periodo, en el siguiente gráfico.

Crecimiento final de cada adquisición periódica y de las adquisiciones puntuales realizadas cuando el mercado cae

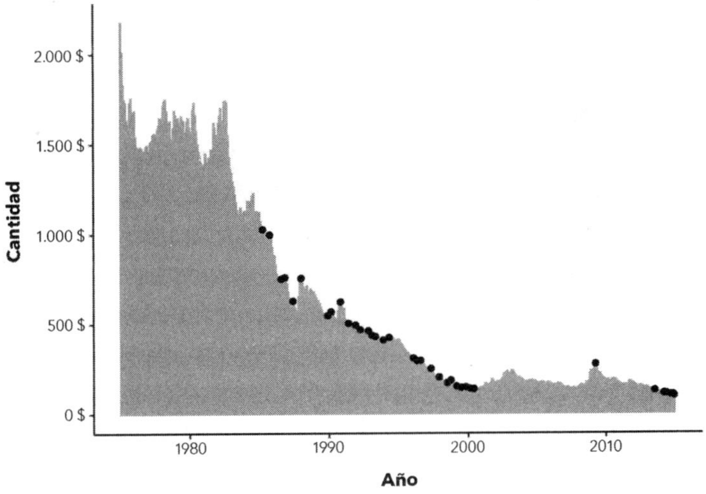

A diferencia de la simulación de los periodos 1928-1957 y 1996-2019, en la de 1975-2014 no se pueden hacer grandes compras al principio del periodo aprovechando que el mercado cae. Sí se puede aprovechar el hundimiento de marzo de 2009, pero llega tan tarde en la simulación que no se obtiene un beneficio suficiente para superar la estrategia de las adquisiciones periódicas.

Esto demuestra que, incluso siendo omniscientes, esperar para comprar cuando el mercado está cayendo es menos rentable. Por lo tanto, si estás ahorrando con vistas a comprar cuando el mercado toque fondo, seguramente te rentaría menos que invertir cuanto antes.

¿Por qué?

Porque puede que te pases toda la vida esperando la bendita caída del mercado. Y, de paso, te perderás meses (o incluso años) de crecimiento compuesto a medida que el mercado crece y te deja atrás.

Lo que hace todavía más complicada la estrategia de comprar cuando el mercado está cayendo es que, hasta ahora, hemos asumido que sabías exactamente el día en que el mercado tocaría fondo. Pero la realidad es que nunca lo sabrás con certeza. Nunca podrás acertar a la perfección.

Yo hice una simulación de la estrategia en la que me equivocaba por dos meses en la elección del día más negro, y ¿sabéis qué? ¡Fallar por apenas dos meses implicaba que la estrategia del DCA daba mejores resultados un 97 por ciento de las veces! Si se erra por un margen de menos de dos meses, incluso alguien a quien se le dé bastante bien acertar con el día en que el mercado tocará fondo seguiría perdiendo a largo plazo.

En resumidas cuentas

El objetivo principal de este capítulo es reiterar la absurdidad de ahorrar dinero para esperar a invertirlo cuando el mercado esté cayendo. Resulta mejor seguir comprando. Y tal como vimos en el anterior capítulo, en general, es mejor invertir más pronto que tarde. En suma, la conclusión es innegable: deberías invertir cuanto antes y tan a menudo como puedas.

He aquí el espíritu que vertebra este libro y que trasciende el tiempo y el espacio.

Por ejemplo, si hubieras elegido un mes al azar posterior a 1926 para empezar a adquirir una amplia gama de acciones en compañías estadounidenses y hubieras seguido comprándolas durante el resto de la década, tendrías un 98 por ciento de posibilidades de obtener mejores frutos que guardando el dinero en un depósito y un 83 por ciento de posibilidades de obtener mejores resultados que con bonos del Tesoro a 5 años. Es más, lo normal habría sido ganar un 10,5 por ciento con tu inversión.[88]

Si hicieras un análisis parecido para un grupo de acciones globales desde 1970, habrías obtenido mejores resultados que conservando el efectivo en un 85 por ciento de los periodos de 10 años consecutivos y habrías obtenido un rédito cercano al 8 por ciento por tu inversión.[89]

En ambos casos, el método para generar riqueza es el mismo: «Tú sigue comprando».

Al fin y al cabo, si Dios es incapaz de batir a la estrategia del coste medio de adquisición, ¿qué opciones tendrás tú?

Dios sigue riéndose el último

Una de las cosas más importantes que he aprendido mientras hacía todas las cuentas para este capítulo es que el resultado de nuestra trayectoria como inversores depende en gran medida de acertar con el momento. Formalmente, es lo que se conoce como «riesgo de secuencia», del que hablaremos en el próximo capítulo.

Por ejemplo, el mejor periodo de 40 años que he analizado en este capítulo ocurrió entre 1922 y 1961. De haber realizado adquisiciones periódicas por valor de 48.000 dólares (40 años × 12 meses × 100 dólares), habrías acabado con más de 500.000 dólares, tras el debido ajuste a la inflación. En el peor periodo, de 1942 a 1981, tus 48.000 dólares de adquisiciones solo habrían aumentado su valor hasta los 153.000 dólares. Es una diferencia del 226 por ciento, ¡mucho mayor que cualquier divergencia observada entre las dos estrategias tratadas en este capítulo!

Por desgracia, esto demuestra que tu estrategia importa menos que los vaivenes del mercado. Dios sigue riéndose el último.

Dicho esto, en el siguiente capítulo abordaremos el rol de la suerte en la inversión.

15

Por qué la inversión es cuestión de suerte

Y por qué debería darte igual

A finales de los años setenta, en el mundo editorial se consideraba que un autor nunca debía sacar más de un libro al año. La mayoría opinaba que, de lo contrario, se diluiría la marca del escritor.

Eso suponía un problemilla para Stephen King, que estaba escribiendo al ritmo de dos libros al año. En vez de reducir la velocidad, King decidió publicar algunas obras bajo el seudónimo de Richard Bachman.

Durante unos años, todos los libros que publicó King se vendieron a manos llenas, mientras que Richard Bachman permaneció más o menos en el anonimato. King era una leyenda y Bachman, un don nadie.

Pero todo cambió cuando un librero de Washington llamado Steve Brown detectó la similitud de estilo de escritura entre King y Bachman. Ante el peso de las pruebas, King confesó y accedió a concederle una entrevista a Brown al cabo de unas semanas.

El libro de Frans Johansson *El momento justo: aprovecha las oportunidades de un mundo imprevisible* narra lo ocurrido:

> En 1986, una vez descubierto el pastel, King volvió a publicar todas las obras del supuesto Bachman con su auténtico nombre y los libros alcanzaron la cima de las listas de más vendidos. La primera tirada de *Maleficio* había vendido 28.000 ejemplares, un récord para Bachman y una cifra superior a la media para cualquier escritor. Pero en cuanto se supo que Richard Bachman era Stephen King, la venta de los libros de Bachman se disparó y enseguida se llegó a los 3 millones de ejemplares vendidos.

Tampoco es un fenómeno exclusivo de Stephen King. J. K. Rowling publicó un libro titulado *El canto del cuco* bajo el seudónimo de Robert Galbraith, pero la desenmascaró una persona que llevaba a cabo avanzados análisis textuales.[90]

Poco después de saberse que Galbraith era Rowling, *El canto del cuco* aumentó en más de un 150.000 por ciento sus ventas y llegó al número 3 de la lista de más vendidos de Amazon, en la que hasta entonces había ocupado el puesto 4.709.[91]

La incursión de King y de Rowling como escritores de incógnito revela una cruda realidad sobre el efecto del azar en el éxito. Aunque los hitos de King y Rowling no son solo fruto de la suerte, es difícil explicar por qué vendieron millones de libros mientras que Bachman y Galbraith no a pesar de tener una calidad similar. La suerte influye mucho.

Lamentablemente, estas mismas fuerzas misteriosas que pueden llevarte a la fama o arruinarte la vida laboral también pueden tener un gran impacto en los resultados de tus inversiones.

Cómo afecta el año en que naces a la rentabilidad de tu inversión

Tal vez pienses que algo tan aleatorio como el año en que naces influye poco en tu capacidad para acumular riqueza, pero te equivocas. Si lo analizas históricamente, verás que los mercados de valores tienden a avanzar a trancas y barrancas difíciles de predecir.

Para mostrarlo, te enseñaré la rentabilidad anual del S&P 500 por década desde 1910, incluyendo dividendos y con el debido ajuste a la inflación.

Como ves, dependiendo de la década en la que hubieras invertido, habrías obtenido una rentabilidad anual de 16,6 puntos porcentuales positivos o de 3,1 puntos porcentuales negativos. Es una diferencia de 20 puntos y no tiene nada que ver con tus decisiones como inversor.

Pero esa es solo la punta del iceberg. Si analizas periodos de 20 años, la variación en la rentabilidad anual sigue siendo grande.

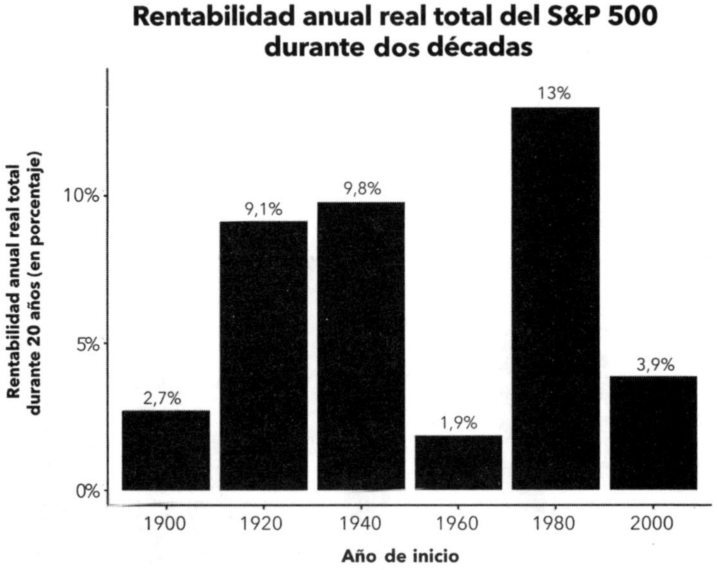

A lo largo de 20 años, según el periodo en el que hubieras invertido, en el mejor de los casos, habrías podido obtener una rentabilidad anual del 13 por ciento y, en el peor de los casos, una del 1,9 por ciento.

A raíz de esta variación temporal en la rentabilidad, incluso los inversores con más maña pueden obtener peores resultados que los meramente afortunados.

Por ejemplo, si entre 1960 y 1980 hubieras conseguido una rentabilidad un 5 por ciento mejor que la del mercado, habrías ganado menos dinero que si entre 1980 y 2000 hubieras obtenido una rentabilidad un 5 por ciento peor que la del mercado. El motivo es que la rentabilidad anual real total entre 1960 y 1980 fue del 1,9 por ciento, mientras que entre 1980 y 2000 fue del 13 por ciento (1,9 % + 5 % < 13 % - 5 %).

Es para tenerlo en cuenta. Un inversor extraordinario que hubiera conseguido resultados anuales un 5 por ciento mejores que los del mercado habría ganado menos dinero que un inversor terrible con resultados anuales un 5 por ciento peores que los del mercado, simplemente por el momento en el que empezaron a invertir. Se trata de un ejemplo elegido a propósito para demostrar algo, pero pone de relieve que los inversores más hábiles pueden morder el polvo ante los menos hábiles solamente porque invirtieron en un contexto bursátil complicado.

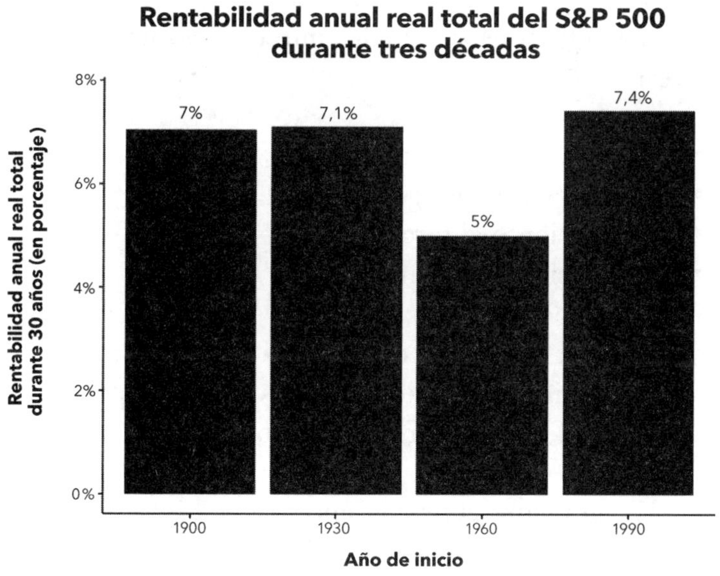

Como acabamos de ver en el gráfico, la única buena noticia es que, durante lapsos de 30 años, las diferencias en la rentabilidad anual son mucho menos pronunciadas.

Aunque solo son cuatro periodos de datos no solapados, se sobreentiende que quienes invierten a largo plazo en mercados estadounidenses suelen sacar rédito de sus esfuerzos. Tal vez en el futuro no sea así, pero, si nos guiamos por la historia, yo creo que sí.

Ahora que hemos analizado cómo la suerte puede influir en la rentabilidad total de tu inversión, también tenemos que sopesar el orden en que rinden tus inversiones y por qué es relevante.

Por qué el orden de tu rentabilidad es importante

Supongamos que inviertes 10.000 dólares en una cuenta que obtiene los siguientes resultados durante los cuatro años siguientes:

- +25 por ciento el primer año
- +10 por ciento el segundo año
- -10 por ciento el tercer año
- -25 por ciento el cuarto año

¿Te habría ido mejor cambiando el orden de los años? Por ejemplo, imagina que obtuvieras los mismos porcentajes de rentabilidad, pero en orden inverso:

- -25 por ciento el primer año
- -10 por ciento el segundo año

- +10 por ciento el tercer año
- +25 por ciento el cuarto año

¿Cambiará el valor final de cartera de tu inversión inicial de 10.000 dólares?

Pues no.

Cuando haces una sola inversión y no añades ni quitas fondos adicionales, el orden de las rentabilidades no importa. Si no me crees, trata de demostrar por qué 3 × 2 × 1 no equivale a 1 × 2 × 3.

Pero ¿y si añades (o quitas) dinero? Entonces, ¿el orden importa?

Sí. Cuando vas añadiendo dinero, estás poniendo más énfasis en tus rentabilidades futuras, pues estás invirtiendo más dinero en una etapa posterior. Por consiguiente, la importancia de tus rentabilidades futuras aumenta a medida que añades dinero. Eso significa que, tras añadir fondos, una rentabilidad negativa te costará más en términos absolutos que si la rentabilidad negativa se hubiera producido antes de añadir esos fondos.

Y como la mayoría de los inversores van sumando activos a lo largo del tiempo, el orden de esas rentabilidades importa más que casi cualquier otro riesgo financiero. Formalmente, a esto se le llama «riesgo de secuencia» y se puede explicar mediante el siguiente experimento mental.

Imagina que ahorras 5.000 dólares al año durante 20 años en estos dos escenarios:

1. **Rentabilidades negativas tempranas:** obtienes una rentabilidad negativa de un 10 por ciento durante 10 años y, luego, una rentabilidad positiva de un 10 por ciento durante otros 10 años.

2. **Rentabilidades negativas tardías:** obtienes una rentabilidad positiva de un 10 por ciento durante 10 años y, luego, una rentabilidad negativa de un 10 por ciento durante otros 10 años.

En ambos escenarios habría una rentabilidad equivalente y harías la misma aportación total: 100.000 dólares durante un periodo de 20 años. La única diferencia sería el momento de la rentabilidad y de la inversión.

En el siguiente gráfico vemos cuál sería el valor final de tu cartera en cada uno de los escenarios. Fijaos que he añadido una línea vertical en la marca de los 10 años para resaltar el momento en el que la rentabilidad pasa del 10 por ciento negativo al 10 por ciento positivo, y viceversa.

Las rentabilidades negativas tienen más efecto en fases posteriores de la vida

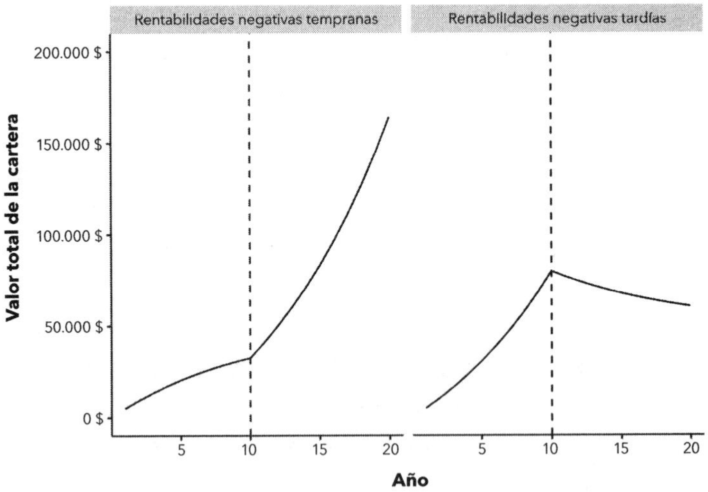

Como ves, aunque en ambos casos invirtieras 5.000 dólares al año, el valor final de tu cartera diferiría bastante en función del orden de tus rentabilidades. En el primer escenario acabarías con más de 100.000 dólares más que en el segundo, y eso que en ambos invertirías la misma cantidad de dinero.

Que la rentabilidad negativa ocurra tarde, cuando ya has invertido la mayor parte de tu dinero, es mucho peor que sufrir esos malos resultados nada más empezar a invertir. En otras palabras, el final lo es todo.

El final lo es todo

Tanto tú como la mayoría de los inversores iréis acumulando activos durante gran parte de vuestra vida. Eso significa que los índices de rentabilidad más importantes llegarán antes y justo después de jubilaros. Si sufrierais una rentabilidad muy negativa en ese momento, vuestros ahorros menguarían bastante y tal vez no viviríais lo suficiente para ver su recuperación.

Lo que agrava todavía más este escenario es que tal vez rescatéis dinero durante la jubilación, lo cual incrementaría todavía más el ritmo al que menguarían esos ahorros.

Por suerte, los estudios sugieren que es improbable que uno o dos años malos en los mercados tengan un gran impacto sobre nuestra jubilación. Según descubrió el experto en finanzas Michael Kitces, «si ahondamos más en los datos, vemos que hay una escasa relación entre las rentabilidades del primer y segundo año de jubilación y el ritmo de retirada segura de efectivo que puede soportar la cartera, [...] incluso si la jubilación empieza con un crac de la Bolsa».[92]

Lo que sí halló Kitces fue que la primera década de rentabilidades (en particular, al ajustarlas a la inflación) podía tener un impacto considerable. Uno o dos años no influyen mucho, pero una mala década sí puede causar estragos en nuestra economía. Eso demuestra por qué las rentabilidades durante la primera década de nuestra jubilación son tan importantes.

Con esa información en la mano, os dejo la década en la que la rentabilidad de vuestras inversiones importará más según vuestro año de nacimiento, asumiendo que os jubiláis a los 65:

- Nacidos en 1960 => 2025-2035
- Nacidos en 1970 => 2035-2045
- Nacidos en 1980 => 2045-2055
- Nacidos en 1990 => 2055-2065
- Nacidos en el 2000 => 2065-2075

Como yo nací en 1989, significa que necesito que mis mejores rentabilidades lleguen entre 2055 y 2065, cuando debería tener invertido el grueso de mi dinero. Pero, aunque no obtenga las increíbles rentabilidades que deseo, sé que hay maneras de reducir el impacto del azar en mi economía.

Cómo mitigar la mala suerte como inversor

Pese a la importancia de la suerte, tienes más control sobre tu futuro financiero del que te imaginas. La razón es que, vayan como vayan los mercados, tú siempre puedes decidir cuánto ahorrar e invertir, en qué activos invertir y con qué frecuencia. Tu éxito como inversor no solo depende de qué cartas te toquen, sino de cómo las juegues.

Por mucho que valore la importancia de la suerte en la inversión y en la vida, no estoy a merced de ella. Y tú tampoco deberías estarlo. Casi siempre puedes hacer algo para contrarrestar la mala suerte antes y después de que ocurra.

Por ejemplo, si estás a punto de jubilarte y te preocupa que los mercados vayan a tener una década mala, te doy algunos consejos para no perder tanto:

- **Diversifica correctamente con activos de bajo riesgo (bonos)**. Si te jubilas con un buen repertorio de bonos bajo el brazo, tal vez te aporten suficientes ingresos para no tener que vender acciones a precios bajos.
- **En tiempos de recesión, valora la opción de retirar una menor cantidad de dinero**. Si inicialmente habías pensado rescatar un 4 por ciento anual, reducir temporalmente ese porcentaje podría ayudarte a mitigar los daños provocados por la caída del mercado.
- **Plantéate trabajar a media jornada para complementar tus ingresos**. Una de las ventajas de la jubilación es que puedes decidir qué hacer con tu tiempo. Eso significa que puedes empezar a trabajar en algo nuevo para generar ingresos, en vez de vender los activos que ya tienes.

Incluso si no estás a punto de jubilarte, diversificar correctamente tu inversión y ajustar temporalmente tu ratio de ingresos y gastos puede ayudarte muchísimo durante los periodos de vacas flacas.

Y si eres un inversor joven, la mejor forma de mitigar la mala suerte es el propio tiempo. Como la mayoría de los mercados tienden siempre al alza, tal como vimos en el capítulo 13, eso quiere decir que el tiempo es el amigo de un joven inversor.

Sea cual sea tu situación financiera, siempre tendrás opciones para combatir una mala racha. Y, sobre todo, la mala suerte no siempre es tan catastrófica como parece. A veces solo forma parte del juego. Por eso, en el siguiente capítulo, abordamos la volatilidad del mercado y por qué es ilógico temerla.

16

Por qué no debes tener miedo de la volatilidad

El precio de entrada para ser un buen inversor

Fred Smith estaba desesperado. Ya había derrochado casi todo su patrimonio para fundar una empresa de reparto llamada Federal Express (más tarde, FedEx), y su antiguo socio fundador, General Dynamics, le acababa de denegar su solicitud de financiación adicional.

Era viernes y Smith sabía que el lunes tenía que hacer un pago de 24.000 dólares para comprar el combustible de avión de la semana siguiente. Solo había un problema: Federal Express tenía apenas 5.000 dólares en la cuenta.

Smith hizo lo único racional que se le ocurrió: voló a Las Vegas y apostó los 5.000 dólares que le quedaban al *blackjack*.

Cuando llegó la mañana del lunes, Roger Frock, director general y jefe de operaciones de Federal Express, consultó la cuenta de la empresa y se quedó asombrado. Fue a hablar con Smith sin más dilación y le preguntó qué había pasado.

Smith confesó: «La reunión con el consejo de General Dynamics fue un fiasco y sabía que necesitábamos dinero para el lunes, así que cogí un avión a Las Vegas y gané 27.000 dólare».

Lo dicho. Smith había apostado los últimos 5.000 dólares de la compañía al *blackjack* y había ganado a lo grande.

Sin salir de su asombro, Frock le preguntó a Smith cómo podía arriesgar los últimos 5.000 dólares de la empresa de esa forma. Smith le contestó: «¿Qué diferencia habría habido? Sin dinero para pagar a la petrolera, tampoco habríamos podido volar».[93]

La historia de Smith nos da una importante lección sobre el riesgo y sobre el coste de la inacción: a veces, el mayor riesgo que puedes tomar es no tomar ningún riesgo.

Donde más se cumple esta máxima es en la inversión. En los medios financieros abundan las noticias sobre fondos de cobertura que estallan y sobre ganadores de la lotería que se arruinan, pero ¿cada cuánto informan sobre gente que ahorra durante décadas y es incapaz de generar riqueza? Casi nunca.

El problema es que la gente que no se arriesga no ve las consecuencias de sus actos hasta al cabo de muchos años. Pero esas consecuencias pueden ser igual de nocivas que las de asumir demasiado riesgo.

Esta verdad resulta más que evidente cuando examinamos la volatilidad del mercado y aquellos que tratan de evitarla. Porque rehuir demasiado las pérdidas puede restringir muchísimo tus beneficios.

Por lo tanto, si quieres cosechar beneficios —es decir, acumular riqueza—, tienes que aceptar la volatilidad y las caídas periódicas consiguientes. Es el precio que tienes que pagar para que tu inversión sea provechosa a largo plazo. Pero ¿cuánto deberías estar dispuesto a asumir?, y ¿cuál es el precio de entrada?

En este capítulo, usamos un experimento mental sencillo para abordar esas cuestiones.

El precio de entrada

Imagina que hay un genio de los mercados que cada 31 de diciembre se te aparece y te da información sobre la Bolsa estadounidense a lo largo del siguiente año.

Por desgracia, ese genio no te puede avisar de qué acciones concretas tienes que comprar ni cómo irá el mercado. Lo que sí sabe es cuánto caerá la Bolsa en el momento en que toque fondo (la caída máxima intraanual).

La pregunta que te hago es la siguiente: ¿cuál es el porcentaje máximo que tendría que caer el mercado el año que viene para que renunciaras a invertir en acciones y optaras por los bonos?

Por ejemplo, si el genio te dijera que el mercado va a caer un 40 por ciento en algún momento del año próximo, ¿seguirías confiando o esperarías a que remitiera la tormenta?, ¿y si fuera un 20 por ciento?, ¿dónde está tu límite?

Antes de que respondas, te voy a dar unos datos para que lo hagas con conocimiento de causa. Desde 1950, la caída máxima intraanual media del S&P 500 ha sido del 13,7 por ciento, con una media del 10,6 por ciento.

Eso quiere decir que si hubieras invertido en el S&P 500 el 2 de enero de cualquier año posterior a 1950, la mitad de las veces habría caído un 10,6 por ciento (o más) a lo largo del año en cuestión y, la otra mitad, habría caído menos de un 10,6 por ciento. De media, los mercados caen alrededor de un 13,7 por ciento en algún momento de un año natural.

El siguiente gráfico muestra la caída máxima intraanual del S&P 500 en todos los años desde 1950.

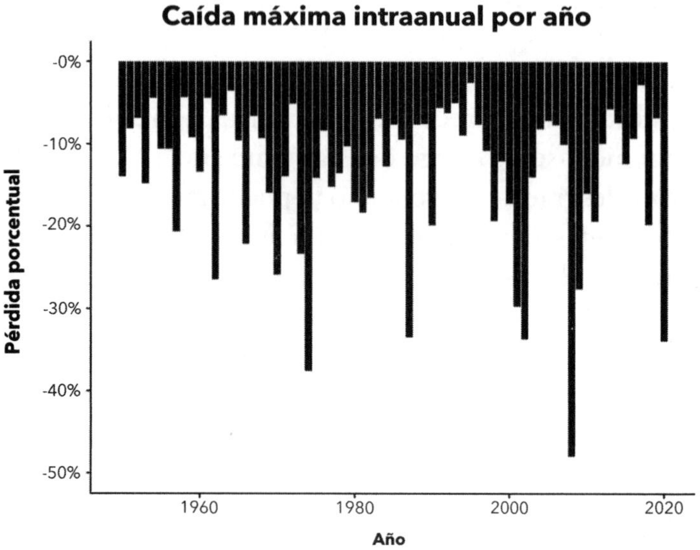

Como podéis ver, la peor caída ocurrió en 2008, cuando a finales de noviembre el S&P había perdido un 48 por ciento respecto al inicio del año.

Después de ver estos datos, ¿cómo tendría que ser la caída para que decidieras esperar a que amainara la tormenta?

Empezaremos asumiendo que eres ultraconservador. Le dices al genio que quieres evitar las acciones en los años en que hay una caída del 5 por ciento o más, y que esos años prefieres invertir en bonos.

La vamos a denominar «estrategia anticaídas» porque consiste en invertir todo el dinero en bonos los años en que las acciones caen demasiado (en este caso, un 5 por ciento o más) y en elegir las acciones los demás años. La estrategia anticaídas puede consistir en invertir íntegramente en bonos o íntegramente en acciones, según el año.

Si hubieras invertido 1 dólar con esta estrategia entre 1950 y 2020 (evitando todos los años con caídas iguales o superiores al 5 por ciento), te habría salido caro. En 2018, tendrías un 90 por ciento menos de dinero que si hubieras invertido todo el rato en acciones («comprar y mantener»). El siguiente gráfico lo refleja; en el eje de ordenadas uso una escala logarítmica para denotar mejor los cambios en el tiempo.

Comprar y mantener o evitar caídas superiores al 5 por ciento

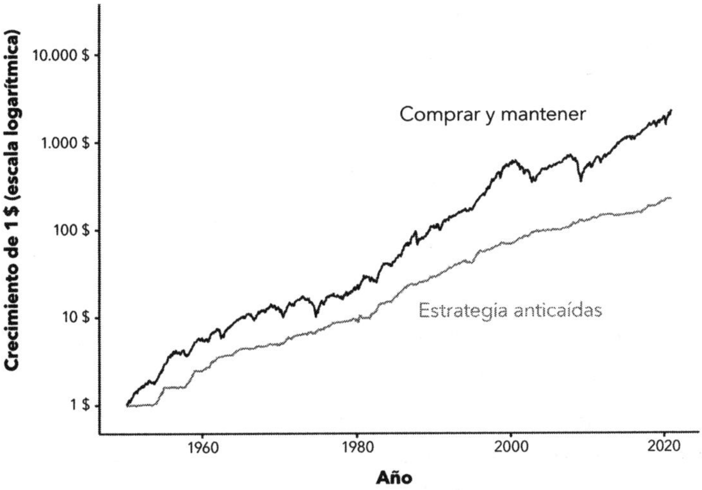

La razón por la que tu estrategia es peor que la de comprar y mantener es que sales del mercado demasiado a menudo. De hecho, te pasarías el 90 por ciento de los años en bonos (desde 1950, todos excepto siete).

Lo puedes ver en el siguiente gráfico, que destaca en gris los años en que la estrategia anticaídas te llevaría a invertir en bonos. Es un gráfico idéntico al anterior salvo por las zonas en gris.

Años en que se invierte en bonos porque las caídas superan el 5 por ciento intraanual

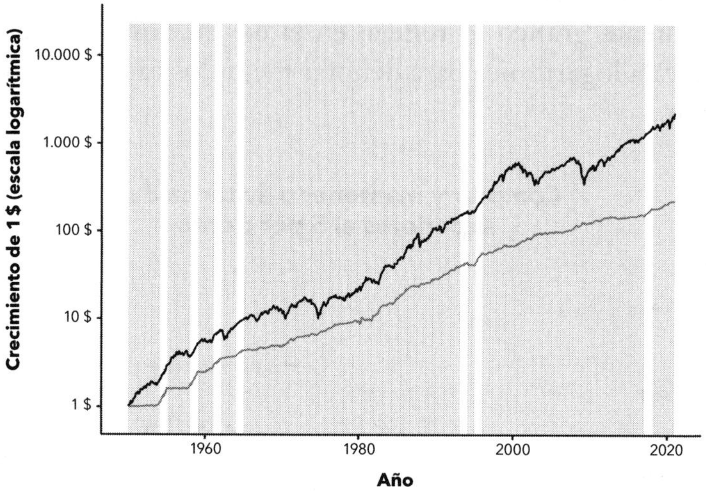

Como ves, al invertir tan a menudo en bonos, apenas consigues sacar rédito del crecimiento de la Bolsa. Como no asumes ningún riesgo, tus resultados terminan siendo bastante peores que con la estrategia de comprar y mantener.

Obviamente, evitar las caídas del 5 por ciento o más es un camino que peca de prudencia, así que ¿qué pasaría si nos fuéramos al otro extremo y solo evitáramos las caídas superiores al 40 por ciento?

Si lo hicieras, el único año en que habrías salido del mercado desde 1950 habría sido 2008. Ese es el punto exacto en el que ambas estrategias difieren, como demuestra el siguiente gráfico.

Años en los que se invierte en bonos debido a una caída del mercado superior al 40 por ciento

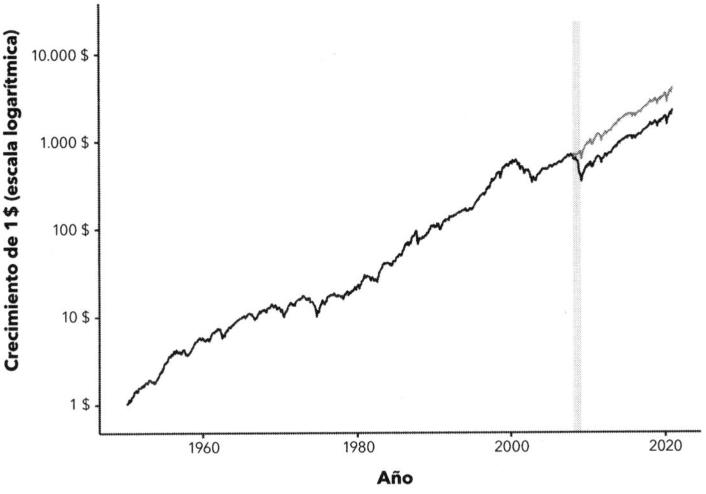

Aunque la estrategia anticaídas (línea gris) supera la de comprar y mantener (línea negra), no hay una gran diferencia. Podría irnos mucho mejor siendo más conservadores.

¿Cómo de conservadora tendría que ser tu estrategia? ¿Qué caídas deberías evitar si quisieras maximizar tu riqueza?

La respuesta es esta: cualquier caída del 15 por ciento o superior.

Si invirtieras en bonos en los años en que el mercado cae un 15 por ciento (o más) e invirtieras en acciones los demás años, maximizarías tu riqueza a largo plazo.

De hecho, entre 1950 y 2020, si hubieras invertido en bonos cada vez que el mercado cayó un 15 por ciento o más, habrías obtenido resultados 10 veces mejores que comprando y manteniendo las acciones.

El siguiente gráfico compara ambas estrategias aplicando la norma de evitar las caídas del 15 por ciento o más.

Comprar y mantener o evitar caídas superiores al 15 por ciento

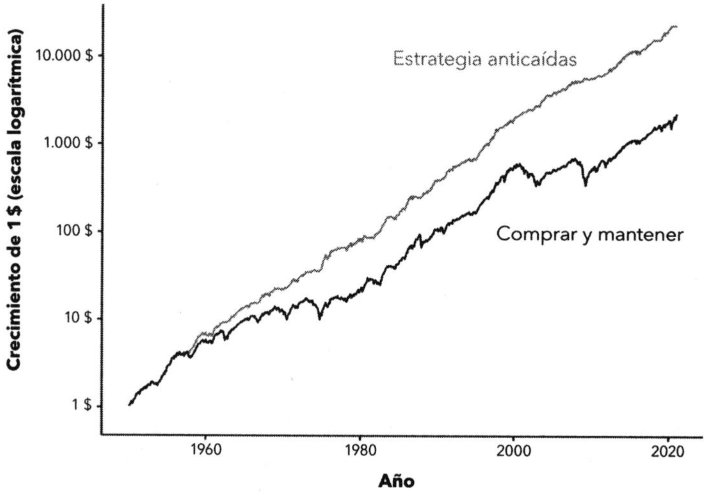

Si queremos evitar las caídas, esta es la zona que en economía se denomina Goldilocks o Ricitos de Oro. No hay demasiado riesgo, pero tampoco nos pasamos de cautelosos. En realidad, aplicando esta estrategia, pasaríamos un tercio del tiempo en bonos y evitaríamos las caídas intraanuales del 15 por ciento o más. El gráfico de la página siguiente muestra los años en bonos con un sombreado gris.

Al aumentar el umbral por encima del 15 por ciento (sea el 20 o el 30 por ciento), los resultados empeoran porque te obligas a mantener más tiempo las acciones cuando es probable que pierdas dinero.

Años en los que se invierte en bonos debido a una caída del mercado superior al 15 por ciento

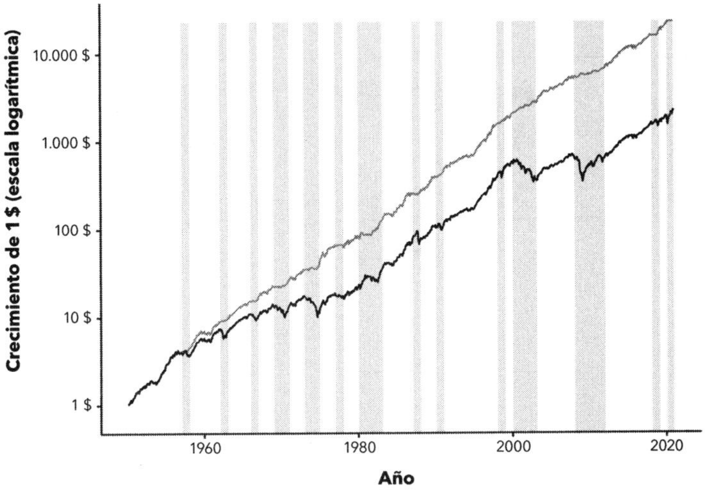

¿Por qué?

Porque las caídas intraanuales más grandes del S&P 500 suelen estar correlacionadas con un peor rendimiento al final del ejercicio. La mejor forma de entenderlo es comparar las rentabilidades anuales con las caídas intraanuales del S&P 500.

Como podéis ver, hay una relación negativa entre las caídas intraanuales y las rentabilidades de los ejercicios. Los años en los que hay grandes desplomes no suelen terminar bien para la Bolsa.

Sin embargo, no todas las caídas son malas. De hecho, desde 1950, el S&P 500 ha tenido una rentabilidad positiva cada año en que ha habido una caída intraanual del 10 por ciento o inferior.

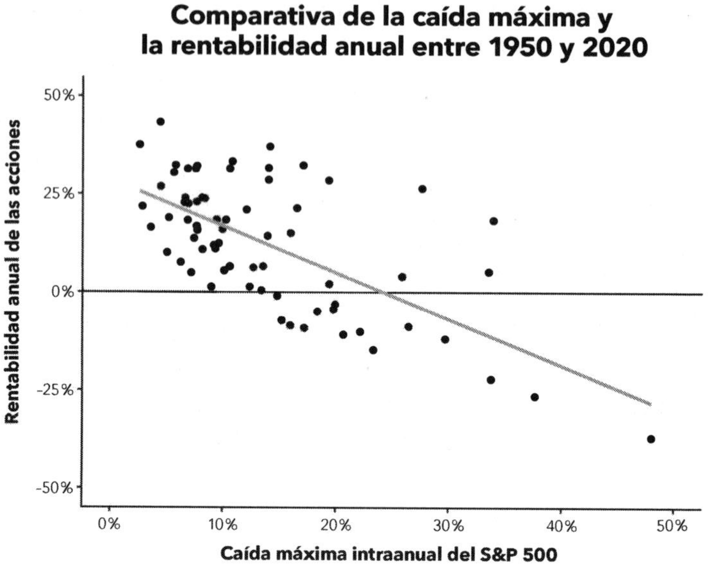

Los genios son los padres

De este análisis se deriva que debemos aceptar cierto grado de caída intraanual (0 %-15 %), pero que, si queremos maximizar nuestra riqueza, debemos evitar las caídas extremas (>15 %).

He aquí el precio de entrada para cualquier persona que invierta en acciones. Los mercados no te dejan subirte a la atracción a menos que estés dispuesto a tolerar algunos baches. Hay que aguantar algunos reveses para poder llevarte el gato al agua.

Y, como demuestran los gráficos precedentes, evitar esos baches puede ser provechoso, pero es imposible saber cuándo ocurrirán. Por desgracia, no hay ningún genio.

¿Qué nos queda, entonces?

La posibilidad de diversificar. Podemos diversificar los activos que adquirimos y diversificar el momento en el que nos hacemos con ellos. Ir comprando poco a poco un amplio abanico de activos rentables es una de las mejores formas de luchar contra la volatilidad cuando esta aparece.

Y una de las claves es aceptar que la volatilidad forma parte del juego. Es una parte connatural de ser inversor. Pero no porque lo digo yo. Estas son las sabias palabras de Charlie Munger, socio vital de Warren Buffett:

> Si no estás dispuesto a mostrar una reacción ecuánime cuando el mercado pierda el 50 por ciento de su valor una o dos veces por siglo, no tienes madera de accionista y te mereces el resultado mediocre que vas a obtener.

Munger, así como muchos otros grandes inversores, estaba dispuesto a sobrellevar la volatilidad del mercado. ¿Lo estás tú?

Si sigues temiendo a la volatilidad, tal vez tengas que replantearte tu opinión sobre los cracs bursátiles. A eso dedicamos el siguiente capítulo.

17

Cómo comprar durante una crisis

Por qué no debes perder la calma cuando cunde el pánico

Nunca olvidaré lo que estaba haciendo la mañana del 22 de marzo de 2020. Era domingo y estaba yendo a comprar a mi Fairway de la calle Treinta con la Segunda Avenida, en Manhattan.

No hacía ni 48 horas que el S&P 500 había cerrado la semana perdiendo un 3,4 por ciento, y marcando un 32 por ciento menos que un mes antes. Lo recuerdo porque yo estaba tratando de justificarme a mí mismo que el mercado podría recuperarse a pesar de la ralentización absoluta de la economía global provocada por la pandemia.

Nueva York acababa de prohibir a los restaurantes abrir en interiores, se había suspendido la temporada de la NBA y empezaban a llegarme mensajes de bodas canceladas. Sabía que la gente estaba entrando en pánico porque cada vez recibía más mensajes de amigos y familiares preocupados.

¿Ya hemos tocado fondo?
¿Debería vender mis acciones?
¿Cuánto podría empeorar llegados a este punto?

Para seros sincero, no tenía ni idea. Pero necesitaba encontrarle algún sentido a aquella crisis para no enloquecer (y para que no enloquecieran quienes se habían puesto en contacto conmigo).

Bajé al vestíbulo de la tienda por la escalera mecánica y vi un gran surtido de flores a la venta. Siempre había flores al pie de la escalera, pero, aquella mañana de domingo en particular, vi que había un hombre tomándose la molestia de colocar bien los ramos.

En ese momento supe que todo saldría bien. Aunque el mundo a mi alrededor parecía desmoronarse, aquel florista seguía allí tratando de vender sus flores.

Fue un momento que me marcó por algún motivo. Quizás fue por lo audaz que me pareció. ¿Por qué iba a necesitar flores en un momento como aquel? Lo que yo necesitaba era comida enlatada y papel higiénico.

Pero no fue audaz. Fue un momento de normalidad. Si ese florista todavía mantenía la esperanza, en ese caso ¿por qué iba a perderla yo? Nunca le conté a nadie aquella epifanía mía, pero me infundió ánimos cuando más los necesitaba.

A continuación, empecé a reflexionar detenidamente hasta dar con un nuevo marco teórico para invertir en plena fobia financiera. Y ahora comparto con vosotros ese marco, con la esperanza de que cambie vuestra manera de pensar en la adquisición de activos durante futuros cracs de la Bolsa.

Escribí este capítulo como una guía para que podáis consultarla en los momentos en los que el mundo financiero sea más incierto. Cuando llegue la tormenta perfecta, porque inevitablemente llegará, quiero que volváis a este capítulo y lo releáis. Si lo hacéis, habrá merecido la pena lo que pagasteis por este libro, y con creces. Que los dioses de la inversión se apiaden de vuestra alma.

Por qué los cracs de la Bolsa son oportunidades para comprar

El barón Rothschild, un banquero del siglo XVIII, supuestamente dijo que «el momento de comprar es cuando la sangre corre por las calles». Rothschild amasó una pequeña fortuna aplicando este lema durante el estado de pánico que se extendió tras la batalla de Waterloo. Pero ¿cuánto hay de verdad en eso?

En el capítulo 14 hice todo lo posible para convenceros de que sería poco inteligente retener el capital con la esperanza de invertir durante una corrección del mercado (o sea, cuando la sangre corre por las calles). La poca frecuencia de esos sucesos hace que, para la mayoría de los inversores, acumular dinero sea poco rentable.

Sin embargo, los datos sugieren que, si casualmente te encuentras con dinero que invertir durante una corrección del mercado, esa puede ser una de las mejores oportunidades de tu vida.

El razonamiento es simple: cada dólar invertido durante el crac crecerá mucho más que el invertido meses antes, *dando por supuesto que el mercado acabe recuperándose.*

Para demostrarlo, vamos a imaginar que decidiste invertir 100 dólares al mes en los mercados estadounidenses entre septiembre de 1929 y noviembre de 1936. Este periodo abarca el crac del 29 y la recuperación subsiguiente.

De haber seguido esa estrategia, el primer gráfico muestra que cada pago de 100 dólares mensuales habría crecido al llegar a noviembre de 1936, momento en el que se recuperaron las acciones (incluyendo dividendos y ajustando las cifras a la inflación).

Crecimiento final de todos los pagos de 100 dólares invertidos en acciones de Estados Unidos

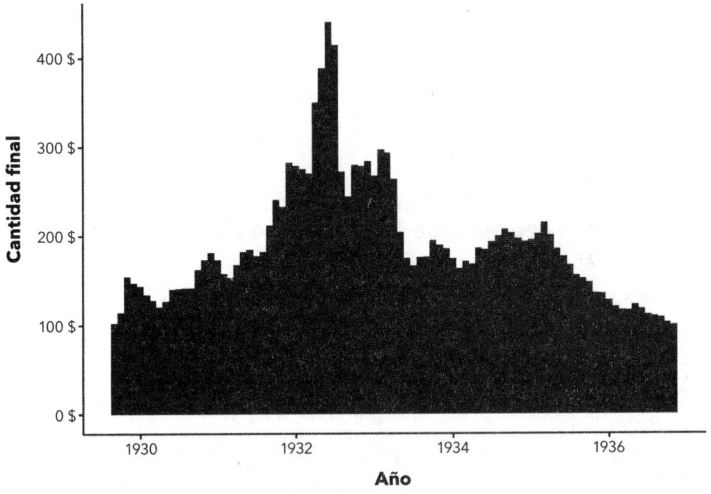

Como podéis ver, cuanto más os hubierais acercado al instante en que la Bolsa tocó fondo, en verano de 1932, mayor habría sido el beneficio. Por cada 100 dólares invertidos en ese momento, habríais percibido 440 en noviembre de 1936, unas tres veces más de lo que habríais obtenido en caso de haber invertido en 1930 (150 dólares).

La mayoría de las caídas bursátiles no permiten triplicar lo invertido, pero muchas ofrecen un alza de entre el 50 y el 100 por ciento.

¿De dónde sale esa alza?

De un simple hecho matemático: cada pérdida porcentual requiere una ganancia porcentualmente mayor para volver al nivel previo.

Perder un 10 por ciento requiere entonces una ganancia del 11,11 por ciento para recuperar el nivel previo, perder un 20 por ciento requiere una ganancia del 25 por ciento y perder el 50 por ciento requiere un cien por cien de ganancias. Veréis mejor esta relación exponencial en el siguiente gráfico.

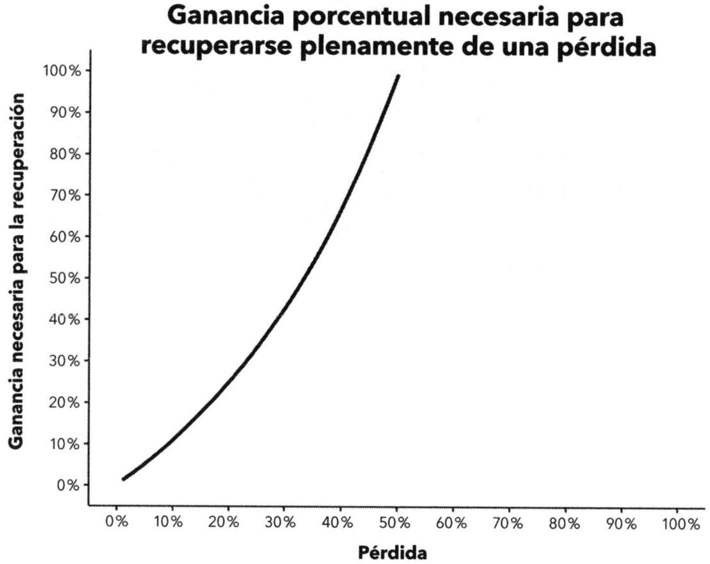

El 22 de marzo de 2020, cuando yo entendí que el mundo iba a salir adelante pese a la pandemia de la COVID-19, el S&P 500 estaba cayendo cerca de un 33 por ciento.

Basándonos en el gráfico precedente, el mercado tendría que subir un 50 por ciento para volver al nivel anterior.

Cada dólar invertido el 23 de marzo de 2020 (el siguiente día hábil) acabaría creciendo hasta 1,50 dólares, asumiendo que el mercado recuperara su nivel previo en algún momento futuro.

Por suerte, el mercado se recuperó y lo hizo en un tiempo récord. En seis meses, el S&P 500 volvía a alcanzar máximos históricos. Resultado: quienes habían invertido el 23 de marzo obtuvieron un 50 por ciento de ganancias en medio año.

Y, aunque la recuperación hubiera tardado años enteros, invertir el 23 de marzo de 2020 habría seguido siendo una gran decisión. Solo había que reconsiderar nuestra manera de entender el alza.

Reentender el alza

Pese a los beneficios aparentemente obvios de invertir el 23 de marzo de 2020, muchos inversores tuvieron miedo de hacerlo. Tristemente, el problema parecía ser su forma de abordar la situación.

Por ejemplo, si el 22 de marzo de 2020 yo te hubiera preguntado cuánto tiempo creías que iba a necesitar el mercado para recuperarse de esa caída del 33 por ciento, ¿qué habrías dicho?

¿Tardará un mes en alcanzar un nuevo máximo histórico?

¿Un año?

¿Una década?

Con tu respuesta, podemos calcular la rentabilidad anual esperada para el mercado.

¿Cómo?

Pues sabemos que una pérdida del 33 por ciento requiere un alza del 50 por ciento para volver al mismo punto. Por lo tanto, sabiendo cuánto crees que va a tardar el mercado en recuperarse, puedo convertir esa alza del 50 por ciento en una cifra anual.

La fórmula es la siguiente:

Rentabilidad anual esperada = (1 + ganancia porcentual necesaria para recuperar el valor previo) ^ (1 / número de años de recuperación) – 1

Pero, como sabemos que la «ganancia porcentual necesaria para recuperar el valor previo» es el 50 por ciento, podemos añadir este porcentaje y simplificar la ecuación:

Rentabilidad anual esperada = (1,5) ^ (1 / número de años de recuperación) – 1

Resumiendo, si crees que el mercado va a recuperarse en:

- 1 año, entonces tu rentabilidad anual esperada es del 50 por ciento
- 2 años, entonces tu rentabilidad anual esperada es del 22 por ciento
- 3 años, entonces tu rentabilidad anual esperada es del 14 por ciento
- 4 años, entonces tu rentabilidad anual esperada es del 11 por ciento
- 5 años, entonces tu rentabilidad anual esperada es del 8 por ciento

En ese momento, yo pensaba que el mercado tardaría entre uno y dos años en recuperarse, así que cada dólar que yo invirtiera el 23 de marzo de 2020 seguramente crecería un 22 por ciento (o más) al año durante ese plazo de dos años.

Cabe destacar que incluso aquellos que esperaban que el mercado tardaría cinco años en recuperarse obtendrían un 8 por ciento de rentabilidad anual invirtiendo ese día. Esa rentabilidad del 8 por ciento es muy similar a la rentabilidad media a largo plazo de los mercados estadounidenses.

Por eso, comprar durante esta crisis era tan fácil. Incluso si el mercado tardaba media década en recuperarse, seguirías sacando una rentabilidad del 8 por ciento anual.

Esta lógica también sirve para cualquier crisis futura. Si hubieras invertido en cualquier momento en que el mercado cayó al menos un 30 por ciento, normalmente tu rentabilidad anual futura habría sido bastante buena.

El gráfico de la página siguiente, del periodo comprendido entre 1920 y 2020, lo pone de manifiesto. En él se muestra la distribución de tus rentabilidades anuales si hubieras invertido en cualquier mes en que los mercados de valores estadounidenses cayeron un 30 por ciento o más. Las rentabilidades del gráfico son de ocasiones en que las acciones cayeron inicialmente un 30 por ciento hasta llegar al siguiente máximo histórico.

Este gráfico implica que, invirtiendo cuando el mercado cae al menos un 30 por ciento, hay menos de un 10 por ciento de posibilidades de que tu rentabilidad anual sea solamente de entre un 0 y un 5 por ciento (incluyendo los dividendos y con el ajuste a la inflación). De hecho, más de la mitad de las

Rentabilidades anuales después de invertir durante una caída del 30 por ciento o más

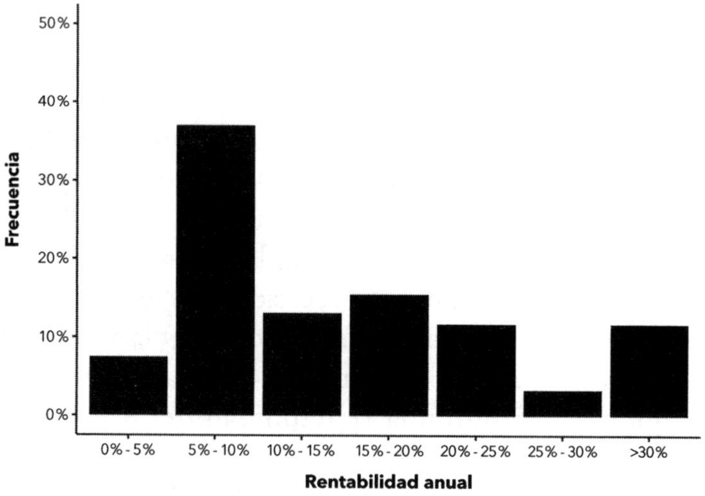

veces, tu rentabilidad anual durante la recuperación habría superado el 10 por ciento anual. Lo podéis ver juntando la barra del 0-5 por ciento con la barra del 5-10 por ciento: el resultado suma menos del 50 por ciento.

Pero la cosa no acaba aquí. Si cogemos únicamente los periodos en que el mercado cayó un 50 por ciento (o más) entre 1920 y 2020, tu rentabilidad futura resultaría todavía más atractiva.

Como podéis ver, siempre que los mercados de valores de Estados Unidos se han desplomado un 50 por ciento, normalmente las rentabilidades anuales futuras se han ido por encima del 25 por ciento. Eso significa que, cuando el mercado cae un 50 por ciento, es el momento de rascarse el bolsillo e invertir todo lo que puedas permitirte invertir.

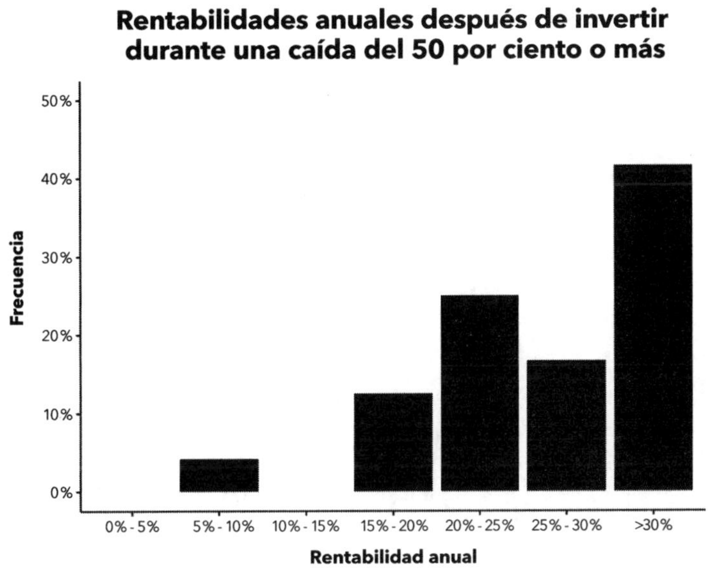

Evidentemente, a lo mejor no tienes mucho capital disponible para sacar ventaja de esas raras coyunturas en que el mercado está agitado fruto de una incertidumbre general. Pero, si casualmente tienes dinero para hacerlo, los datos demuestran que lo más sabio sería aprovechar la oportunidad para comprar.

¿Y si los mercados no se recuperan enseguida?

El análisis de este capítulo ha dado por sentado que los mercados de valores se recuperan de los cracs al cabo de unos años o al cabo de una década a lo sumo. Y, aunque este hecho se cumple casi siempre, ha habido excepciones notables.

Por ejemplo, a finales de 2020, la Bolsa japonesa seguía por debajo de los máximos de diciembre de 1989, más de 30 años más tarde, como muestra el siguiente gráfico.

La Bolsa de Japón seguía por debajo de sus máximos históricos más de tres décadas después

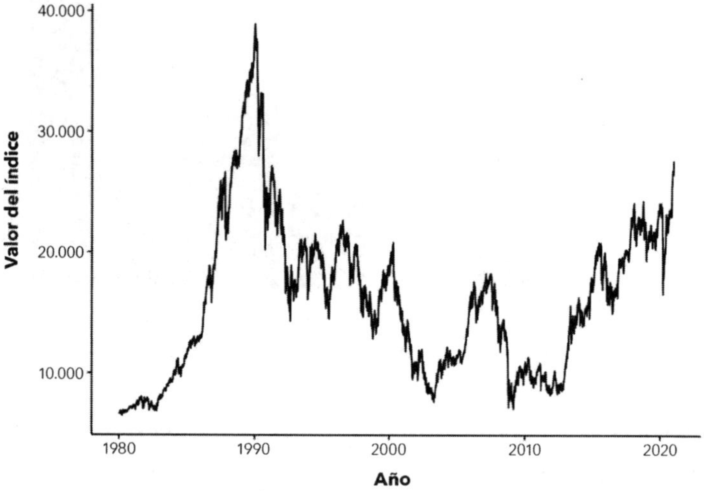

Cada vez que hablo de la importancia de invertir a largo plazo, Japón se erige como el principal ejemplo para refutar mis argumentos.

Pero hay otros. Por ejemplo, a finales de 2020, el mercado ruso había caído un 50 por ciento y, el griego, un 98 por ciento respecto a sus máximos de 2008. ¿Esos mercados se recuperarán algún día? No tengo ni idea.

Pero no debemos permitir que las excepciones anulen la regla general: la mayoría de los mercados suben casi siempre.

Sí, habrá periodos ocasionales y prolongados de escaso rendimiento. Al fin y al cabo, incluso el mercado estadounidense tuvo su década trágica entre 2000 y 2010.

Pero ¿qué probabilidad hay de que un mercado de valores pierda dinero durante varias décadas?

Tras analizar la rentabilidad de la Bolsa en 39 países desarrollados entre 1841 y 2019, los investigadores estimaron que la probabilidad de perder poder adquisitivo en relación con la inflación a lo largo de un horizonte de inversión de 30 años era del 12 por ciento.[94]

Es decir, alguien que invierta en una Bolsa concreta tiene 1 posibilidad de entre 8 de perder poder adquisitivo a lo largo de tres décadas. La Bolsa japonesa lo ejemplifica.

Pero, por mucho miedo que eso pueda dar, esa investigación aumenta mi confianza en las Bolsas internacionales, no la menoscaba. Porque significa que hay 7 posibilidades de entre 8 de que mi poder adquisitivo aumente. Es una buena probabilidad.

Dicho eso, lo más importante es que las estimaciones de los investigadores dan por sentado que solo entramos una vez en la Bolsa, en vez de hacer adquisiciones periódicas. Por ejemplo, si hubieras invertido todo tu dinero en la Bolsa japonesa en el pico de 1989, 30 años más tarde aún no habrías recuperado tu inversión. Pero ¿es muy frecuente que los inversores tomen decisiones financieras grandes y puntuales de este calibre? No, casi nunca.

La mayoría de la gente compra activos rentables a lo largo de su vida, no una sola vez. Si tienes en cuenta esas adquisiciones periódicas —y no haces el cálculo como si hubieras hecho una sola inversión—, la probabilidad de perder dinero durante varias décadas se reduce.

Por poner un ejemplo, si hubieras invertido 1 dólar en la Bolsa japonesa cada día hábil entre 1980 y el término de

2020, tu cartera sí te habría reportado una rentabilidad ligeramente positiva a lo largo de ese plazo de 40 años.

Como muestra el siguiente gráfico, a lo largo de estas cuatro décadas, hay algunos periodos en los que el valor de tu cartera superó la base de coste (la cantidad que invertiste) y hay algunos en los que no.

Comparativa del valor de la cartera y la base de coste invirtiendo 1 dólar al día en la Bolsa de Japón

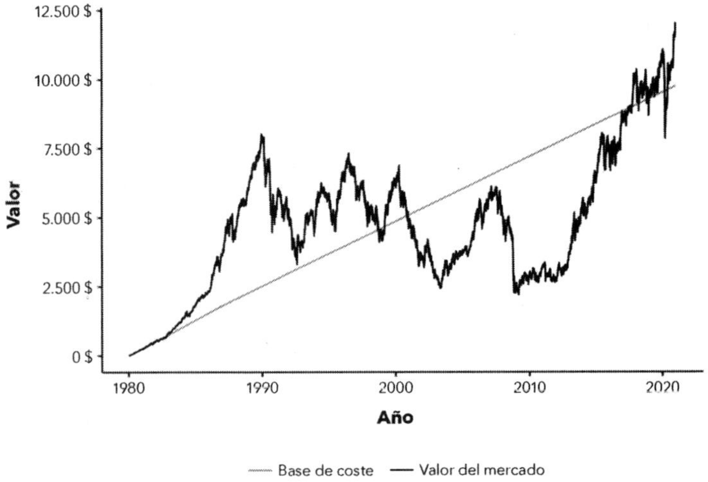

Siempre que el valor del mercado (línea negra) está por encima de la base de coste (línea gris) significa que habrías obtenido una rentabilidad positiva por tu dinero. Y siempre que el valor del mercado está por debajo, la rentabilidad habría sido negativa.

Como podéis ver, a finales de 2020 la rentabilidad total durante este periodo de 40 años era ligeramente positiva. No es un resultado extraordinario, pero tampoco es malo considerando que Japón ha sido uno de los países con peor rendimiento de la Bolsa durante los últimos 30 años.

Al final, el ejemplo nipón demuestra que, aunque puedes perder dinero en algunas Bolsas durante varias décadas consecutivas, es algo menos probable si inviertes poco a poco (como la mayoría de los inversores).

Dicho esto, hay personas que citan Japón y otros ejemplos como una excusa para no invertir hasta que la tormenta amaine. Pero cuando la tormenta ha amainado, normalmente el mercado ya está yendo al alza.

Por lo común, los timoratos que tienen demasiado miedo a lanzarse se quedan atrás. Lo vi con mis propios ojos en marzo de 2020 y estoy bastante seguro de que volveré a verlo en el futuro.

Aunque si tienes demasiado miedo para invertir durante una crisis, tampoco te culpo. Es fácil encontrar situaciones históricas en las que habría sido absurdo hacerlo. Pero no podemos tomar decisiones de inversión en función de casos excepcionales o en función de lo que podría suceder. Si no, nunca invertiríamos.

Como dijo Aleksandr Solzhenitsyn, «vive de espaldas al pasado y perderás un ojo. Vive en el pasado y perderás los dos».

Es importante conocer la historia, pero obsesionarse con ella nos puede hacer perder el norte. Por eso tenemos que invertir conforme a los datos. El reputado profesor de finanzas Jeremy Siegel lo resumió a la perfección con estas palabras:

> El miedo condiciona más nuestros actos que el enorme peso de la evidencia histórica.

Es mi cita favorita sobre inversión y la única lo bastante adecuada para concluir este capítulo. Solo espero que te aporte la fortaleza mental para seguir comprando la próxima vez que la sangre corra por las calles.

Ahora que hemos dedicado un tiempo a analizar cómo adquirir activos, incluso cuando la cosa pinta fatal, vamos a abordar una duda todavía más complicada: ¿cuándo deberías vender?

18

¿Cuándo deberías vender?

Sobre el reequilibrio, las posiciones concentradas y el propósito de la inversión

A pesar de la filosofía de inversión que promulgamos aquí, inevitablemente llegará el momento en el que tendrás que vender. Por desgracia, la decisión de cuándo vender puede ser una de las más difíciles que debas tomar jamás como inversor.

¿Por qué?

Porque, para vender, tienes que hacer frente a dos de los sesgos de la conducta más potentes del mundo de la inversión: el miedo a perderte la tendencia alcista del mercado y el miedo a perder dinero cuando el mercado caiga. Esta debilidad emocional puede hacer que te cuestiones todas tus decisiones de inversión.

Para evitar ese dilema, previamente deberías acordar contigo mismo una serie de condiciones en las que venderías tu inversión. Así no dependerás de los vaivenes emocionales a la hora de sopesar si abandonar una posición. Podrás vender tus inversiones ajustándote a las condiciones que te habías marcado con un plan predefinido.

Yo he elaborado una lista propia de razones y solo he encontrado tres casos en los que deberías valorar vender una inversión:

1. Para reequilibrar tu cartera.
2. Para abandonar una posición concentrada (o en números rojos).
3. Para satisfacer tus necesidades financieras.

Si no estás reequilibrando tu cartera, abandonando una posición concentrada (o en números rojos) o tratando de satisfacer una necesidad financiera, no veo qué razón podrías tener para vender una inversión. Nunca.

Lo digo porque vender puede acarrear consecuencias fiscales, algo que deberías evitar a toda costa. Pero, antes de ahondar en eso y en las tres condiciones que he citado, vamos a comentar la estrategia general sobre el momento en que deberías vender una inversión.

¿Vender de golpe o poco a poco?

En el capítulo 13 analizamos por qué suele ser mejor comprar de inmediato, en lugar de hacerlo poco a poco. El razonamiento era sencillo: como la mayoría de los mercados crecen casi siempre, si esperas para comprar, seguramente te perderás la tendencia alcista posterior.

A la hora de vender un activo, puedes usar el mismo razonamiento para llegar a la conclusión contraria: como los mercados tienden a subir con el tiempo, lo óptimo es vender lo más tarde posible. Por consiguiente, vender poco a poco (o lo más tarde posible) suele ser mejor que vender de inmediato.

Por supuesto, hay circunstancias en las que te convendría más vender de inmediato, pero, si tienes la opción, esperar todo lo posible para vender total o parcialmente tu posición tenderá a ser más rentable.

En otras palabras, compra rápido y vende poco a poco.

Cito esta norma porque te puede ayudar a cuadrar todas tus futuras decisiones sobre cuándo comprar y vender tus inversiones. Por desgracia, incluso con esta regla, saber cuándo reequilibrar tu cartera de inversión es de lo más confuso que hay.

Como hemos visto antes, el reequilibrio es uno de los tres casos en los que es aceptable vender una inversión. Vamos a echarle un vistazo.

Total, ¿para qué sirve el reequilibrio?

«Perfectamente equilibrado, como todo debe estar.»

No solo es una de las frases más famosas de Thanos, el gran villano del universo cinematográfico de Marvel, sino que tiene algunas aplicaciones prácticas para gestionar nuestra cartera.

En el capítulo 11 hemos hablado de los activos en los que deberías invertir, pero no hemos llegado a comentar cómo esa cartera diversificada iba a cambiar a lo largo del tiempo. En el mundo de la inversión, la solución es el reequilibrio.

Para refrescarte la memoria, cuando creas tu cartera por primera vez, debes hacerlo con arreglo a tu asignación deseada (la combinación de activos que crees que alcanzará tus objetivos financieros). Por ejemplo, puedes optar por una asignación del 60 por ciento en acciones y el 40 por ciento en bonos del Tesoro de Estados Unidos. Si invirtieras 1.000 dólares, 600 serían para comprar acciones y 400 para comprar bonos.

Dicho esto, sin reequilibrio, tu cartera se iría apartando de la asignación inicial y acabaría dominada por los activos más rentables. Por ejemplo, si hiciéramos una sola inversión en una cartera 60/40 de acciones y bonos y nunca la reequilibráramos en 30 años, al terminar el periodo, estaría compuesta casi en su totalidad por acciones.

Como podéis ver en el primer gráfico, entre 1930 y 1960, una sola inversión en una cartera 60/40 nunca reequilibrada terminaría con un 90 por ciento de acciones al cabo de 30 años.

Y no es una tendencia exclusiva de los años treinta. Si extendemos este análisis a todos los periodos de 30 años comprendidos entre 1926 y 2020, vemos resultados parecidos.

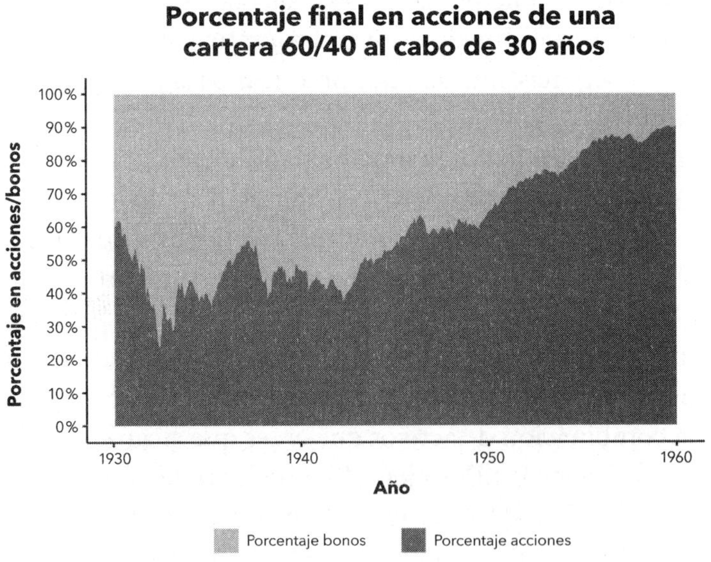

El siguiente gráfico muestra el porcentaje final en acciones para una cartera 60/40 al cabo de 30 años aplicando dos estrategias de reequilibrio diferentes: con reequilibrio anual y sin reequilibrio.

Porcentaje final en acciones de una cartera 60/40 al cabo de 30 años

Como veis, la estrategia del reequilibrio anual tiende a generar carteras con cerca de un 60 por ciento de acciones al terminar el periodo de 30 años. Tiene lógica, pues es una estrategia que cada año reequilibra la cartera para que esté formada por un 60 por ciento de acciones.

Por otra parte, la estrategia de no reequilibrar nunca tiende a producir carteras que a los 30 años están compuestas con entre un 75 y un 95 por ciento de acciones. La razón es que las acciones suelen rendir mejor que los bonos en largos lapsos de tiempo. Por ello, las acciones se apoderan de la cartera.

De este simple hecho podemos deducir que, normalmente, la cartera que nunca se reequilibra rinde mejor que la que se reequilibra cada año. ¿Por qué? Porque casi cada vez que reequilibras la cartera, terminas vendiendo un activo más rentable (acciones) para comprar uno que no lo es tanto (bonos). Es inevitable que este proceso corroa tu rentabilidad total a lo largo del tiempo.

Esto es más fácil de comprobar si comparamos cómo crece una inversión de 100 dólares siguiendo la estrategia del reequilibrio anual y siguiendo la estrategia de no reequilibrar durante 30 años. Lo vemos en el siguiente gráfico.

Valor final de la cartera 60/40 tras 30 años

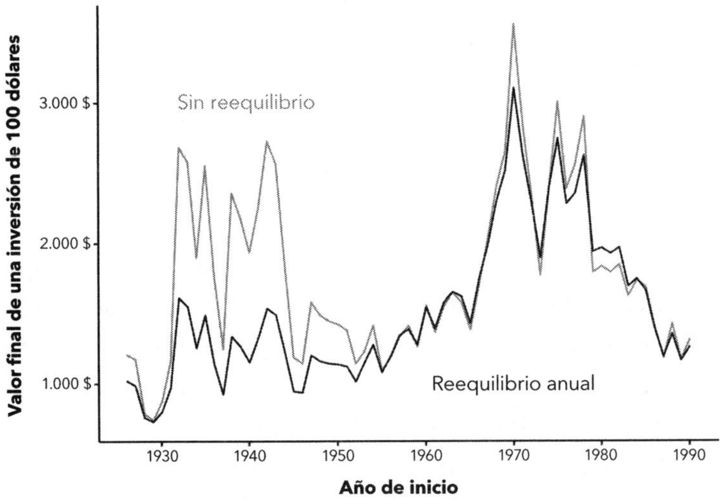

Este gráfico demuestra que, la mayoría de las veces, reequilibrar la cartera vendiendo un activo rentable por otro que no lo es tanto suele reducir el resultado general. La mayor excepción se dio entre 1980 y 2010, cuando los bonos del Tesoro de Estados Unidos tuvieron buenos resultados y las acciones tuvieron una década espantosa de 2000 a 2010.

Si el reequilibrio no suele mejorar la rentabilidad, ¿por qué se sigue haciendo? Para reducir el riesgo.

Reequilibramos siempre para controlar el riesgo. Si tu objetivo es tener una cartera 60/40 de acciones y bonos, a menos que la reequilibres, en pocas décadas podrías pasar a tener una cartera 75/25 o incluso 95/5. En consecuencia, terminarías asumiendo mucho más riesgo del que tenías pensado.

Una forma simple de demostrarlo es valorar la caída máxima de cada una de estas estrategias durante un periodo de 30 años. Solo para refrescaros la memoria, la caída máxima es el punto en el que más cae tu cartera dentro de un plazo específico. Es decir, si invertiste 100 dólares y tenías 30 dólares cuando tocaste fondo, la caída máxima sería de un 70 por ciento.

Como muestra el gráfico de la página siguiente, durante la mayor parte de los periodos, no reequilibrar nunca tu cartera conlleva caídas mucho más acentuadas.

Por ejemplo, si en 1960 hubieras invertido 100 dólares en una cartera 60/40 de acciones y bonos estadounidenses y no la hubieras reequilibrado en más de 30 años, en el momento más negro tu cartera habría perdido cerca de un 30 por ciento de su máximo valor. Esa es su caída máxima durante el lapso de 30 años, representada en el gráfico como el punto que hay en la línea gris justo encima del año 1960.

Pero si hubieras reequilibrado tu cartera cada año desde el mismísimo momento en que asignaste el porcentaje, solo

Caída máxima para una cartera 60/40 a lo largo de 30 años

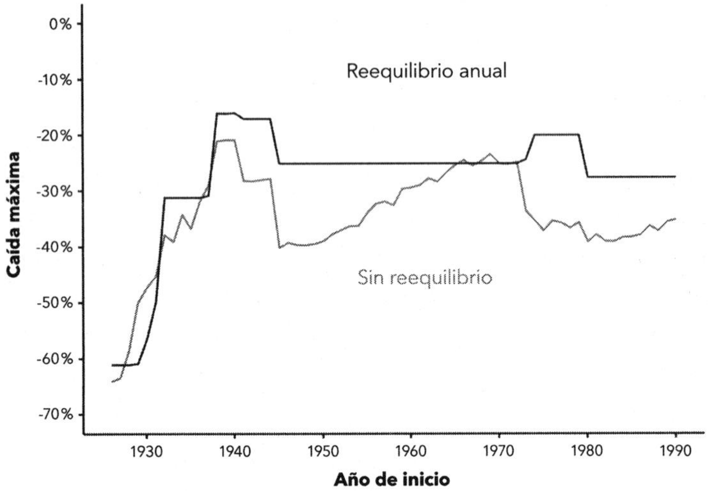

habrías sufrido un desplome máximo del 25 por ciento. En el gráfico precedente se representa como el punto que hay en la línea negra justo encima del año 1960.

De este gráfico podemos deducir que la mayor parte del tiempo reequilibrar la cartera reduce el riesgo pasando dinero de los activos más volátiles (acciones) a los que no lo son tanto (bonos). Sin embargo, durante las caídas prolongadas de los mercados de valores (a principios de los años treinta y en los setenta), puede suceder lo contrario. En esos casos, el reequilibrio aumenta la volatilidad, pues te lleva a vender bonos para comprar acciones que no dejan de caer.

Aunque esas circunstancias son contadas, demuestran que el reequilibrio periódico es una solución imperfecta a la gestión del riesgo. Dicho eso, yo recomiendo que la mayoría de los inversores dispongan de algún plan de reequilibrio. Lo difícil es urdir bien ese plan.

¿Con qué frecuencia deberías reequilibrar?

Por más que me encantaría darte una respuesta definitiva sobre la frecuencia con la que deberías reequilibrar tu cartera, la verdad es que... nadie lo sabe. He analizado los plazos de reequilibrio que van desde el mes hasta los 12 meses y no he podido decantarme por un plazo ganador claro. Por desgracia, no hay ninguna frecuencia de reequilibrio que rinda siempre mejor que las demás.

Investigadores de Vanguard llegaron a una conclusión similar después de analizar la frecuencia óptima de reequilibrio para una cartera 50/50 de bonos y acciones internacionales. Su artículo señala que «las rentabilidades ajustadas al riesgo no difieren enormemente en caso de reequilibrar la cartera cada mes, cada trimestre o cada año; sin embargo, el número de reequilibrios y los costes resultantes sí aumentan bastante».[95]

Y aunque su análisis valoraba el reequilibrio entre activos con diferentes características de riesgo (acciones y bonos), esa misma lógica subsiste entre activos con características parecidas. Por ejemplo, el famoso inversor, neurólogo y escritor William Bernstein, tras estudiar la frecuencia de reequilibrio entre pares de títulos valores internacionales concluyó que «no hay ningún periodo de reequilibrio mejor que otro».[96]

Todos estos análisis demuestran lo mismo: no importa cuándo reequilibres tu cartera, solo que lo hagas con cierta periodicidad. Por lo tanto, yo recomiendo el reequilibrio anual por dos razones:

1. Exige menos tiempo.
2. Coincide con nuestra campaña tributaria anual.

Ambas razones son importantes por distintos motivos.

En primer lugar, si dedicas menos tiempo a controlar cómo van tus inversiones, tienes más tiempo para las cosas que te gustan. De ahí que no sea partidario del reequilibrio basado en el umbral de tolerancia. Reequilibrar según tu umbral de tolerancia significa reequilibrar tu cartera cuando la asignación se aleja demasiado de la que tú tienes en mente.

Por ejemplo, si tu cartera está formada por un 60 por ciento de acciones y tu umbral de tolerancia es un 10 por ciento, la reequilibrarías para recuperar ese 60 por ciento cada vez que la asignación superara el 70 por ciento o bajara del 50 por ciento. Este método funciona, pero también requiere más control que el reequilibrio periódico.

En segundo lugar, el reequilibrio anual también es ideal porque lo puedes hacer mientras tomas otras decisiones financieras de índole fiscal. Por ejemplo, si vendieras una inversión por la que tuvieras que pagar impuestos sobre la plusvalía, quizás te resulte útil reequilibrar toda tu cartera al mismo tiempo para ahorrarte un esfuerzo adicional.

Elijas la frecuencia que elijas, es imprescindible evitar pagar impuestos innecesarios. Por eso yo no recomiendo hacerlo a menudo si tienes que pagar tasas (cuenta de inversión). Piensa que, cada vez que lo haces, tienes que pagarle a papá Estado.

Pero ¿y si pudieras reequilibrar la cartera sin pagarle a papá Estado? ¿Hay una forma mejor que vender?

Una forma mejor de reequilibrar

Aunque vender un activo para reequilibrar tu cartera no es lo peor del mundo, hay una manera de hacerlo sin consecuencias fiscales: «Tú sigue comprando». Así es. Puedes reequilibrar tu cartera comprando. Yo lo llamo «reequilibrio por acumulación», porque reequilibras tu cartera comprando el tipo de activo con menor ponderación a lo largo del tiempo.

Por ejemplo, imagina que ahora mismo tienes una cartera con un 70 por ciento de acciones y un 30 por ciento de bonos, pero en verdad quieres que la ratio sea de 60/40. En vez de vender un 10 por ciento de acciones y comprar un 10 por ciento de bonos, comprarías bonos hasta recuperar una asignación 60/40.

Pero lo cierto es que este método solo funciona para aquellos que aún están en la fase de acumulación en su trayectoria inversora. Cuando ya no puedes ahorrar más, tienes que vender para reequilibrar.

A mí me gusta la estrategia del reequilibrio por acumulación porque puede reducir la caída de tu cartera durante los declives de la Bolsa. Al añadir dinero poco a poco, compensas constantemente las pérdidas que aparecen en tu cartera. Por ejemplo, recuperando nuestra simulación de la cartera 60/40, si hubieras añadido dinero sin parar durante 30 años, la mayoría de los periodos habrías sufrido una caída máxima muy inferior que si no hubieras ido añadiendo dinero.

Como muestra el siguiente gráfico, en algunos casos, reequilibrar añadiendo fondos cada mes puede reducir tu caída máxima hasta la mitad. De nuevo, este gráfico muestra la caída máxima de tu cartera en un plazo de 30 años. Sin embargo, en este caso, se compara una cartera en la que nunca entran fondos nuevos con otra a la que se añaden fondos cada mes durante 30 años, siguiendo la estrategia del reequilibrio por acumulación.

Caída máxima para una cartera 60/40 reequilibrada anualmente durante 30 años

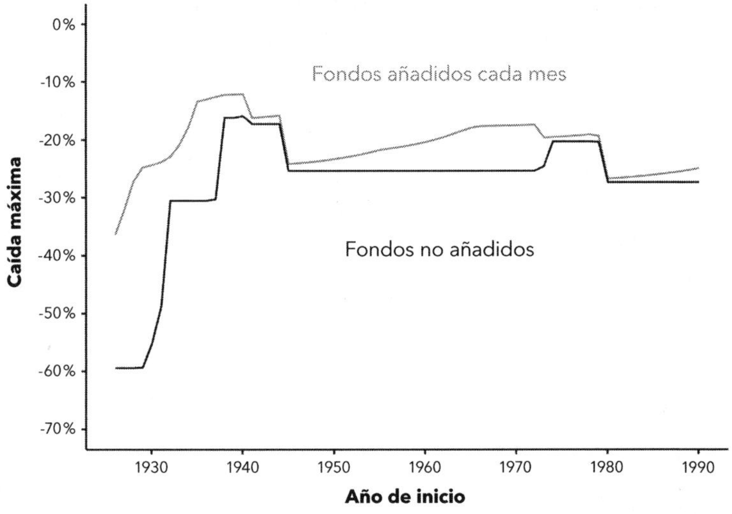

En ambas simulaciones hago un reequilibrio anual. No obstante, añadiendo fondos poco a poco, tu cartera caería menos en términos porcentuales.

La única dificultad de esta estrategia es que resulta más difícil de aplicar a medida que tu cartera aumenta de tamaño. Es fácil añadir dinero para reequilibrar tu cartera cuando esta es pequeña, pero, cuando se hace más grande, puede que no tengas suficiente liquidez para mantener el ritmo. En esas circunstancias, desde el punto de vista del riesgo, vender tu cartera de inversión puede tener sentido. Simplemente, debes intentar no hacerlo muy a menudo.

Ahora que hemos hablado de por qué puedes tener que vender para reequilibrar tu cartera, vamos a ver cómo abandonar una posición concentrada (o en números rojos).

Abandonar una posición concentrada (o en números rojos)

Como he comentado en el capítulo 12, yo no soy muy amigo de invertir en posiciones concentradas en acciones concretas. Sin embargo, a veces, la vida no te da a elegir. Por ejemplo, si eres trabajador o fundador de una empresa que retribuye en forma de acciones, tal vez una parte considerable de tu riqueza acaben siendo acciones de una única compañía.

En ese caso, ¡felicidades por lo ganado! Pero probablemente te interese ir vendiendo al menos una parte de esa posición. ¿Cuánto deberías vender? Depende de tus objetivos.

Por ejemplo, si tienes una hipoteca y una posición grande y concentrada en una sola compañía, tal vez tenga sentido vender suficientes acciones de esa empresa para amortizar la hipoteca. Desde el punto de vista del rendimiento, seguramente no sea la mejor opción de todas, pues cabe suponer que ese activo concentrado aumentará más deprisa que el valor de tu casa.

Pero, en materia de riesgo, tiene muchísimo sentido. A fin de cuentas, las rentabilidades futuras de tu posición concentrada son solo una posibilidad, mientras que los pagos de la hipoteca son inevitables. A veces es mejor intercambiar lo posible por lo seguro.

¿Cómo deberías hacerlo exactamente?

Busca una metodología para vender y cíñete a ella. Tanto si eso te obliga a vender fragmentos del 10 por ciento cada mes (o cada trimestre), vender la mitad y quedarte con el resto o venderlo casi todo de golpe, tienes que encontrar el sistema que te permita dormir tranquilo por las noches. También puedes vender según el precio (al alza o a la baja), siempre y cuando lo determines con antelación. Ajustándote a las reglas que te hayas marcado, podrás vender liberado de emociones que pudieran alterar tu objetivo.

Decidas lo que decidas, no lo vendas todo a la vez. ¿Por qué? Porque hay consecuencias fiscales y seguramente te arrepentirás si el precio se dispara. Si lo vendes de inmediato y luego se multiplica por diez, te sentirás mucho peor que si vendes el 95 por ciento y el 5 por ciento restante cae a 0 dólares. Es una ley para minimizar el arrepentimiento que deberías emplear a la hora de decidir cuánto vender.

De todos modos, debo recordarte que es probable que tu posición concentrada rinda peor que el mercado de valores general. Al echar un vistazo al universo de acciones de Estados Unidos desde 1963, vemos que la media del rendimiento en un año es del 6,6 por ciento, incluyendo los dividendos. Eso quiere decir que si eligieras una acción al azar en cualquier momento posterior a 1963, al cabo de un año, habrías ganado más o menos un 6,6 por ciento. Sin embargo, si hubieras hecho lo mismo con el S&P 500, habrías ganado un 9,9 por ciento.

Esto pone de relieve el riesgo real de mantener una posición concentrada: el riesgo de obtener peores resultados. Hay personas que aceptan ese riesgo, pero otras no. Busca el nivel de riesgo que estés dispuesto a tolerar con tus posiciones concentradas y vende de manera acorde.

Además de vender una posición concentrada, a lo largo de tu trayectoria como inversor, también es posible que necesites vender una posición en números rojos. Tanto si es porque tu forma de pensar sobre una clase de activo cambia como si es porque tus posiciones concentradas no dejan de caer, a veces tienes que abandonar esa inversión.

Yo tuve esta misma sensación tras analizar la inversión en oro y darme cuenta de que no debía mantener ese activo a la larga. Como ese análisis fundamental cambió mi forma de ver la clase de activo (no me dejé llevar por la emoción), vendí mi posición. Lo hice a pesar de que mis reservas en oro habían aumentado su valor. Pero, aunque esa posición no me estaba reportando pérdidas financieras por el momento y yo creía que tarde o temprano caería, la vendí.

Las posiciones en números rojos son muy contadas, sobre todo durante largos periodos de tiempo, así que esto no debería sucederte a menudo. Y no confundamos una etapa de malos resultados con una posición en números rojos. Todas las clases de activos pasan por baches, así que no deberías usar esos periodos como una excusa para vender.

Por ejemplo, entre 2010 y 2019, las acciones de Estados Unidos obtuvieron una rentabilidad total del 257 por ciento, mientras que las acciones de los mercados emergentes obtuvieron solo un 41 por ciento. Sin embargo, entre el 2000 y 2009 pasó lo contrario: los mercados emergentes se revalorizaron un 84 por ciento, ¡mientras que el mercado estadounidense creció menos del 3 por ciento! La cuestión es que es inevitable pasar por una mala racha, pero esa no es una razón de peso para vender.

Ahora que hemos hablado de vender para abandonar una posición concentrada (o en números rojos), aún hay otro motivo por el que podrías tener que vender tus inversiones.

El propósito de invertir

Y, para terminar, otro de los motivos por los que deberías valorar vender una inversión es el más obvio: para vivir la vida que quieres. Tanto si lo haces con tal de financiar tu tren de vida durante la jubilación como si lo haces con tal de recaudar dinero para una gran compra, vender activos es una forma de conseguirlo. Al fin y al cabo, ¿para qué sirve invertir si nunca vamos a cosechar los frutos?

Esto es especialmente cierto para alguien que tiene la inmensa mayoría de su patrimonio concentrado en una gran posición. Esa persona ya ha ganado la partida, pero no quiere dejar de jugar. ¿Por qué asumir ese riesgo? ¿Por qué no coger algo de dinero, diversificar tu riqueza y disfrutar de un buen nivel de vida?

Podrías tejer una red de seguridad para ti y tus seres queridos, financiar planes de ahorro para los estudios de tus hijos o incluso amortizar tu hipoteca. Demonios, hasta podrías comprarte el coche de tus sueños si quisieras. No me importa lo que hagas con tu dinero, pero úsalo.

Usa el dinero para alcanzar la vida que necesitas antes de arriesgarlo para conseguir la vida que quieres.

Yo solo aconsejo este sistema porque la psicología sugiere que es lo más sabio. Como comentamos en el tercer capítulo, cada unidad adicional de consumo te hace menos feliz que la unidad precedente. Lo mismo cabe decir de la riqueza.

Por eso, pasar de tener 0 millones a tener 1 millón de dólares te hace infinitamente más feliz que pasar de 1 millón a 2 millones. Ambos cambios son iguales en términos absolutos, pero la persona que pasó de tener 0 millones a tener 1 millón vivió un cambio mucho mayor en términos relativos. Esta relación decreciente entre patrimonio y felicidad debería persuadirte de que, a veces, no pasa nada por vender.

Ahora que hemos hablado de cuándo deberías sopesar vender tus activos, vamos a hablar de dónde deberías ubicarlos.

19

¿Dónde deberías invertir?

Sobre los impuestos, los tipos de planes de pensiones y las desventajas de hacer la aportación máxima a tu plan de pensiones

«Oye... ¿dónde está lo que falta?», dije, anonadado. Cuando recibí mi primera nómina, me quedé mirando fijamente la hoja, convencido de que había habido algún error. Mi madre, que andaba por ahí cerca, me oyó y empezó a reír.

Pero no fue una de sus carcajadas habituales. Era la risa de la sabiduría. Ella llevaba mucho tiempo sabiendo algo que yo iba a descubrir entonces.

«Impuestos, cariño. Impuestos», me dijo con una sonrisa.

Supongo que todos tuvisteis una experiencia parecida al recibir vuestro primer cheque. Ese momento de confusión seguido por la decepción. «Oye... ¿dónde está lo que falta?» es una reacción universal.

Hasta ahora hemos ignorado el peso de los impuestos en tus decisiones de inversión, pero este capítulo viene a remediarlo. En estas páginas vamos a responder algunas de las dudas más importantes relacionadas con la fiscalidad, como, por ejemplo, las siguientes:

- ¿Debería optar por un plan de pensiones Roth o por uno tradicional?
- ¿Debería hacer la aportación máxima a mi plan de pensiones?
- ¿Cómo debería organizar mis activos?

Estas preguntas te ayudarán a decidir dónde invertir tu dinero. Aunque los tipos de planes que comentaremos en este capítulo serán mayormente de Estados Unidos (el 401(k), los IRA, etcétera), los principios de los que hablaremos son aplicables a cualquier lugar en el que inversión y fiscalidad se entrecrucen.

El perfil cambiante de los impuestos

Benjamin Franklin dijo que «solo hay dos certezas en esta vida: la muerte y los impuestos». Por desgracia, el conocido aforismo de Franklin no es tan veraz como lo parece en primera instancia. Solo con estudiar la historia del impuesto sobre la renta en Estados Unidos veremos por qué.

Si bien la idea moderna del impuesto sobre la renta apareció a principios del siglo xx, lo cierto es que su historia es mucho más enrevesada. En Estados Unidos, la primera propuesta de impuesto sobre la renta llegó durante la guerra de 1812, pero nunca se ratificó como ley.

La siguiente coyuntura en que surge la idea de gravar la renta es la *Revenue Act* (Ley de Ingresos) de 1862, como medida de emergencia para sufragar los costes de la guerra civil. Esta vez sí se aprobó, pero la ley fue abolida unos años después de la contienda, en 1872.

Más de dos décadas después, en tiempos de paz, el Congreso aprobó un impuesto sobre la renta con la *Revenue Act* de 1894. Por desgracia para el Congreso, al cabo de un año, el Tribunal Supremo declaró inconstitucional ese impuesto en la sentencia de Pollock contra Farmers' Loan & Trust Co.

A pesar de esos reveses, el apoyo popular al impuesto sobre la renta se mantuvo firme y, en 1909, se aprobó la Decimosexta Enmienda. Con la ratificación de 1913, el Congreso se agenció oficialmente la potestad de «imponer y recaudar los tributos sobre la renta de cualquier origen».

Antes de la Decimosexta Enmienda, la ley solo permitía al Congreso ingresar dinero de los aranceles y de los impuestos sobre bienes específicos, como el alcohol o el tabaco. Con la Decimosexta Enmienda, ahora también podían gravar los ingresos de la ciudadanía. Había nacido la versión moderna del impuesto sobre la renta en Estados Unidos.

Cabe decir que no se parecía en nada al impuesto sobre la renta que conocemos hoy. No solo la retención era menor (en 1913, era de apenas un 1 por ciento), sino que el límite para la exención era tan alto que solo un 2 por ciento de los hogares del país pagaban el impuesto.[97] Como podéis ver, hemos avanzado un buen trecho.

Os cuento la historia del impuesto sobre la renta para mostrar que la política tributaria estadounidense cambia. Por desgracia, esta evolución constante es lo que dificulta tanto escribir sobre el tema. A medida que las leyes vayan cambiando, también cambiarán las decisiones que habrá que tomar para responder a la normativa.

Por eso yo aconsejo pedir ayuda profesional a un asesor fiscal. ¿Por qué? Porque, en lo tocante a los impuestos, las circunstancias individuales son trascendentales. Tu edad, tu estructura familiar, el estado en el que residas y muchos factores más influirán en las decisiones fiscales que tomes respecto a tus inversiones. Por desgracia, con los impuestos no hay ninguna panacea.

En cualquier caso, estas páginas deberían ser una buena guía para entender los impuestos.

Para empezar, vamos a abordar la pregunta del millón: ¿debería optar por un plan de pensiones Roth o por uno tradicional?

¿Roth sí o Roth no?

Una de las preguntas más habituales de las finanzas personales es esta: de entre los planes de pensiones ofrecidos por tu empresa, ¿conviene más acogerse a uno 401(k) o a uno 401(k) Roth? Solo para refrescaros la memoria, un 401(k) —o plan tradicional— se financia con cotizaciones brutas, mientras que un 401(k) Roth se financia con cotizaciones netas. La única diferencia entre ambos tipos de planes es cuándo decides pagar impuestos.

Para demostrarlo, os voy a contar por encima cómo funcionan ambos planes. Pero antes de hacerlo, quiero recordaros que, aunque esté hablando del plan tradicional y del Roth, mis reflexiones también sirven para el 403(b) y para los IRA.

Al lío.

- **401(k) tradicional**: Kate gana 100 dólares que cotiza directamente a su plan tradicional sin pagar impuestos sobre la renta. Vamos a asumir que, durante los próximos 30 años, esos 100 dólares triplican su valor hasta darnos 300 dólares. Cuando se jubile, Kate retirará los 300 dólares, pero tendrá que pagar un 30 por ciento de impuestos. El dinero final neto que podrá gastar cuando esté jubilada será de 210 dólares, un 70 por ciento de esos 300 dólares.

- **401(k) Roth**: Kevin gana 100 dólares y paga un 30 por ciento de impuestos hoy, con lo que se queda con 70 dólares netos. Coge ese dinero y lo cotiza directamente a su plan 401(k) Roth, el cual, a lo largo de los siguientes 30 años, triplica su valor hasta llegar a los 210 dólares. Cuando se jubile, Kevin podrá gastarse los 210 dólares sin tener que pagar ningún impuesto adicional sobre la renta.

Tanto Kate como Kevin se jubilan y tienen 210 dólares para gastar, porque han hecho las mismas aportaciones, han visto crecer lo mismo su inversión y han sufrido las mismas retenciones fiscales efectivas. Matemáticamente, tiene sentido porque el orden de los factores no altera el producto.

$$3 \times 2 \times 1 = 1 \times 2 \times 3$$

O en el caso de Kate y Kevin:

$$(100 \times 3) \times 70\ \% = (100 \times 70\ \%) \times 3$$

La única diferencia entre ambas opciones es cuándo pagaron sus impuestos: Kate los paga al final, mientras que Kevin los paga al principio. De ahí que la elección de un 401(k) tradicional o un 401(k) Roth sea irrelevante, siempre que la retención fiscal efectiva sea la misma cuando te jubiles.

Debo decir que me refiero a la retención fiscal efectiva para no complicarnos. En el mundo real, lo que importa es el tipo marginal. Por ejemplo, si en 2020 Kate tuviera unos ingresos imponibles superiores a 9.875 dólares, su tipo impositivo solo sería de un 10 por ciento para los primeros 9.875 dólares y aumentaría a más del 10 por ciento por cada dólar adicional. En el resto del capítulo, debéis dar por sentado que cualquier alusión al tipo impositivo es una retención efectiva (el tipo impositivo medio de todos los tramos), salvo que especifique lo contrario.

Lo repito: si el tipo impositivo efectivo no cambia a lo largo del tiempo, no importa si eliges un plan tradicional o un plan Roth. Sin embargo, si prevés ciertos cambios en tu tipo impositivo, entonces podemos simplificar la decisión.

Cómo simplificamos la decisión

Como el momento de pagar los impuestos es el factor más importante para decidirnos por un 401(k) tradicional o un 401(k) Roth, podemos reducir este problema a la siguiente pregunta: ¿tu tipo impositivo efectivo será mayor ahora que estás trabajando o cuando te jubiles?

Si no hay más factores que considerar y crees que los impuestos van a bajar en el futuro, elige un 401(k) tradicional; si no, cotiza a un 401(k) Roth.

Sí, la respuesta es simple, pero no es fácil. Es simple porque, al hacer aportaciones a nuestro plan de pensiones, el objetivo es evitar pagar impuestos cuando el tipo impositivo está más alto. Sin embargo, no es fácil responder a esta pregunta porque tienes que sopesar cómo puede ir cambiando la legislación fiscal federal, estatal y municipal.

Sobre los futuros tipos impositivos

Como los futuros tipos impositivos son lo más relevante a la hora de elegir entre los dos planes de pensiones, tu siguiente pregunta será la siguiente: «Entonces, Nick, ¿qué tipos impositivos habrá en el futuro?».

Lo lamento, pero ¡no tengo ni idea!

Nadie lo sabe. Puedes intentar estudiar las tendencias históricas para prever si los tipos impositivos federales o estatales subirán o bajarán en las próximas décadas, pero es más difícil de lo que parece.

Por ejemplo, en 2012, yo creía que los impuestos federales de Estados Unidos eran bastante susceptibles de aumentar en un futuro y se acercarían un poco a la presión fiscal de los países europeos. Pero entonces, para mi sorpresa, se aprobó la *Tax Cuts and Jobs Act* de 2017, que rebajó los tipos impositivos federales. Es complicado predecir el futuro.

Yo no te pido que preveas el futuro del impuesto sobre la renta en Estados Unidos, pero sí creo que dedicar un tiempo a reflexionar sobre tu situación cuando te jubiles puede ayudarte a aclarar la elección entre el plan de pensiones tradicional o el Roth.

Por ejemplo, vamos a imaginar que, en tu opinión, después de jubilarte, el tipo impositivo efectivo federal habrá aumentado del 20 al 23 por ciento. Sin más variables, eso significa que el 401(k) Roth sería una opción mejor, porque pagarías menos impuestos ahora (un 20 por ciento) de lo que piensas que pagarás cuando te jubiles (un 23 por ciento).

Pero ¿qué pasa si hay más variables? ¿Y si ahora estás trabajando en un estado con un alto tipo impositivo (como California), pero tienes pensado jubilarte en un estado con un bajo tipo impositivo (como Florida)? En dicho caso, sería más conveniente elegir un 401(k) tradicional, dado que es probable que la previsión de ahorro en impuestos estatales sea mayor que el presunto incremento tributario.

Sin embargo, eso dependerá del estado. Por ejemplo, las personas residentes en el estado de Nueva York con más de 59 años y 6 meses tienen derecho a una deducción estatal al impuesto sobre la renta de hasta 20.000 dólares, siempre y cuando ese dinero provenga de ciertos tipos de planes de pensiones y se cumplan algunos criterios más. Yo entiendo que eso complica el cálculo de las cotizaciones, pero vale la pena tenerlo en cuenta.

Aunque no podamos predecir los tipos impositivos del futuro, sí podemos estimar qué ingresos necesitaremos cuando estemos jubilados y pensar dónde nos jubilaremos. Sabiendo esas dos cosas, tendremos mucho más claro si deberemos elegir un 401(k) tradicional o uno Roth.

¿Cuándo conviene más un 401(k) tradicional?

Aunque hay algunos escenarios en los que un 401(k) Roth sería mejor que uno tradicional, yo suelo preferir el tradicional. ¿Por qué? Porque te da algo que el Roth no te da: una elección.

Con un plan 401(k) tradicional, tienes mucho más control sobre cuándo y dónde pagas tus impuestos. Si unimos eso a la posibilidad de convertir un 401(k) tradicional en un IRA Roth, puede darte mucho juego fiscal.

Por ejemplo, si encadenas un año de bajos o nulos ingresos, puedes aprovechar para convertir tu plan 401(k) tradicional en un IRA Roth con un tipo impositivo menor.

Amigos míos usaron esta táctica mientras estudiaban un posgrado de administración de empresas porque sabían que, durante una temporada, apenas iban a ganar nada. Los impuestos que pagaron por convertir un plan tradicional en un IRA Roth fueron muy inferiores a lo que habrían pagado si hubieran hecho aportaciones a un plan 401(k) Roth mientras siguieran trabajando.

Pero no tienes por qué ir a la universidad para desplegar esta estrategia. Siempre que vayas a estar un largo periodo cobrando poco (si te tomas un año de excedencia para cuidar a tus hijos, un año sabático, etcétera), puedes aprovechar para aumentar tu eficiencia fiscal.

Cabe señalar que estamos haciendo estas reflexiones asumiendo que tu saldo en el plan 401(k) es inferior a un año de tus ingresos. Si es superior, entonces pagarás los mismos impuestos (o más) al hacer la conversión. Tenlo en cuenta al convertir tu plan 401(k) tradicional en un IRA Roth.

Además de decidir el cuándo, también puedes alterar el dónde te vas a jubilar con el fin de evitar las ciudades o los estados con mayor presión fiscal. Por ese motivo, seguramente no tenga sentido hacer aportaciones a un plan 401(k) Roth mientras vivas en una zona con un alto tipo impositivo, como la ciudad de Nueva York, a menos que sepas que vas a jubilarte en un sitio con una presión fiscal similar.

Por último, aunque nos hemos referido al tipo impositivo efectivo durante todo el capítulo, lo que importa es el tipo marginal. Por ejemplo, cuando rescatas el dinero de tu plan 401(k) tradicional una vez jubilado (como ahorrador individual), sobre los primeros 9.875 dólares solo pagas un 10 por ciento de impuestos; para el tramo de entre 9.876 y 40.125 dólares, pagas un 12 por ciento, y así sucesivamente. Por lo tanto, si prevés rescatar tu plan de pensiones en cuotas inferiores a tu renta actual, entonces la mejor opción es un plan 401(k) tradicional.

Vamos a dar un ejemplo. Si ganas 200.000 dólares mientras trabajas, pero solo prevés rescatar 30.000 dólares al año una vez jubilado, el plan 401(k) tradicional te permite evitar el mayor tipo marginal durante tu vida laboral y, luego, pagar el tipo marginal bajo una vez jubilado. Con los tipos impositivos vigentes en 2020 para ahorradores individuales, eso significaría evitar un tipo marginal del 32 por ciento para acabar pagando uno del 12 por ciento.

Aunque no sé cuál de estas estrategias fiscales te será más útil en el futuro, sí sé que ninguna de estas opciones existe con un plan 401(k) Roth. La mayor flexibilidad del plan 401(k) tradicional es lo que lo convierte en mi elección favorita de entre los planes de jubilación corporativos.

¿Cuándo conviene más un plan Roth?

A pesar de que un 401(k) Roth no te da un abanico tan amplio de opciones, hay casos especiales en los que un plan Roth puede ser la mejor alternativa. Uno de esos casos es si eres un gran ahorrador.

¿Y eso por qué? Porque haciendo la aportación máxima a un plan 401(k) Roth, estás depositando más dinero en una cuenta exenta de impuestos que si haces la aportación máxima a un plan 401(k) tradicional. Os lo demostraré con un poco de matemáticas.

Imaginemos que en 2020 Sally y Sam hacen la aportación máxima a su 401(k), cotizando 19.500 dólares cada uno. Sally hace la aportación a un plan 401(k) Roth, mientras que Sam la hace a un plan 401(k) tradicional. Vamos a asumir que al cabo de 30 años ambos planes han triplicado su valor hasta los 58.500 dólares. Por desgracia, Sam todavía tendrá que pagar al fisco. Asumiendo que paga un 30 por ciento de impuestos, le quedarán solo 40.950 dólares para gastar durante su jubilación.

¿Cómo pudo Sally acabar teniendo más dinero que Sam al jubilarse? Pues porque, en total, Sally metió más dinero en su cuenta exenta de impuestos. Para tener 58.500 dólares netos al jubilarse, Sam, que optó por un plan 401(k) tradicional, tendría que haber empezado aportando 27.857 dólares en su cuenta. Pero, como en 2020 la aportación anual máxima a un plan 401(k) tradicional era de 19.500 dólares, a Sam le persiguió la mala suerte.

Este sencillo ejemplo demuestra que el 401(k) Roth es probablemente la mejor opción para los grandes ahorradores, porque saca más provecho de diferir el pago de impuestos.

Además, tal como se ha mencionado antes, el plan Roth también es mejor si estás bastante seguro de que el tipo impositivo cuando te jubiles será superior al que pagarías ahora que estás trabajando. En ese caso, claramente es más conveniente optar por un plan Roth y pagar los impuestos ahora, aprovechando que todavía son relativamente bajos.

¿Por qué no ambos?

De momento, he analizado el plan 401(k) tradicional con el 401(k) Roth como si estuviéramos ante una especie de vieja rivalidad. Pero no es así. Nada te impide adherirte a ambos tipos de planes.

De hecho, para cualquiera que haga aportaciones a un 401(k) Roth, si tu empresa también hace contribuciones a tu plan personal, entonces estarás aceptando automáticamente un cierto componente del plan 401(k) tradicional. Pero eso no es malo: usando ambos tipos de planes, tienes todavía más alternativas que eligiendo solamente uno de los dos.

Por ejemplo, yo he hablado con varios profesionales de la jubilación que recomiendan usar un 401(k) Roth al principio de tu vida laboral, aprovechando que ganas menos dinero, y cambiar a un plan 401(k) tradicional a medida que tu sueldo aumenta.

Es una gran estrategia porque esquivas los tramos superiores de los años en los que más cobras y tienes una mayor flexibilidad a la hora de rescatar el dinero de tu plan. Y, como ya he comentado, como la fiscalidad del rescate varía en función del estado, la estrategia dual puede ser la mejor solución para hacer frente a este panorama tan complejo.

Ahora que hemos hablado de los costes y beneficios de un plan tradicional y de uno Roth, vamos a calcular qué beneficios fiscales obtienes de contratar esos planes.

Cómo calculamos el beneficio de un plan de pensiones

Fiscalmente, cuando invertimos, debemos tener en cuenta dos tributos principales. El primero es el impuesto sobre la renta, del que acabamos de hablar, y el segundo es el impuesto sobre la plusvalía. Lo que hace tan atractivos los planes de pensiones es la posibilidad de evitar el impuesto sobre la plusvalía.

Por ejemplo, si invirtieras 100 dólares en un fondo indexado al S&P 500 y vendieras tu participación al cabo de dos años por 120 dólares, tendrías que pagar impuestos sobre la plusvalía de 20 dólares. Sin embargo, con un plan de pensiones (401(k), IRA, etcétera), estarías exento del pago de la plusvalía, siempre que tuvieras la edad para jubilarte.

¿Qué beneficio te confieren los fondos de pensiones al evitarte esos impuestos sobre la plusvalía? Vamos a descubrirlo.

Para ello, podemos simular una inversión puntual de 10.000 dólares en tres planes diferentes:

1. **Sin tributación**: un plan exento de impuestos (401(k) Roth, IRA Roth, etcétera) en el que ya se han abonado los correspondientes impuestos sobre la renta.
2. **Tributación única**: un plan sujeto a tributación (cuenta de inversión) en el que solo se pagan impuestos sobre la plusvalía en el momento del reembolso. Imagina que no hay dividendos que pagar y que todas las ganancias se tributan al final.
3. **Tributación anual**: un plan sujeto a tributación (cuenta de inversión) en el que se pagan impuestos sobre la

plusvalía cada año. Imagina que toda la cartera se vende y se vuelve a comprar una vez al año. Se generan ganancias sujetas a tributación al tipo impositivo a largo plazo.

Todos los planes van a crecer un 7 por ciento al año durante 30 años y los planes sujetos a tributación pagarán el impuesto sobre la plusvalía a largo plazo según el tipo vigente en 2020: el 15 por ciento, según proceda. Por otra parte, en esta ocasión, voy a usar un plan IRA/401(k) Roth porque solo quiero comparar el efecto de la tributación aplicada después del pago de los impuestos sobre la renta.

En esta simulación, he prescindido de la primera fase de tributación (los impuestos sobre la renta) para poner el acento en la segunda fase: la del impuesto sobre la plusvalía. El objetivo de este ejercicio es calcular el beneficio a largo plazo de evitar la plusvalía (comparativa del plan sin tributación y del plan con tributación única) y el beneficio de no comprar y vender cada año (comparativa del plan con tributación única y del plan con tributación anual).

Si hiciéramos un gráfico con el crecimiento de los 10.000 dólares en un plan sin tributación y en un plan con tributación única a lo largo de 30 años, después de liquidar todos los impuestos sobre la plusvalía pertinentes, nos quedaría algo así:

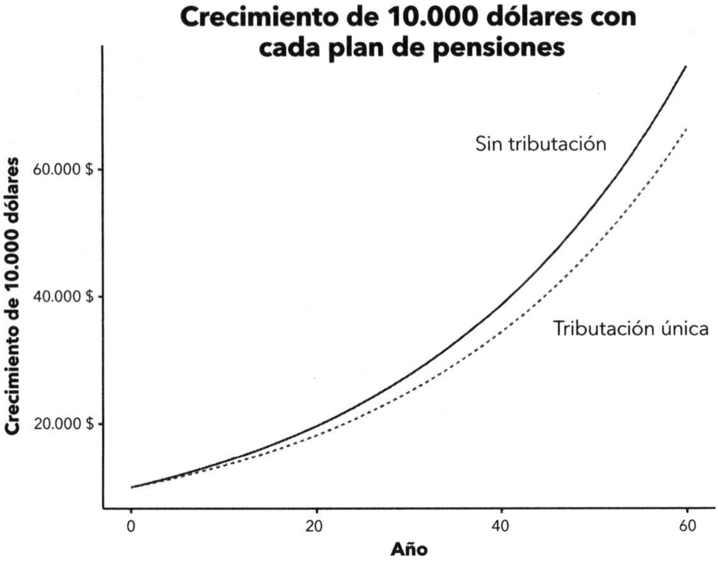

Al cabo de 30 años, el plan sin tributación termina generando 76.000 dólares, mientras que el plan con tributación única se queda en 66.000. En términos porcentuales, el primero consigue un rendimiento total 15 puntos mejor, 0,5 puntos mejor cada año.

Dicho de otro modo, el beneficio de evitar el impuesto sobre la plusvalía usando un plan de pensiones exento de tributación como el 401(k) es más o menos un 0,5 por ciento mejor cada año (calculando una tasa de crecimiento del 7 por ciento y un tipo impositivo sobre la plusvalía a largo plazo del 15 por ciento). Si no tenemos más variables que considerar, eso significa que un plan 401(k) brinda una rentabilidad neta 0,5 puntos porcentuales mejor que una cuenta de inversión bien gestionada.

Pero esta comparativa asume que vas a poder comprar y mantener tu cuenta de inversión sujeta a tributación durante 30 años. Sin el pertinente nivel de disciplina, el cálculo cambia significativamente. Por ejemplo, si fueras comprando y vendiendo posiciones cada año y fueras pagando impuestos sobre la plusvalía a largo plazo (siguiendo la estrategia de la tributación anual), perderías otro 0,55 por ciento de rentabilidad anual en favor de papá Estado.

Pero volvamos a nuestra simulación. Invirtiendo 10.000 dólares con una estrategia de tributación anual, solo obtendríamos 57.000 dólares, en vez de los 66.000 que ofrece la estrategia de tributación única. En total, el exceso de movimientos te costaría un 17 por ciento, cerca de un 0,55 por ciento al año.

Si sumamos esto al 0,5 por ciento que se perdía por elegir un plan de pensiones sujeto a tributación, en lugar de uno exento, se traduce en una pérdida de más de un 1 por ciento anual en impuestos sobre la plusvalía. Más o menos la mitad de esa pérdida sale del uso de una cuenta de inversión (en vez de un plan de jubilación *per se*) y la otra mitad, de hacer demasiados movimientos para comprar y vender participaciones.

¿Por qué la estrategia de la tributación anual perjudica tanto a tu rentabilidad? Porque los movimientos frecuentes impiden que las ganancias se acumulen. Matemáticamente, cuando liquidas tus ganancias cada año al 15 por ciento, solo consigues un 85 por ciento de tu rentabilidad esperada [1 – 0,15 = 0,85]. Esta losa tributaria significa que los intereses se acumulan a un ritmo del 5,95 por ciento anual, en vez de hacerlo al 7 por ciento [0,85 × 7 % = 5,95 %].

Para la gente que no puede resistir a la tentación de comprar y vender sus posiciones cada año, meter el dinero en un plan 401(k) puede propulsar la rentabilidad neta más de un 1 por ciento al año. En plazos prolongados de tiempo, la diferencia acaba siendo notable.

Eso sí, para los más disciplinados, invertir el máximo dinero posible en un plan de pensiones tal vez no sea la mejor opción. Por esa razón, y en contra de la mayoría de las recomendaciones financieras, yo digo que seguramente no haya que hacer la aportación máxima al plan 401(k).

Por qué seguramente no deberías hacer la aportación máxima a tu plan 401(k)

Sé que habrás oído este consejo una y mil veces: si puedes, aporta todo lo que tengas a tu plan de pensiones. Es casi una recomendación universal entre los expertos de las finanzas personales. De hecho, yo antes también lo aconsejaba.

Pero desde que hice las cuentas, he cambiado de parecer. Hacer la aportación máxima a tu plan 401(k) es mucho menos rentable de lo que parece en primera instancia. Por favor, que no se me malinterprete. Siempre tendrías que aportar a tu plan de pensiones la cantidad que tu empresa se ofrezca a igualar (*match*).* Piensa que no deja de ser dinero gratis, no es lógico renunciar a él. Sin embargo, cualquier monto que supere ese *match* se tiene que valorar con más atención.

* En Estados Unidos existe una práctica laboral conocida como *matching* ('igualación'), por la que la empresa ofrece, por ejemplo, un *match* del x por ciento, de tal forma que por cada dólar que el empleado invierta en su plan de pensiones, la compañía le dará otro hasta llegar al x por ciento de su salario. Es una especie de beneficio adicional, un sobresueldo, que las empresas utilizan para atraer capital humano. En este caso, el autor del libro aconseja aportar al plan de pensiones personal la cantidad máxima que la empresa esté dispuesta a igualar; de lo contrario, se estaría renunciando a una parte del salario. *(N. del t.)*

Como he destacado en el apartado anterior, tener tu dinero en un plan exento de tributación es más rentable (un 0,5 por ciento cada año) que tenerlo en una cuenta de inversión, por bien gestionada que esta esté. Sin embargo, en esa comparación asumíamos que solo hacías una contribución al plan y que no cobrabas dividendos anuales. Pero sabemos que esos dos supuestos son poco probables.

En una cuenta de inversión, la mayoría de la gente va añadiendo dinero y tiene que pagar impuestos sobre sus dividendos. Con estos ajustes, calculando un 2 por ciento de dividendos anuales y simulando contribuciones anuales durante 30 años, el beneficio neto de un plan 401(k) aumenta al 0,73 por ciento al año.

Aunque parece una diferencia bastante significativa, no tiene en cuenta las comisiones de un plan 401(k). Hasta ahora hemos dado por hecho que pagarías las mismas tasas que en un plan sujeto a tributación, pero ya sabemos que esto no siempre es así. Como en un plan 401(k) las opciones son limitadas y hay honorarios de gestión y demás, probablemente tengas que pagar más que con un plan sujeto a tributación.

Aprovechando el cálculo precedente, si las opciones de inversión del plan 401(k) de tu empresa son apenas un 0,73 por ciento más caras de lo que pagarías por una cuenta de inversión sujeta a tributación, entonces el beneficio anual de tu plan 401(k) desaparecería del todo.

No es un listón inalcanzable. Por ejemplo, si asumimos que tendrías que pagar un 0,1 por ciento en comisiones de gestión para disponer de una cartera diversificada en tu cuenta de inversión, pagar más de un 0,83 por ciento [0,73 % + 0,1 %] al año por tu plan 401(k) ya se comería toda la ventaja fiscal a largo plazo.

TD Ameritrade calculó que, en 2019, el coste medio total de un plan 401(k) típico en Estados Unidos era de un 0,45 por ciento.[98] Eso quiere decir que el ciudadano medio obtiene un beneficio anual del 0,38 por ciento [0,83 % - 0,45 %] de su plan 401(k), más allá del *match* de la empresa.

Por desgracia, no es mucho si tienes en cuenta que pierdes el acceso al capital hasta que cumples los 59 años y 6 meses. Aunque puedes rescatar dinero de un plan 401(k) Roth en determinadas circunstancias, a todos los efectos prácticos deberías proceder como si el dinero de tu 401(k) fuera ilíquido.

¿Y si las comisiones de tu plan exceden del 0,45 por ciento? Si se da la casualidad de que trabajas en una pequeña empresa en la que las comisiones totales de tu plan 401(k) superan el 1 por ciento, ¡entonces el beneficio a largo plazo de hacer aportaciones por encima del *match* sería negativo! Cada dólar de más que cotizaras te costaría más que meterlo en una cuenta de inversión sujeta a tributación y bien gestionada.

En cambio, si los costes totales del plan 401(k) de tu empresa son bajos (0,2 por ciento o menos), aún obtendrías un cierto rédito económico de hacer la aportación máxima.

Pero, antes de hacerla, pregúntate una cosa: ¿ese 0,6 o 0,7 por ciento adicional al año te compensa renunciar a una buena parte de tu patrimonio hasta la vejez? Yo no lo tengo tan claro.

Lo pregunto porque yo tengo la impresión de que cometí un error financiero contribuyendo en exceso a mi plan 401(k) cuando era joven. Aunque ahora mis perspectivas de jubilación son muy halagüeñas, también puse algunos límites a lo que puedo hacer con mi dinero.

Por ejemplo, como hice la aportación máxima hasta que cumplí los 30 años, ahora mismo no me puedo permitir la cuantiosa entrada que necesito para un piso en Manhattan.

Ni siquiera sé si lo quiero comprar en breve, pero, si quisiera, tardaría unos años más en conseguirlo y todo por mi excesiva aportación al plan 401(k). En parte, es mi culpa por no haberlo planificado con antelación, pero también fue porque, de joven, me dejé seducir por las recomendaciones de maximizar las aportaciones al plan de pensiones.

Por eso me resulta difícil apoyar esa idea por solo un 0,6 por ciento al año (a veces incluso menos). Ese porcentaje extra por la iliquidez es pírrico, por más que no necesites el dinero para pagar algo como una entrada de una casa.

Evidentemente, si cambias alguna de las suposiciones que he hecho hasta ahora, la decisión de hacer la aportación máxima a tu plan 401(k) también cambiará. Por ejemplo, si el tipo impositivo de la plusvalía a largo plazo fuera a aumentar del 15 al 30 por ciento, el beneficio anual de un plan 401(k) respecto de una cuenta de inversión incrementaría del 0,73 al 1,5 por ciento anual. Sería una gran diferencia que podría inclinar la balanza en favor de hacer la aportación máxima al plan 401(k).

También hay razones conductuales sólidas por las que podría interesarte hacer esa aportación máxima. Por ejemplo, si te cuesta gestionar tu dinero, la automatización y la falta de liquidez de un plan 401(k) podrían ser exactamente lo que necesitas para no perder el rumbo. Estos beneficios no son tangibles en una hoja de cálculo, pero son muy importantes.

Por último, la decisión de hacer la aportación máxima dependerá de tus circunstancias concretas. Factores como tu carácter, tus objetivos financieros y el coste del plan 401(k) de tu empresa influirán en la decisión. Antes de seguir adelante, procura estudiar bien estos factores.

Ahora que hemos hablado de los pros y los contras de hacer la aportación máxima al plan 401(k), podemos concluir el tema de los impuestos comentando la mejor forma de organizar los activos.

La mejor forma de organizar los activos

Lo que importa no es lo que tienes, sino dónde. Me refiero a la ubicación de los activos o a la forma de distribuirlos en diferentes tipos de cuentas. Por ejemplo, ¿dónde tienes los bonos: en cuentas sujetas a tributación (como las de inversión), en cuentas exentas (plan 401(k), IRA, etcétera) o en ambas? ¿Y tus acciones, dónde las tienes?

La sabiduría convencional sugiere que deberías tener los bonos (y otros activos con cupones frecuentes) en cuentas exentas de impuestos; las acciones (y otros activos de gran rentabilidad), en cambio, deberían estar en cuentas sujetas a tributación. La lógica es que, si los intereses de los bonos te generan más ingresos que los dividendos de las acciones, deberías proteger ese dinero del pago de impuestos.

Pero la clave es la siguiente: como el tipo impositivo de los cupones de los bonos es mayor que el tipo impositivo de los ingresos por las acciones (renta ordinaria versus plusvalía), si inviertes en bonos con un plan exento de tributación, estarás evitando esos tipos más elevados.

Históricamente, esta estrategia ha tenido sentido cuando el rendimiento de los bonos era muy superior al de los dividendos de las acciones. Pero cuando los bonos ofrecen un menor rendimiento o crecimiento, protegerlos de los impuestos tal vez no sea la mejor opción.

De hecho, si quieres maximizar tu patrimonio neto, deberías concentrar los activos que más crecen en cuentas exentas de tributación (plan 401(k), IRA, etcétera) y los que menos crecen, en cuentas que sí pagan impuestos.

Y eso a pesar de que, en 2020, los tipos impositivos sobre la renta ordinaria y los intereses eran más altos que los que gravaban la plusvalía. Si quieres entender por qué es mejor invertir en los activos de alto crecimiento con una cuenta exenta de tributación, te doy un ejemplo.

Imagina que inviertes 10.000 dólares en dos activos diferentes, A y B. El activo A gana un 7 por ciento al año y no paga dividendos ni intereses, mientras que B paga un 2 por ciento al año de intereses. Al cabo de un año, la cuenta del activo A tendrá 10.700 dólares brutos y la cuenta del activo B, 10.200 dólares brutos.

Con un tipo impositivo del 15 por ciento sobre la plusvalía a largo plazo y del 30 por ciento sobre los intereses, el activo A genera 105 dólares en impuestos [700 dólares de plusvalía × 15 por ciento], mientras que el activo B genera 60 dólares [200 dólares de intereses × 30 por ciento]. Como queremos reducir al máximo los impuestos que pagar, sería mejor invertir en el activo A con una cuenta exenta de tributación, aunque no genere intereses ni dividendos.

Este ejemplo demuestra por qué antes de ubicar los activos tienes que barajar la tasa de crecimiento esperada de los mismos, así como los tipos impositivos sobre la renta y la plusvalía.

Además, invirtiendo en los activos de alto crecimiento (y seguramente mayor riesgo) con una cuenta exenta de tributación, estarás menos tentado de venderlos durante una caída de la Bolsa, pues te será más difícil disponer de ellos.

El otro beneficio de esta estrategia es que tus activos de bajo crecimiento (bonos) seguramente conservarán su valor y te proporcionarán una liquidez extra cuando más la necesites. Invertir en activos de bajo crecimiento y menor riesgo con una cuenta sujeta a tributación significa que los tienes más a mano que en una cuenta exenta de impuestos. Así pues, cuando el mercado se desploma, los activos más susceptibles de conservar su valor son los más accesibles.

Sin embargo, separar los activos de alto y bajo crecimiento en cuentas diferentes puede dificultar el reequilibrio entre las mismas. Me explico: si compras todas las acciones con tu plan 401(k)/IRA y luego pierden la mitad de su valor, no podrás añadir dinero de tu cuenta de inversión para reequilibrar la cartera. Aunque en términos matemáticos podría ser ideal invertir en los activos más rentables con las cuentas exentas de tributación, a mí no me gusta por lo difícil que el reequilibrio resulta *a posteriori*.

Por eso yo prefiero tener la misma asignación en todas mis cuentas. Eso significa que mi cuenta de inversión, los IRA y el plan 401(k) poseen activos similares en proporciones similares. Son cuentas idénticas.

Yo me inclino por este método porque la gestión me resulta más fácil que si tuviera las acciones en una cuenta, los REIT en otra y los bonos en otra. No es la solución más eficiente a nivel fiscal, pero es la que más me gusta.

En resumen, si necesitas un poco más de rentabilidad, proteger los activos de mayor crecimiento en cuentas exentas de tributación es lo más recomendable. Pero, si eso no te importa tanto, asignar los activos de forma parecida en las diferentes cuentas hace que sea más fácil gestionar tus inversiones.

Ahora que hemos visto cómo optimizar la gestión de tu patrimonio, vamos a hablar de por qué ese patrimonio tampoco te hará sentirte rico.

20

Por qué nunca te sentirás rico

Y por qué probablemente ya lo seas

Es Navidad de 2002 y en el estado de Virginia Occidental la gente está gastando como si fuera a acabarse el mundo. Pero si no compran regalos ni ponche de huevo, ¿qué compran?

Billetes de lotería.

A las 15.26 horas, el delirio llega a su clímax. Quince personas compran un billete CADA SEGUNDO. Tictac, tic... 45 nuevos soñadores caen presa de la fiebre de la lotería.

Jack Whittacker es uno de esos optimistas. Normalmente él no juega a la lotería, pero con 100 millones de dólares en juego, ¿cómo va a negarse? Jack se hace con su billete y se vuelve a casa con Jewell, su esposa desde hace 40 años.

A las 23.00 se anuncian los números ganadores. Jewell despierta a Jack, que se ha quedado dormido. Es un milagro. Tienen cuatro de los cinco números correctos. No se llevarán el premio gordo, pero se van a la cama sabiendo que los espera un premio de seis cifras.

A la mañana siguiente, Jack enciende la tele antes de irse a trabajar y descubre algo asombroso. Uno de los números del sorteo se había anunciado mal. Jack compara su billete con los números correctos y se queda patidifuso.

Acaba de ganar el premio gordo más grande de la historia de la lotería norteamericana: 314 millones de dólares. Jack decide recoger el dinero de inmediato y se lleva 113 millones netos.[99]

Pero ya os debéis de imaginar que la historia no acaba bien.

Dos años después de que Jack se embolse los 113 millones, hallan muerta a su nieta (seguramente de sobredosis), su esposa lo ha dejado y el ganador se pasa el día apostando grandes cantidades en el casino, ofreciendo dinero a mujeres para que se acuesten con él y conduciendo bajo los efectos del alcohol. Al final, Jack perdió todo lo que había ganado.

Sé lo que estaréis pensando: «Vaya, Nick, otra historia de un ganador de la lotería que acaba como el rosario de la aurora. Qué original».

Pero hay un pequeño detalle sobre Jack Whittaker que he pasado por alto: él ya era rico.

Exacto. Antes de comprar el billete que cambiaría su vida para siempre, Jack tenía un patrimonio neto de más de 17 millones de dólares. ¿Cómo se hizo rico? Pues como empresario y presidente de Diversified Enterprise Construction, una compañía contratista de Virginia Occidental.

Os cuento esta anécdota porque demuestra que incluso la gente con la mejor de las intenciones, instruida y sensata puede sucumbir a los efectos transformadores del dinero.

Jack Whittaker no era una mala persona. Velaba por su esposa y su nieta. Iba a la iglesia los domingos. Incluso donó decenas de millones de dólares para crear una fundación sin ánimo de lucro nada más ganar la lotería.

Pero no pudo resistir a la tentación cuando esta le envolvió con sus tentáculos. El dinero es plenamente capaz de cambiar a la gente.

Lo irónico es que nada de esto habría pasado si Jack hubiera sabido lo rico que era.

¿Cómo sé yo que Jack no se sentía rico? ¡Porque seguía jugando a la lotería pese a tener 17 millones de dólares! Es fácil pensar que Jack simplemente era codicioso, pero sé por experiencia que ser consciente de lo rico que eres resulta más complicado de lo que parece.

Yo no soy rico, los demás sí

A mediados de la década de 2010, mi amigo John (no es su nombre real) y yo discutimos sobre lo que significa ser rico en Estados Unidos. John se había criado en una de las ciudades más ricas de la bahía de San Francisco con dos padres licenciados y con una trayectoria notable en medicina y educación. Pero John decía que él no era rico y me dijo por qué.

Cuando cumplió 16 años, su padre le dio 1.000 dólares para que abriera una cuenta de inversión y aprendiera sobre la Bolsa. Esa misma noche, John le contó lo del regalo a su mejor amigo Mark y le preguntó que le habían dado a él para su cumpleaños, pues ambos habían nacido por las mismas fechas. Mark contestó que su padre le había regalado exactamente lo mismo.

John se quedó de piedra. Sabía que su padre y el de Mark eran buenos amigos, así que parecía plausible que hubieran planeado regalarles lo mismo a sus hijos. Pero John también sabía que la familia de Mark era mucho más acomodada que la suya. Para qué engañarnos, ¡estaban forrados!

El abuelo de Mark había fundado una conocida empresa de inversión y el padre formaba parte del consejo de administración de una compañía tecnológica importante. Sobre el papel, la de Mark era una familia de multimillonarios, así que John no entendió que a su amigo solo le hubieran regalado 1.000 dólares.

Cuando John se lo preguntó a Mark: «Entonces, ¿a ti también te han dado 1.000 dólares?», Mark respondió algo indeciso: «Pues no. 100.000 dólares. Pero vamos, que es el mismo regalo...».

No todos los ricos son igual de ricos.

Mi familia tenía una televisión enorme de 70 centímetros de hondo. Teníamos un *buggy* y un deportivo. Vivíamos en una casa de tres plantas en una comunidad rodeada por un cercado que los niños de mi colegio llamaban «el Vallado». Luego me enteré de que esa vida de lujo era solo temporal.

En 2002, cuando mi madre y mi padrastro se compraron esa casa de tres plantas, les costó 271.000 dólares. A principios de 2007, la vivienda llegó a su valor máximo: 625.000 dólares. Mi familia refinanció constantemente la hipoteca durante ese aumento del valor inmobiliario, retirando cantidades crecientes del valor líquido de la vivienda. Gracias a ese valor líquido podríamos vivir por todo lo alto, siempre y cuando los precios de las viviendas continuaran subiendo.

Lamentablemente, no fue así. A finales de 2007, los precios empezaron a derrumbarse y todo se fue al garete. Perdimos la casa y tuvimos que vender el *buggy*, la tele y el deportivo. El «Vallado» que hasta entonces habíamos llamado hogar se convirtió en una barrera que nos impedía el paso a una vida que ya no nos pertenecía. Resultaba que no éramos ricos.

Pero hasta la universidad no entendí lo poco ricos que éramos. Jamás olvidaré la primera semana de clases, cuando descubrí que solo otro chaval y yo, de los veinte que nos hospedábamos en la residencia de estudiantes de primer año, no habíamos estado en Europa. De hecho, en ese momento, lo más lejos que yo había viajado había sido de California a Nuevo México y, además, había pagado ese vuelo con una beca científica. Al echar la vista atrás, ahora entiendo por qué entre 2002 y 2007 creí que era rico. Si lo pensaba, es porque sabía lo que era vivir en peores condiciones.

Antes de mudarnos al «Vallado» con mi familia, viví en un pisito plagado de cucarachas debajo del horno. Cada vez que usábamos el horno, salían y se posaban sobre el panel de control como lagartijas tomando el sol. Invadían constantemente la despensa y dejaban un rastro de pequeñas motas marrones... ya sabéis de qué. Era asqueroso. Sigo odiando las cucarachas.

Pero, por muy mala que fuera la situación, había muchas cosas que iban bien. Nunca pasé hambre, mi familia me apoyaba en todo e incluso disponía de mi propio ordenador (¡en 2001!). Aun así, no sabía la suerte que tenía porque solo conocía esa vida.

Lo mismo le pasaba a mi amigo John, que no era consciente de lo rico que era porque había crecido siendo relativamente pobre en comparación con sus amigos del instituto. Solo conocía esa realidad. Por desgracia, esa sensación no desaparece, por más que mejores en el aspecto económico.

Por qué ni siquiera los multimillonarios se sienten ricos

¿Piensas que, al llegar a multimillonario, te sientes rico? No siempre es así. Fijémonos, por ejemplo, en una entrevista de febrero de 2020 con el ex director general de Goldman Sachs y actual multimillonario Lloyd Blankfein. En la entrevista, Blankfein afirmó que, pese a su inmensa riqueza, él no era rico:

> Blankfein insiste en que «no se puede quejar», pero no es rico. «Ni siquiera puedo decir que sea rico —recalca—. No me siento rico. No me comporto como tal.»
>
> Dice que tiene un piso en Miami y otro en Nueva York. Pero a él no le van los caprichos. «Si me comprara un Ferrari, tendría miedo de rayarlo», dice en tono jocoso.[100]

Por increíble que parezca, sé a lo que se refiere Blankfein.

Cuando te codeas con gente como Jeff Bezos y David Geffen y te consideras a la par de Ray Dalio y Ken Griffin, tener solo 1.000 millones de dólares no parece mucho.

Pero, siendo totalmente objetivos, Blankfein forma parte del 0,01 por ciento de los hogares más ricos de Estados Unidos, el 1 por ciento del 1 por ciento. Según Saez y Zucman, en 2012, el 0,01 por ciento de los hogares más ricos de Estados Unidos (~16.000 familias) tenían un patrimonio neto de al menos 111 millones de dólares.[101] Aun considerando el aumento de los precios de los activos desde 2012, Blankfein seguiría fácilmente en ese 0,01 por ciento más rico.

Pero Blankfein no es el único que sufre este problema de percepción. La mayoría de la gente en la franja superior del espectro económico considera que las cosas le van peor de lo que le van realmente.

Por ejemplo, una investigación de *The Review of Economics and Statistics* revela que la mayor parte de los hogares de la mitad superior del espectro no son conscientes de la suerte que tienen.[102] Como demuestra el siguiente gráfico, los hogares por encima del percentil 50 de la renta tienden a infravalorar su fortuna en relación con los demás.

Renta relativa real y percibida sobre la distribución de la renta

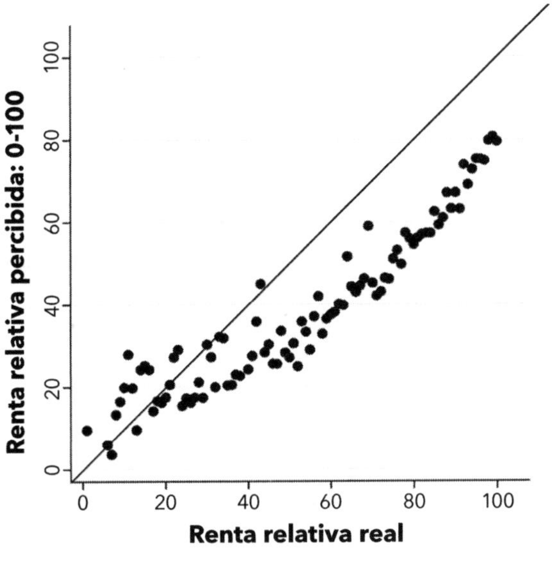

Este gráfico muestra la relación entre la renta relativa percibida y la renta relativa real entre los encuestados de la primera ronda. Creamos 100 rangos de números (*bins*) de tamaño equivalente con la renta relativa real y mostramos la percepción media en cada rango. La línea de 45 grados marca la ausencia de sesgo. Se realizan 1.242 observaciones.

Como podemos ver en el gráfico, incluso los hogares cuyos ingresos están en el percentil 90 (o superior) creen que están en el rango del percentil 60-80.

Aunque a simple vista este resultado puede resultar sorprendente, si entiendes la percepción de la riqueza como un problema social, tiene mucho sentido. Matthew Jackson explicó muy bien este concepto en *The Human Network*, al hablar del motivo por el que la mayoría nos sentimos menos populares que nuestros amigos:

> ¿Alguna vez has tenido la impresión de que los demás tienen muchos más amigos que tú? Si es el caso, no eres el único. Nuestros amigos tienen de media más amigos que una persona típica. Es la paradoja de la amistad. [...] La paradoja de la amistad es fácil de comprender. La gente más popular aparece en la lista de amigos de muchas más personas, mientras que la gente con poquísimos amigos solo aparece en la lista de unas cuantas personas. En esas listas, la gente con muchos amigos está demográficamente sobrerrepresentada; en cambio, la gente con pocos amigos está infrarrepresentada.[103]

Puedes usar la misma mentalidad dentro de tus redes sociales para explicar por qué la mayoría de la gente se siente menos rica de lo que es realmente.

Por ejemplo, probablemente me podrás dar al menos un nombre de alguien más rico que tú. Pues esa persona seguramente tendrá amigos más ricos, así que también podrá nombrarte a alguien más rico que él o ella. Y, si no son capaces de decirte un nombre, les será muy fácil citarte a alguien famoso que sí lo sea: Gates, Bezos, etcétera.

Si sigues esta lógica hasta su conclusión natural, te darás cuenta de que todo el mundo (salvo la persona más rica del planeta) podrá señalar a alguien y decir: «Yo no soy rico; él/ella sí».

Así es como los milmillonarios asquerosamente ricos como Blankfein pueden tener la sensación de que «van tirando».

Pero ¿sabes qué? Seguramente tú no actúes de forma muy distinta.

¿Cómo lo sé? Porque lo más probable es que seas mucho más rico de lo que crees. Por ejemplo, si tienes un patrimonio neto de más de 4.210 dólares, entonces eres más rico que la mitad del mundo, atendiendo al informe sobre la riqueza global de 2018 de Credit Suisse.[104]

Y si tu patrimonio neto supera los 93.170 dólares, que equivale más o menos al patrimonio neto medio en Estados Unidos, eso te coloca en el 10 por ciento más rico del planeta. No sé tú, pero yo considero rico a cualquiera que esté entre el 10 por ciento de personas más ricas.

No me lo digas, no estás de acuerdo. No te parece justo que te compare con personas elegidas al azar de la Tierra, como los campesinos de un país en vías de desarrollo.

Pues ¿sabes qué? ¡A Lloyd Blankfein probablemente no le parezca justo compararse con gente como tú y como yo!

Vale, siendo objetivos, cuando Blankfein dice que no es rico está meando fuera del tiesto, más que cuando nosotros decimos que estar en el 10 por ciento más rico del planeta no es ser ricos. Sin embargo, en esencia, se trata del mismo argumento. Simplemente estamos hilando fino.

A fin de cuentas, ¿el 10 por ciento más rico es rico?

¿Y el 1 por ciento?

¿Y el 0,01 por ciento?

¿Y en qué contexto? ¿A nivel mundial? ¿Nacional? ¿Municipal?

No hay una respuesta correcta porque ser rico es un concepto relativo. Siempre lo ha sido y siempre lo será. Y esa relatividad estará presente durante toda tu vida.

Por ejemplo, en 2019, habrías necesitado 11,1 millones de dólares para estar en el 1 por ciento de los hogares más ricos de Estados Unidos. Pero, si consideramos la edad y el nivel de estudios, el umbral del 1 por ciento de hogares más ricos oscila entre los 341.000 dólares y los 30,5 millones.

Es decir, para estar en el 1 por ciento de hogares más ricos cuyos miembros son menores de 35 años y no acabaron el instituto, solo necesitarías 341.000 dólares. Pero si tienes entre 65 y 74 años y estudiaste en la universidad, para estar en el 1 por ciento de hogares más ricos necesitarías 30,5 millones de dólares.

El siguiente gráfico lo refleja, desglosando el patrimonio neto del 1 por ciento de los hogares más ricos de Estados Unidos en 2019 según el nivel de estudios (en cada tabla) y la edad (en la abscisa).

Patrimonio neto del percentil 99
por edad y nivel de estudios

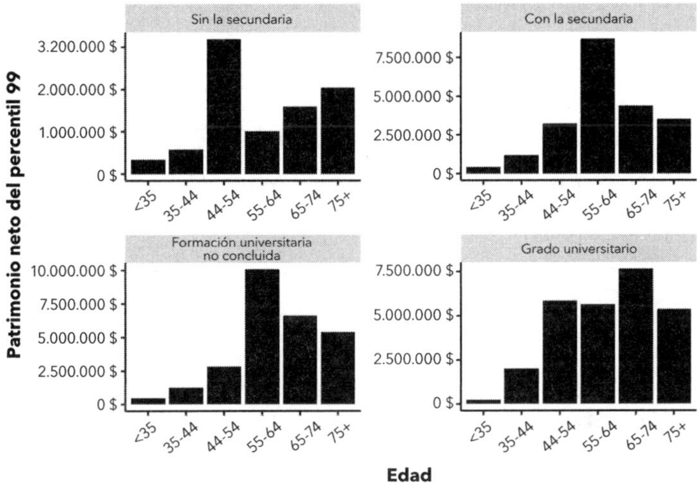

Por eso nadie se siente rico. Porque siempre nos resulta fácil señalar a alguien a quien le va mejor que a nosotros.

La clave está en no olvidarnos de toda la gente que podría estar señalándonos a nosotros.

Ahora que hemos hablado de por qué seguramente nunca nos sentiremos ricos, vamos a analizar un bien que sí podría hacernos sentir más ricos que el resto.

21

El activo más importante

Y por qué nunca tendrás más de lo que ya tienes

Peter Attia, médico y experto en longevidad, dio una charla en 2017 sobre cómo prolongar nuestra vida y propuso el siguiente experimento mental a su público:

> Yo apostaría a que, si les ofrecieran toda la fortuna de Warren Buffett, ni uno de ustedes se cambiaría por él ahora mismo... Ya puestos, también apostaría a que Buffett accedería a volver a tener 20 años y estar sin blanca.[105]

Piensa en el intercambio que comenta Attia. Imagínate tener la riqueza, la fama y el reconocimiento de Buffett como el mejor inversor del planeta. Podrías ir adonde quisieras, conocer a quien quisieras y comprar cualquier cosa que estuviera en venta, pero... tendrías 87 años (la edad de Buffett en ese momento). ¿Te cambiarías por él?

Sé que suena enigmático, pero me inclino a pensar que no te cambiarías por él. Tu intuición te permite entender que, en algunas circunstancias, el tiempo vale mucho más que el dinero. Porque con el tiempo puedes hacer algunas cosas que jamás podrías hacer con el dinero.

De hecho, con tiempo suficiente, podrías hasta mover montañas.

El hombre de la montaña

Uno de los relatos sobre la perseverancia más increíbles de la humanidad probablemente no os sonará.

La historia empieza en 1960 en el pueblo de Gehlaur, en el noreste de la India. Por aquel entonces, Gehlaur estaba aislado. Estaba tan apartado que, cuando necesitaban provisiones o tratamiento médico, sus vecinos tenían que recorrer un peligroso sendero de 50 kilómetros por la cresta de una montaña.

Un día, una mujer del pueblo cayó mientras caminaba por la cresta y se hizo daño. Su marido, Dashrath Manjhi, se enteró de lo sucedido y decidió que los habitantes de Gehlaur ya llevaban demasiado tiempo andando por esa cresta. Esa misma noche, juró que iba a cavar un paso a través de la montaña.

Al día siguiente, Manjhi empezó a perforar la montaña, pertrechado únicamente de un martillo y un cincel. Cuando en el pueblo se enteraron de la misión de Manjhi, se rieron de él diciendo que era imposible. Sin embargo, el hombre no tiró la toalla jamás.

Durante 22 años, Manjhi excavó sin ayuda ese paso montañoso, día tras día y noche tras noche, hasta que terminó un camino de 110 metros de largo, 9,1 metros de ancho y 7,6 metros de hondo.

Cuando acabó el paso a principios de los ochenta, había movido un total de más de 7.600 metros cúbicos de roca y se había ganado el apodo del «hombre de la montaña».

Con ese paso, Manjhi logró reducir la distancia entre los pueblos más cercanos de 55 kilómetros a apenas 15. Si buscáis «Dashrath Manjhi Dwar» en Google Maps, podréis ver el resultado final de sus dos décadas de trabajo. Tristemente, la esposa de Manjhi, la mujer que le había inspirado para su proyecto, murió unos años antes de que él concluyera el paso.

El relato de Manjhi demuestra el increíble e invisible valor del tiempo. Aunque Manjhi no tenía el dinero para costearse un equipo de construcción que cavara un paso a través de la montaña, sí tenía el tiempo para hacerlo él mismo.

Por eso el tiempo es, y siempre será, tu activo más importante. Cómo uses ese tiempo cuando tengas 20, 30 o 40 años influirá en gran medida tu vida cuando tengas 50, 60 y 70. Por desgracia, puedes necesitar un tiempo para aprender esta lección. Lo sé por experiencia.

Yo empecé este libro hablando de mis dudas financieras como joven y recién graduado y lo terminaré contándote un objetivo que me marqué aquellos años. Lo importantc no fue el objetivo, sino lo que su persecución me enseñó sobre el valor del tiempo y sobre cómo juzgamos nuestras vidas.

Nacemos como acciones de crecimiento y morimos como acciones de valor

Cuando tenía 23 años, quería llegar a los 30 con medio millón de dólares. En aquel momento tenía menos de 2.000 dólares a mi nombre. Me puse los 500.000 dólares como objetivo después de leer que Warren Buffett había amasado 1 millón al cumplir la treintena.

Debo matizar que Buffett consiguió su millón de dólares en 1960, lo que hoy equivaldría a 9 millones de dólares. Como yo no soy ningún Warren Buffett, reduje ese objetivo a la mitad y tampoco lo ajusté a la inflación.

Cumplí 31 años en noviembre de 2020 y todavía no había amasado ese medio millón. Me quedé corto. ¿Cómo de corto? Sinceramente, mucho más de lo que me habría gustado.

Pero no importa. Como dice Dominic Toretto, el personaje que interpreta Vin Diesel en la saga *Fast & Furious*, «da igual que ganes por un centímetro que por un kilómetro. Ganar es ganar».

Pues mira, perder también es perder, tanto si es por un cero como si es por seis. Pero lo que hizo que esa derrota fuera especialmente dolorosa fue que ocurrió durante un mercado alcista. No voy a culpar al S&P 500 de mi fracaso; el único culpable fui yo.

¿En qué me equivoqué? No fue por no intentarlo. Llevaba más de ocho años trabajando a jornada completa y casi cuatro años dedicando 10 horas a la semana a mi blog. En realidad, no gané dinero con mi blog hasta 2020, pero ni siquiera si lo hubiera rentabilizado antes habría alcanzado mi objetivo.

Tampoco creo que pueda echarle la culpa a mis gastos. Podría haber viajado menos y no haber salido tanto a comer (experiencias de las que disfruté muchísimo), pero el cambio no habría sido lo bastante sustancial.

¿Sabéis cuál habría sido la clave? Tomar mejores decisiones antes. No es el dinero lo que debería haber usado mejor, sino mi tiempo.

Mientras muchos de mis amigos se iban a grandes compañías como Facebook, Amazon y Uber y se embolsaban esa suculenta prima en forma de acciones, yo trabajé durante 6 años en la misma consultora, donde tenía un buen sueldo, pero ninguna bonificación como esa. No me di cuenta de lo que estaba perdiéndome hasta que fue un poco demasiado tarde.

Ahora, muchos de esos amigos son millonarios (o al menos tienen medio millón), ya que ejercieron su derecho a adquirir acciones de su empresa aprovechando el enorme crecimiento del sector tecnológico. Es muy fácil decir que mis amigos tuvieron suerte y ya está. En parte, es verdad, pero también sé que es solo una excusa. Porque yo tuve muchas oportunidades de subirme al tren de las grandes tecnológicas y las dejé pasar todas.

No es que yo no quisiera trabajar con las grandes tecnológicas en concreto, porque no era así. La cuestión es que no dediqué mucho tiempo a pensar en mi carrera hasta que cumplí los 27. Investigadores del Banco de la Reserva Federal en Nueva York han demostrado que la renta personal crece más rápido en la primera década de trabajo, cuando se tiene entre 25 y 35 años.[106] Con esta información, podéis ver por qué con 23 años debería haber pensado más en mi carrera y no tanto en mi cartera de inversión.

El motivo de mi error es que creía que el dinero era un activo más importante que el tiempo. Hasta más adelante, no me percaté de mi error.

Siempre podrás ganar más dinero, pero es imposible ganar más tiempo.

Por más duro que eso suene, os prometo que soy más benévolo conmigo mismo de lo que parece. Sé que ahora llevo una vida mucho mejor de la que cabría esperar por mi infancia. Tampoco tengo claro que hubiera tenido la ocasión de escribir este libro si me hubiera ido a una gran tecnológica. Eso para empezar.

Pero sobre todo sé que, aunque hubiera alcanzado ese objetivo del medio millón de dólares, probablemente mi vida no habría cambiado tanto. Lo sé porque la riqueza se incrementa por tramos, más o menos con cada factor de 10. De ahí que una persona que aumente su patrimonio de los 10.000 a los 100.000 dólares probablemente note un cambio mayor en su vida que la persona que pase de los 200.000 a los 300.000 dólares. Así que, aunque hubiera tenido medio millón a los 30, no habría cambiado nada.

Soy consciente de cuán inapropiado suena que yo me queje por no llegar a un objetivo financiero desorbitado mientras muchos hogares estadounidenses apenas llegan a fin de mes. Pero como he dicho en el capítulo anterior, la riqueza no es algo absoluto, sino relativo.

Para bien o para mal, yo me voy a comparar con mis propias aspiraciones y con mi grupo de iguales, del mismo modo que harás tú. Ojalá no fuera así, pero lo es. Puedes discutir conmigo todo lo que quieras, pero hay investigaciones contundentes que sugieren lo contrario.

Por ejemplo, en el libro *The Happiness Curve*, Jonathan Rauch afirma que la mayoría de la gente empieza a perder la felicidad al acercarse a los 30, toca fondo a los 50 y luego remonta. El gráfico de la felicidad vital se termina pareciendo a una *U* (o una sonrisita).

He aquí la investigación empírica de Hannes Schwandt, economista y profesor adjunto de la Universidad del Noroeste, que hizo un gráfico con la satisfacción vital esperada

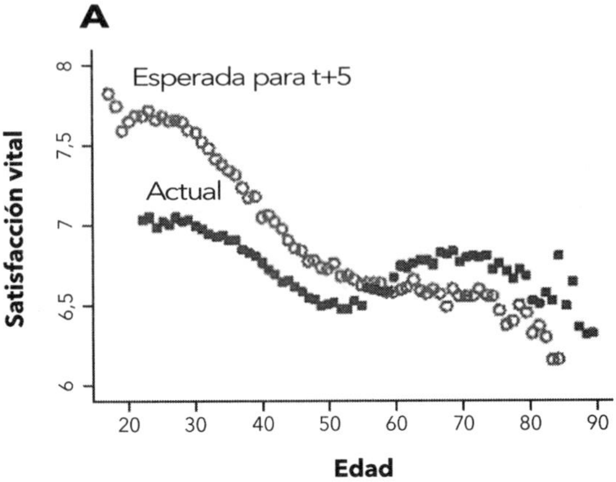

dentro de 5 años por edad y con la satisfacción vital real para esa misma franja de edad.[107]

Por ejemplo, la satisfacción vital actual de las personas de 30 años se sitúa en un 7 sobre 10; dentro de 5 años, cuando cumplan los 35, esperan llegar al 7,7. Pero, si observáis el gráfico, veréis que las personas de 35 años están menos satisfechas que las de 30; su satisfacción vital a los 35 años es del 6,8, no del 7,7, como ellas mismas preveían 5 años antes... De media, dentro de 5 años esas personas esperan estar 0,7 puntos más satisfechas, cuando lo cierto es que estarán 0,2 puntos menos satisfechas.

Si te fijas en los puntos que representan la satisfacción vital actual, entre los 25 y los 70 años traza la famosa curva en forma de *U*.

Pero ¿por qué la felicidad empieza a decaer cuando te acercas a los 30? Porque, a medida que envejecemos, es habitual que nuestra vida no cumpla nuestras elevadas expectativas. Como señala Rauch en *The Happiness Curve*:

> La juventud sobrevalora sistemáticamente su satisfacción futura con la vida. Su pronóstico es totalmente equivocado, lo más absurdo que puedas imaginarte; como vivir en Seattle y esperar ver el sol cada día... De media, los adultos de veintitantos sobrevaloran su satisfacción futura por 10 puntos porcentuales. No obstante, con el tiempo, ese excesivo optimismo disminuye... La gente no se deprime. Simplemente se vuelve realista.[108]

Este estudio explica por qué me llevé un pequeño chasco cuando no alcancé el ambicioso objetivo financiero que me marqué a los 23 años. Y también nos permite ver por qué era poco probable que pudiera alcanzarlo (seguramente era demasiado optimista).

Tal vez también detectéis este patrón en vuestra vida. Quizás de jóvenes os pusisteis un listón bastante alto y luego os habéis llevado una decepción. Pero como sugiere la investigación, es algo completamente normal.

Lo que también es normal es ir reduciendo tus expectativas poco a poco, probablemente en exceso, hasta el punto de que, al entrar en la vejez, te llevas sorpresas agradables que te aportan una felicidad añadida. Nacemos como acciones de crecimiento, pero morimos como acciones de valor.

El valor de las acciones de crecimiento es similar a cómo nos vemos cuando somos jóvenes. Las expectativas y esperanzas para el futuro son altas. Pero muchos de nosotros, igual que muchas acciones de crecimiento, no acabamos cumpliendo esas grandes expectativas.

Con el tiempo, reducimos tanto nuestras expectativas que dudamos de la posibilidad de que el futuro pueda ser mejor. Esto recuerda al método con el que los inversores tasan las acciones de valor. Sin embargo, normalmente, la vida va mejor de lo esperado y nosotros, igual que los inversores en acciones de valor, nos llevamos una grata sorpresa.

Huelga decir que estamos generalizando. Cada vida es diferente y tiene sus propias idas y venidas. Todos debemos tomar decisiones basadas en lo que sabemos ahora. No hay más.

Ahora que hemos hablado del activo más importante de tu cartera, vamos a sintetizarlo todo con un juego.

Conclusión

Las reglas de *El hábito de invertir*

Cómo ganar al juego del viajero en el tiempo

Imagina que se te acerca un viajero en el tiempo que se muere por saber cómo hacerse rico. Para ello, el viajero ha inventado un juego y quiere que tú lo pruebes. Se juega así.

Mañana te levantarás en algún momento de los últimos 100 años sin recordar nada de tu vida actual y sin saber qué te deparará el futuro. Sin embargo, tendrás la suerte de poder darte a ti mismo una serie de instrucciones financieras para seguirlas. Asumiendo que quieres aumentar al máximo las probabilidades de acumular riqueza, ¿qué directrices te darías a ti mismo?

Es tentador aconsejar cosas como «Invierte en Apple» o «Evita la Bolsa entre septiembre de 1929 y junio de 1932», pero vamos a asumir que la historia no se repetirá del mismo modo. Podrías volver a 1929 y no vivir la Gran Depresión o volver a 1976 y que Apple no saliera jamás del garaje.

Con información tan limitada, ¿qué instrucciones te darías hoy para llevártelas al pasado? ¿Cómo ganarías al juego del viajero en el tiempo?

Mi respuesta a esa pregunta ha sido este libro. Como no sé nada sobre ti, mi objetivo ha sido aumentar al máximo tus posibilidades de prosperidad financiera, sea cual sea tu contexto. Considerando eso, vamos a repasar el manual específico de instrucciones financieras que yo mismo me daría para ganar al juego del viajero en el tiempo.

Estas son las reglas de *El hábito de invertir*.

Ahorrar es de pobres; invertir, de ricos (véase el cap. 1)

Averigua en qué fase estás de tu trayectoria financiera antes de decidir a qué dedicar tu tiempo y tu energía. Si tu previsión de ahorro es superior a lo que prevés ingresar con tu inversión, prioriza el ahorro; de lo contrario, piensa en invertir. Si la ganancia es parecida, céntrate en ambas cosas.

Ahorra lo que puedas (véase el cap. 2)

Tus ingresos y tus gastos casi nunca son fijos, así que tu tasa de ahorro tampoco debería ser fija. Ahorra lo que puedas para no pasar penurias económicas.

Céntrate en los ingresos, no en los gastos (véase el cap. 3)

Solo puedes recortar los gastos hasta cierto límite, pero puedes aumentar los ingresos sin fin. Busca maneras simples de aumentar tus ingresos actuales que mañana puedan serte de gran utilidad.

Usa la regla del 1 por 1 para no sentirte culpable gastando (véase el cap. 4)

Si alguna vez te sientes culpable por darte un capricho, invierte la misma cantidad de dinero en un activo rentable o haz una donación a una buena causa. Es la manera más fácil de gastar sin miedos.

Ahorra al menos la mitad de tus futuros aumentos y bonus (véase el cap. 5)

No pasa nada por empezar a vivir algo mejor, pero procura ahorrar al menos el 50 por ciento de tus futuros aumentos para que el gasto no se te vaya de las manos.

La deuda no es buena ni mala, depende de cómo la uses (véase el cap. 6)

La deuda puede ser nociva en algunas situaciones y provechosa en otras. Úsala solo cuando sea más conveniente para tu economía.

No te compres una casa hasta que sea el momento idóneo (véase el cap. 7)

Probablemente comprar un hogar sea la mayor decisión financiera que tomes jamás. Por lo tanto, solo deberías hacerlo cuando tu economía te lo permita y cuando encaje con tu estilo de vida actual.

Cuando ahorres para una gran compra, opta por el efectivo (véase el cap. 8)

Aunque los bonos y las acciones pueden reportarte más beneficios mientras esperas, si ahorras para una boda, una casa u otro gran dispendio, lo mejor es el efectivo.

En la jubilación, el dinero no lo es todo (véase el cap. 9)

Antes de jubilarte, deberías saber qué vas a hacer cuando estés jubilado.

Invierte para sustituir tu menguante capital humano por capital financiero (véase el cap. 10)

No podrás trabajar para siempre, así que sustituye tu capital humano por capital financiero antes de que sea demasiado tarde. Invertir es la mejor forma de lograrlo.

Adopta una mentalidad de propietario y compra activos que te reporten ingresos (véase el cap. 11)

Para aumentar de verdad tus ingresos, debes comportarte como un propietario e invertir en activos rentables.

No compres acciones de compañías concretas (véase el cap. 12)

Comprar acciones de compañías concretas y esperar que su rendimiento sea mayor que el del mercado es como lanzar una moneda al aire. Quizás salga cara, pero, aunque así sea, ¿cómo sabes que no ha sido solo suerte?

Compra rápido, vende despacio (véanse los caps. 13 y 18)

Lo lógico es que la mayoría de los mercados vayan creciendo. Por lo tanto, comprar rápido y vender despacio es la mejor solución para maximizar tu riqueza. Si no te sientes cómodo con este método, significa que lo que estás comprando y vendiendo es demasiado arriesgado para ti.

Invierte tan a menudo como puedas (véase el cap. 14)

Si crees que puedes vencer al mercado ahorrando dinero y esperando a una crisis para invertir, piénsatelo dos veces. Ni siquiera Dios puede superar el coste medio de adquisición.

La clave para invertir no son las cartas que te tocan, sino lo bien que sabes jugarlas (véase el cap. 15)

Al invertir, vas a pasar por rachas de buena suerte y de mala suerte, pero lo más importante es cómo actúes a largo plazo.

La volatilidad es inevitable, no la temas (véase el cap. 16)

No se puede invertir en los mercados sin superar algunos baches. No olvides que tendrás que sufrir algunos reveses si quieres cosechar los frutos.

Las caídas del mercado (normalmente) son oportunidades para comprar (véase el cap. 17)

Las rentabilidades futuras acostumbran a ser más elevadas después de grandes descalabros. No tengas miedo de aprovechar esas debacles periódicas.

Gasta el dinero en costearte la vida que necesitas antes de arriesgarlo por la vida que quieres (véase el cap. 18)

Aunque este libro se titula *El hábito de invertir*, a veces vender no tiene nada de malo. Al fin y al cabo, ¿para qué sirve acumular riqueza si no puedes hacer nada con ella?

Piénsalo bien antes de hacer la aportación máxima a tu plan 401(k) (véase el cap. 19)

El beneficio anual de un plan de pensiones 401(k) puede ser menor de lo que crees. Antes de invertir en una cuenta que estará bloqueada durante décadas, valora qué otras cosas podrías tener que comprar con ese dinero.

Nunca te sentirás rico, y no pasa nada (véase el cap. 20)

Por muy bien que te vaya económicamente, siempre habrá alguien con más dinero. Procura no perderte a ti mismo en el camino por alzarte vencedor del juego financiero.

El tiempo es tu activo más importante (véase el cap. 21)

Siempre podrás ganar más dinero, pero no hay manera de ganar más tiempo.

El juego financiero al que ya estamos jugando

Por suerte, no necesitamos una máquina del tiempo para jugar al juego del viajero en el tiempo, porque ya estamos inmersos en él. Lo cierto es que llevamos toda nuestra vida adulta jugando.

Cada día hemos de tomar decisiones financieras sin saber lo que nos deparará el futuro. Y, aunque no disponemos de un manual de instrucciones, buscamos constantemente la mejor información que podemos. El hecho de que hayas leído este libro demuestra que estás buscando el manual que más se amolde a ti.

Solo espero que *El hábito de invertir* forme parte de esa lista de instrucciones. Gracias por leerme.

Agradecimientos

Mi vida ha sido una sucesión de sucesos dichosos. La gestación de *El hábito de invertir* es un eslabón más de esa cadena. Este libro no existiría sin la tutela de cientos de personas que me han ayudado a lo largo de los años. Entre las que más me han apoyado, quiero destacar a:

Gherty Galace, por animarme a escribir hace mucho, mucho tiempo.

Michael Batnick, por creer en mí antes que nadie.

Morgan Housel, por mostrarme el camino sin decir una palabra.

Craig Pearce, por aportarme claridad y confianza cuando más lo necesitaba.

También me gustaría dar las gracias a Ben Carlson, James Clear, Carl Joseph-Black y Jim O'Shaughnessy por sus fantásticos consejos mientras yo redactaba estas páginas. También quiero acordarme de mis maravillosos amigos, en especial, los Mendas de Boston (Justin, Tyler y Sam), por animarme incansablemente.

A las familias Maggiulli y Montenegro, dicen que la crianza de un niño es fruto de toda la comunidad y yo no estaría aquí sin la mía. Os quiero a todos.

Por último, a todo el mundo que ha compartido o apoyado mi labor a lo largo de los años, gracias. Desde lo más hondo de mi alma, os lo agradezco. No tenéis ni idea de lo que significa para mí.

Notas

1. ¿Por dónde deberías comenzar?

1. J. L. Collins lo expresó como nadie en un *remake* de esta clásica escena de la película *El jugador*: <www.youtube.com/watch?v=eikbQPldhPY>.

2. ¿Cuánto deberías ahorrar?

2. Miller, Matthew L., «Binge 'Til You Burst: Feast and Famine on Salmon Rivers», *Cool Green Science*, 8 de abril de 2015.

3. Nichols, Austin y Seth Zimmerman, «Measuring Trends in Income Variability», documento de trabajo del Urban Institute, 2008.

4. Dynan, Karen E., Jonathan Skinner y Stephen P. Zeldes, «Do the Rich Save More?», *Journal of Political Economy* 112:2, 2004, pp. 397-444.

5. Saez, Emmanuel y Gabriel Zucman, «The Distribution of US Wealth: Capital Income and Returns since 1913», inédito, 2014.

6. «Stress in America? Paying with Our Health», *American Psychological Association*, 4 de febrero de 2015.

7. «Planning & Progress Study 2018», Northwestern Mutual, 2018.

8. Graham, Carol, «The Rich Even Have a Better Kind of Stress than the Poor», Brookings, 26 de octubre de 2016.

9. Leonhardt, Megan, «Here's How Much Money Americans Say You Need to Be "Rich"», CNBC, 19 de julio de 2019.

10. Frank, Robert, «Millionaires Need $7.5 Million to Feel Wealthy», *The Wall Street Journal*, 14 de marzo de 2011.

11. Chris Browning *et al.*, «Spending in Retirement: Determining the Consumption Gap», *Journal of Financial Planning* 29:2, 2016, p. 42.

12. Taylor, T., Halen, N. y Huang, D., «The Decumulation Paradox: Why Are Retirees Not Spending More?», *Investments & Wealth Monitor*, julio/agosto de 2018, pp. 40-52.

13. Matt Fellowes, «Living Too Frugally? Economic Sentiment & Spending Among Older Americans», unitedincome.capitalone.com, 16 de mayo de 2017.

14. Encuesta sobre las finanzas de los consumidores y las cuentas financieras de Estados Unidos.

15. XIXª encuesta anual de Transamerica sobre la jubilación (diciembre de 2019).

16. Informe anual de 2020 de la junta de los fondos fiduciarios federales a cargo de las pensiones y prestaciones por edad avanzada, viudez e incapacidad (abril de 2020).

3. Cómo ahorrar más

17. Pontzer, Herman, David A. Raichlen, Brian M. Wood, Audax Z. P. Mabulla, Susan B. Racette y Frank W. Marlowe, «Hunter-gatherer Energetics and Human Obesity», *PLoS ONE* 7:7, 2012, e40503.

18. Ross, Robert e I. N. Janssen, «Physical Activity, Total

and Regional Obesity: Dose-response Considerations», *Medicine and Science in Sports and Exercise* 33:6, suplemento, 2001, pp. S521-S527.

19. Balboni, Clare, Oriana Bandiera, Robin Burgess, Maitreesh Ghatak y Anton Heil, «Why Do People Stay Poor?», 2020. Documento de trabajo CEPR núm. DP14534.

20. Egger, Dennis, Johannes Haushofer, Edward Miguel, Paul Niehaus y Michael W. Walker, «General Equilibrium Effects of Cash Transfers: Experimental Evidence from Kenya», núm. w26600, Oficina Nacional de Investigación Económica, 2019.

21. Stanley, Thomas J., *El millonario de la puerta de al lado*, Barcelona, Obelisco, 2015.

22. Corley, Thomas C., «It Takes the Typical Self-Made Millionaire at Least 32 Years to Get Rich», Business Insider, 5 de marzo de 2015.

23. Curtin, Melanie, «Attention, Millennials: The Average Entrepreneur is This Old When They Launch Their First Startup», Inc.com, 17 de mayo de 2018.

4. Cómo gastar sin sentirte culpable

24. Martin, Emmie, «Suze Orman: If You Waste Money on Coffee, It's like "Peeing $1 Million down the Drain"», CNBC, 28 de marzo de 2019.

25. Rigby, Rhymer, «We All Have Worries but Those of the Rich Are Somehow Different», *Financial Times*, 26 de febrero de 2019.

26. Dunn, Elizabeth y Michael I. Norton, *Happy Money: The Science of Happier Spending*, Nueva York, Simon & Schuster Paperbacks, 2014.

27. Pink, Daniel H., *La sorprendente verdad sobre qué nos motiva*, Barcelona, Gestión 2000, 2010.

28. Matz, Sandra C., Joe J. Gladstone y David Stillwell, «Money Buys Happiness When Spending Fits Our Personality», *Psychological Science* 27:5, 2016, pp. 715-725.

29. Dunn, Elizabeth W., Daniel T. Gilbert y Timothy D. Wilson, «If Money Doesn't Make You Happy, Then You Probably Aren't Spending It Right», *Journal of Consumer Psychology* 21:2, 2011, pp. 115-125.

5. ¿Hasta qué punto es válido elevar tu tren de vida?

30. Vanderbilt, Arthur T., *Fortune's Children: The Fall of the House of Vanderbilt*, Nueva York, Morrow, 1989.

31. Gorbachev, Olga y María José Luengo-Prado, «The Credit Card Debt Puzzle: The Role of Preferences, Credit Access Risk, and Financial Literacy», *Review of Economics and Statistics* 101:2, 2019, pp. 294-309.

32. Collins, Daryl, Jonathan Morduch, Stuart Rutherford y Orlanda Ruthven, *Las finanzas de los pobres*, México, Debate, 2014.

33. «The Economic Value of College Majors», CEW Georgetown, 2015.

34. Tamborini, Christopher R., ChangHwan Kim y Arthur Sakamoto, «Education and Lifetime Earnings in the United States», *Demography* 52:4, 2015, pp. 1383-1407.

35. «The Economic Value of College Majors», CEW Georgetown, 2015.

36. «Student Loan Debt Statistics [2021]: Average + Total Debt», EducationData, 12 de abril de 2020.

37. Radwin, David y C. Wei, «What is the Price of College? Total, Net, and Out-of-Pocket Prices by Type of Institution in 2011-12», documento de referencia, National Center for Education Statistics, 2015.

38. Brown, Sarah, Karl Taylor y Stephen Wheatley Price,

«Debt and Distress: Evaluating the Psychological Cost of Credit», *Journal of Economic Psychology* 26:5, 2005, pp. 642-663.

39. Dunn, Lucia F. e Ida A. Mirzaie, «Determinants of Consumer Debt Stress: Differences by Debt Type and Gender», Departamento de Economía, Columbus, Universidad Estatal de Ohio, 2012.

40. Sweet, Elizabeth, Arijit Nandi, Emma K. Adam y Thomas W. McDade, «The High Price of Debt: Household Financial Debt and its Impact on Mental and Physical Health», *Social Science & Medicine* 91, 2013, pp. 94-100.

41. Norvilitis, J. M., Szablicki, P. B. y Wilson, S. D., «Factors Influencing Levels of Credit-Card Debt in College Students», *Journal of Applied Social Psychology* 33, 2003, pp. 935-947.

42. Dixon, Amanda, «Survey: Nearly 4 in 10 Americans Would Borrow to Cover a $1K Emergency», Bankrate, 22 de enero de 2020.

43. Kirkham, Elyssa, «Most Americans Can't Cover a $1,000 Emergency With Savings», LendingTree, 19 de diciembre de 2018.

44. Athreya, Kartik, José Mustre-del-Río y Juan M. Sánchez, «The Persistence of Financial Distress», *The Review of Financial Studies* 32:10, 2019, pp. 3851-3883.

7. ¿Deberías alquilar o comprar?

45. Shiller, Robert J., «Why Land and Homes Actually Tend to Be Disappointing Investments», *The New York Times*, 15 de julio de 2016.

46. Bhutta, Neil, Jesse Bricker, Andrew C. Chang, Lisa J. Dettling, Sarena Goodman, Joanne W. Hsu, Kevin B. Moore, Sarah Reber, Alice Henriques Volz y Richard Windle, «Changes in US Family Finances from 2016 to 2019: Evidence from the Survey of Consumer Finances», *Federal Reserve Bulletin* 106:5, 2020.

47. Eggleston, Jonathan, Donald Hays, Robert Munk y Brianna Sullivan, «The Wealth of Households: 2017», informe de la Oficina del Censo de Estados Unidos P70BR-170, 2020.

48. Kushi, Odeta, «Homeownership Remains Strongly Linked to Wealth-Building», First American, 5 de noviembre de 2020.

49. «What is a Debt-to-Income Ratio? Why is the 43% Debt-to-Income Ratio Important?», Oficina de Protección Financiera al Consumidor, 15 de noviembre de 2019.

9. ¿Cuándo te puedes jubilar?

50. Bengen W. P., «Determining Withdrawal Rates Using Historical Data», *Journal of Financial Planning* 7:4, 1994, pp. 171-182.

51. Kitces, Michael, «Why Most Retirees Never Spend Their Retirement Assets», Nerd's Eye View, Kitces.com, 6 de julio de 2016.

52. Bengen, William, entrevista con Michael Kitces, *Financial Advisor Success Podcast*, 13 de octubre de 2020.

53. «Spending in Retirement», J. P. Morgan Asset Management, agosto de 2015.

54. Fisher, Jonathan D., David S. Johnson, Joseph Marchand, Timothy M. Smeeding y Barbara Boyle Torrey, «The Retirement Consumption Conundrum: Evidence from a Consumption Survey», *Economics Letters* 99:3, 2008, pp. 482-485.

55. Robin, Vicki, Joe Dominguez y Monique Tilford, *La bolsa o la vida: Los 9 pasos para transformar tu relación con el dinero y alcanzar la libertad financiera*, Barcelona, Kitsune Books, 2019.

56. Zelinski, Ernie J., *Cómo jubilarse siendo feliz, activo y libre*, Barcelona, Editorial Amat, 2005.

57. O'Leary, Kevin, «Kevin O'Leary: Why Early Retirement Doesn't Work», vídeo de YouTube, min. 1:11, 20 de marzo de 2019.

58. Shapiro, Julian, «Personal Values», Julian.com.

59. Maggiulli, Nick, «If You Play With FIRE, Don't Get Burned», Of Dollars and Data, 30 de marzo de 2021.

10. ¿Por qué deberías invertir?

60. «Social Security Administration», registro hisórico de la Seguridad Social, ssa.gov.

61. Roser, M., Ortiz-Ospina, E. y Ritchie, H., «Life Expectancy», ourworldindata.org, 2013.

62. Hershfield, Hal E., Daniel G. Goldstein, William F. Sharpe, Jesse Fox, Leo Yeykelis, Laura L. Carstensen y Jeremy N. Bailenson, «Increasing Saving Behavior Through Age-Progressed Renderings of the Future Self», *Journal of Marketing Research* 48, especial, 2011, pp. S23-S37.

63. Fisher, Patti J. y Sophia Anong, «Relationship of Saving Motives to Saving Habits», *Journal of Financial Counseling and Planning* 23:1, 2012.

11. ¿En qué deberías invertir?

64. Colberg, Fran, «The Making of a Champion», Black Belt, abril de 1975.

65. Seigel, Jeremy J., *Guía para invertir a largo plazo*, Barcelona, Editorial Profit, 2015.

66. Dimson, Elroy, Paul Marsh y Mike Staunton, *Triumph of the Optimists: 101 Years of Global Investment Returns*, Princeton (Nueva Jersey), Princeton University Press, 2009.

67. Biggs, Barton, *Wealth, War and Wisdom*, Oxford, John Wiley & Sons, 2009.

68. Departamento del Tesoro de Estados Unidos, tipos diarios del Tesoro, 12 de febrero de 2021.

69. Asness, Clifford S., «My Top 10 Peeves», *Financial Analysts Journal* 70:1, 2014, pp. 22-30.

70. Jay Girotto, entrevista con Ted Seides, Capital Allocators, pódcast, 13 de octubre de 2019.

71. Beshore, Brent (@brentbeshore). Tuit del 12 de diciembre de 2018, 15:52 h.

72. Wiltbank, Robert y Warren Boeker, «Returns To Angel Investors In Groups», SSRN.com, 1 de noviembre de 2007; y «Review of Research on the Historical Returns of the US Angel Market», Right Side Capital Management, LLC, 2010.

73. «Who are American Angels? Wharton and Angel Capital Association Study Changes Perceptions About the Investors Behind U.S. Startup Economy», Angel Capital Association, 27 de noviembre de 2017.

74. Altman, Sam, «Upside Risk», SamAltman.com, 25 de marzo de 2013.

75. Max, Tucker, «Why I Stopped Angel Investing (and You Should Never Start)», Observer.com, 11 de agosto de 2015.

76. Wiltbank, Robert y Warren Boeker, «Returns to Angel Investors in Groups», SSRN.com, 1 de noviembre de 2007.

77. Frankl-Duval, Mischa y Lucy Harley-McKeown, «Investors in Search of Yield Turn to Music-Royalty Funds», *The Wall Street Journal*, 22 de septiembre de 2019.

12. ¿Por qué no deberías comprar acciones sueltas?

78. Informe SPIVA, spglobal.com, 30 de junio de 2020.

79. Bessembinder, Hendrik, «Do Stocks Outperform Treasury Bills?», *Journal of Financial Economics* 129:3, 2018, pp. 440-457.

80. West, Geoffrey B., *Scale: The Universal Laws of Life, Growth, and Death in Organisms, Cities, and Companies*, Harmondsworth, Penguin, 2017.

81. Kosowski, Robert, Allan Timmermann, Russ Wermers y Hal White, «Can Mutual Fund "Stars" Really Pick Stocks? New Evidence from a Bootstrap Analysis», *The Journal of Finance* 61:6, 2006, pp. 2551-2595.

82. «The Truth About Top-Performing Money Managers», Baird Asset Management, libro blanco, 2014.

83. Powell, R., «Bernstein: Free Trading is Like Giving Chainsaws to Toddlers», The Evidence-Based Investor, 25 de marzo de 2021.

13. ¿Cuánto deberías esperar para invertir?

84. Stephens-Davidowitz, Seth, *Todo el mundo miente: Lo que Internet y el Big Data pueden decirnos sobre nosotros mismos*, Madrid, Capitán Swing, 2019.

85. Rosling, Hans, *Factfulness: Diez razones por las que estamos equivocados sobre el mundo. Y por qué las cosas están mejor de lo que piensas*, Barcelona, Planeta, 2018.

86. Buffett, Warren E., «Buy American. I Am», *The New York Times*, 16 de octubre de 2008.

87. «Asset Allocation Survey», aaii.com, 13 de marzo de 2021.

14. ¿Por qué no deberías esperar nunca a que las acciones caigan para comprar?

88. Este es el resultado mediano de invertir en acciones de mercados estadounidenses cada mes durante una década entre 1926 y 2020.

89. Para más detalles, véase <ofdollarsanddata.com/in-defenseof-global-stocks>.

15. Por qué la inversión es cuestión de suerte

90. Zax, David, «How Did Computers Uncover JK Rowling's Pseudonym?», Smithsonian Institution, Smithsonian.com, 1 de marzo de 2014.

91. Hern, Alex, «Sales of "The Cuckoo's Calling" surge by 150,000 % after J. K. Rowling revealed as author», *New Statesman*, 14 de julio de 2013.

92. Kitces, Michael, «Understanding Sequence of Return Risk & Safe Withdrawal Rates», Kitces.com, 1 de octubre de 2014.

16. Por qué no debes tener miedo de la volatilidad

93. Frock, Roger, *Changing How the World Does Business: FedEx's Incredible Journey to Success – The Inside Story*, Oakland (California), Berrett-Koehler Publishers, 2006.

17. Cómo comprar durante una crisis

94. Anarkulova, Aizhan, Scott Cederburg y Michael S. O'Doherty, «Stocks for the Long Run? Evidence from a Broad Sample of Developed Markets», ssrn.com, 6 de mayo de 2020.

95. Zilbering, Yan, Colleen M. Jaconetti y Francis M. Kinniry jr., «Best Practices for Portfolio Rebalancing», Valley Forge (Pensilvania), The Vanguard Group.

96. Bernstein, William J., «The Rebalancing Bonus», <www.efficientfrontier.com>.

19. ¿Dónde deberías invertir?

97. Brownlee, W. Elliot, *Federal Taxation in America*, Cambridge, Cambridge University Press, 2016.

98. Leonhardt, Megan, «Here's What the Average American Typically Pays in 401(k) Fees», CNBC, 22 de julio de 2019.

20. Por qué nunca te sentirás rico

99. Witt, April, «He Won Powerball's $314 Million Jackpot. It Ruined His Life», *The Washington Post*, 23 de octubre de 2018.

100. Luce, Edward, «Lloyd Blankfein: "I Might Find It Harder to Vote for Bernie than for Trump"», *Financial Times*, 21 de febrero de 2020.

101. Saez, Emmanuel y Gabriel Zucman, «Wealth Inequality in the United States Since 1913: Evidence from Capitalized Income Tax Data», *The Quarterly Journal of Economics* 131:2, 2016, pp. 519-578.

102. Karadja, Mounir, Johanna Mollerstrom y David Seim, «Richer (and Holier) Than Thou? The Effect of Relative Income Improvements on Demand for Redistribution», *Review of Economics and Statistics* 99:2, 2017, pp. 201-212.

103. Jackson, Matthew O., *The Human Network: How Your Social Position Determines Your Power, Beliefs, and Behaviors*, Nueva York, Vintage, 2019.

104. «Global Wealth Report 2018», Credit Suisse, 18 de octubre de 2018.

21. El activo más importante

105. Peter Attia, «Reverse Engineered Approach to Human Longevity», vídeo de YouTube, min. 1:15:37, 25 de noviembre de 2017.

106. Guvenen, Fatih, Fatih Karahan, Serdar Ozkan y Jae Song, «What Do Data on Millions of US Workers Reveal About

Life-cycle Earnings Dynamics?», informe interno del Banco de la Reserva Federal en Nueva York 710, 2015.

107. Schwandt, Hannes, «Human Wellbeing Follows a U-Shape over Age, and Unmet Aspirations Are the Cause», British Politics and Policy at LSE, 7 de agosto de 2013.

108. Rauch, Jonathan, *The Happiness Curve: Why Life Gets Better After 50*, Nueva York, Thomas Dunne Books, 2018.